ERNEST MAINDRON

Marionnettes et Guignols

PARIS

FELIX JUVEN, ÉDITEUR

122, RUE RÉAUMUR, 122

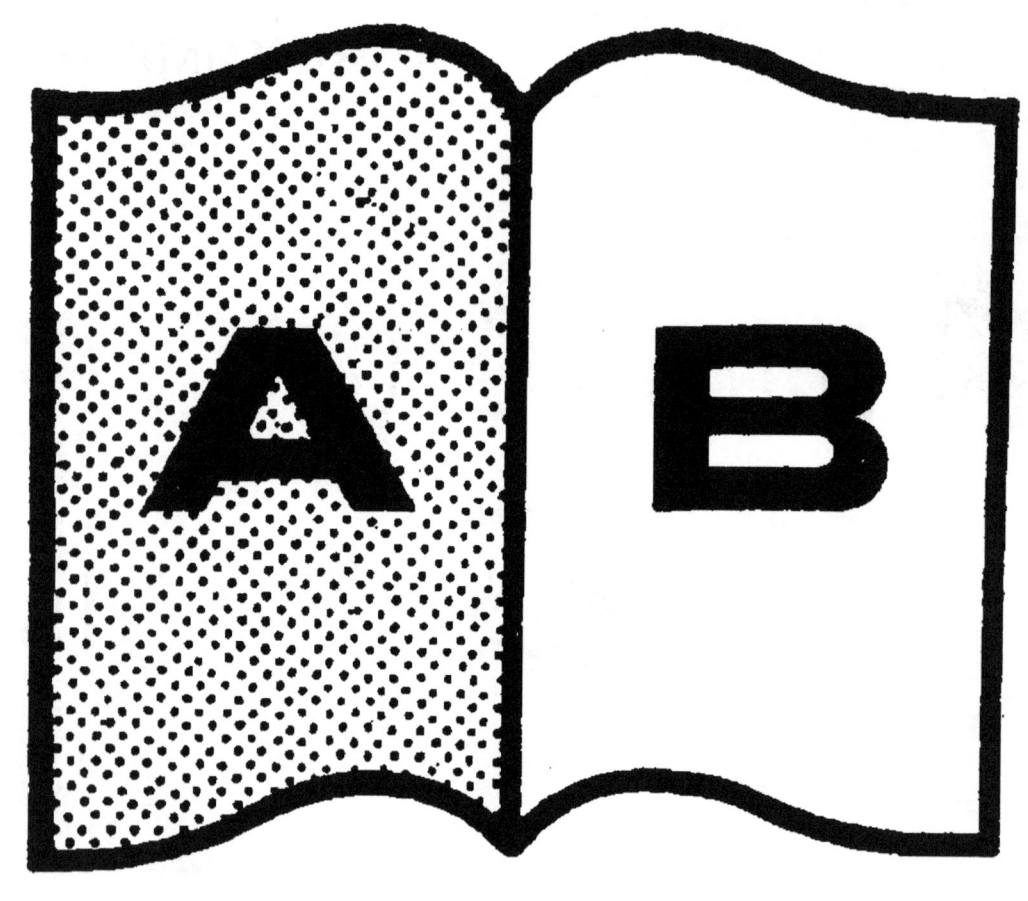

Contraste insuffisant
NF Z 43-120-14

Illisibilité partielle

MARIONNETTES
ET
GUIGNOLS

OUVRAGES DU MÊME AUTEUR

Les Murailles politiques françaises, depuis le 18 juillet 1870 jusqu'au 25 mai 1871. — Affiches allemandes et françaises : La Guerre et la Commune : Paris-Province. — Paris, 1874 ; 2 vol. in-4°.

Les Fondations de prix a l'Académie des Sciences. — Les Lauréats de l'Académie, 1714-1880. — Paris, 1881 ; 1 vol. in-4°.

Les Affiches illustrées, avec 20 chromolithographies de Jules Chéret et de nombreuses reproductions d'après les documents originaux. — Paris, 1886 ; 1 vol. grand in-8°.

L'Œuvre de Jean-Baptiste Dumas, avec une introduction par M. Schutzenberger. — Paris, 1886 ; in-8°, avec portrait.

L'Académie des Sciences. — Histoire de l'Académie. — Fondation de l'Institut national. — Bonaparte, membre de l'Institut national, avec planches, gravures, plans et autographes reproduits d'après les documents originaux. — Paris, 1888 ; 1 vol. in-8°.

1751-1889. Le Champ de Mars, ouvrage illustré de 70 lettres ornées par Jules Adeline, et de 114 reproductions, d'après les documents originaux. — Lille, 1889 ; 1 vol. grand in-8°.

L'Ancienne Académie des Sciences. — Les Académiciens, 1666-1793. — Paris, 1895 ; 1 vol. in-8°.

Les Affiches illustrées, 1886-1895, ouvrage orné de 64 lithographies en couleur et 102 reproductions en noir et en couleur, d'après les affiches originales des meilleurs artistes. — Paris, 1895 ; 1 vol. grand in-8°.

Les Programmes illustrés des Théâtres et des Cafés-Concerts. — Menus. — Cartes d'invitation. — Petites Estampes, etc., avec une préface de Pierre Veber. — Paris, 1898 ; 1 vol. in-4°.

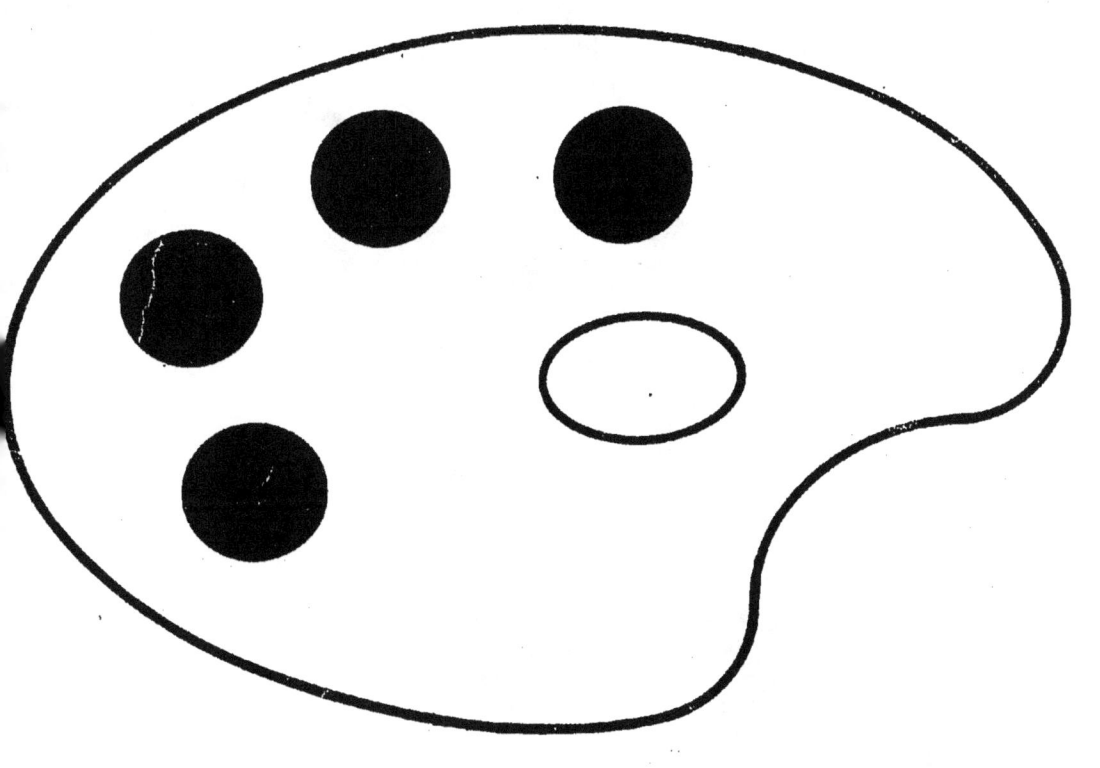

Original en couleur
NF Z 43-120-8

POLICHINELLE

par Jules Chéret.

ERNEST MAINDRON

MARIONNETTES
ET
GUIGNOLS

LES POUPÉES AGISSANTES ET PARLANTES

A TRAVERS LES AGES

*Ouvrage illustré de 8 planches en couleurs et de 148 planches
ou figures en noir, d'après les documents originaux*

PARIS
FÉLIX JUVEN, ÉDITEUR
122, RUE RÉAUMUR, 122

Tous droits réservés.

EN SOUVENIR DE NOS JEUNES ANNÉES

JE DÉDIE CE LIVRE

A MES FRÈRES CHARLES ET FÉLIX MAINDRON

ERNEST MAINDRON

AU LECTEUR

Que Pantin serait content,
S'il avait l'art de vous plaire !
Que Pantin serait content,
S'il vous plaisait en dansant !

C'est un garçon complaisant,
Gaillard et divertissant,
Et qui, pour vous satisfaire,
Se met tout en mouvement.

Que Pantin serait content,
S'il avait l'art de vous plaire !
Que Pantin serait content,
S'il vous plaisait en dansant !

Chanson des Pantins, 1745

MARIONNETTES
ET
GUIGNOLS

I

LES MARIONNETTES DANS L'ANTIQUITÉ

L'Histoire des Marionnettes de Charles Magnin. — L'opinion de Charles Nodier. — Les marionnettes hiératiques mentionnées par Hérodote. — Diodore de Sicile. — La sculpture à ressort en Asie mineure et dans la Grèce. — La Vénus de Dédale, mue par le mercure. — Jouets retrouvés dans les tombeaux. — Les marionnettes du Musée de Catane. — La marionnette de M. Aschick, publiée par M. Raoul Rochette. — Les poupées grecques. — Représentations publiques à Athènes, données par Pothein. — Aristote et Apulée. — Les marionnettes romaines publiées par le comte de Caylus. — Les figurines du Musée Campana. — Comment Charles Magnin pense que se plaçait l'opérateur. — Le Mémoire de Victor Prou, sur les théâtres d'automates en Grèce. — Disposition d'un théâtre de marionnettes, d'après Victor Prou, par M. Paul Bonnefon. — Une représentation donnée par Héron d'Alexandrie.

Il n'est guère dans l'histoire du théâtre, en France et à l'Étranger, de sujet plus séduisant et qui ait plus préoccupé les chercheurs et les savants, que les marionnettes.

Un esprit éminent, un membre de l'Académie des inscriptions et belles-lettres, Charles Magnin, leur a consacré tout un livre remarquable de netteté et de précision. C'est à ce livre érudit, un peu prétentieux peut-être, qu'il est bon d'avoir recours si on veut suivre, avec l'attention qu'elle mérite et avec la certitude de ne point trop s'égarer, la marche triomphale des marionnettes à travers les siècles.

Elles viennent de loin. Elles ont fait la joie des générations innombrables qui ont précédé la nôtre; elles ont obtenu près de nos ancêtres directs de nombreux et éclatants succès; elles ont fait rire, mais elles ont aussi fait penser; elles ont eu d'éminents protecteurs; pour elles ont écrit des littérateurs célèbres. A toutes époques, elles ont joui d'une liberté d'allures et de langage qui les ont rendues chères au peuple pour qui elles étaient faites.

Toujours, elles ont touché à tout, elles ont tout frondé : art, poésie, science, politique et cultes; plus courageuses que les hommes, elles se sont souvent attaquées aux puissants et les ont quelquefois mis à mal. C'est là le secret de l'affection qui les accompagne; c'est ainsi qu'elles ont exercé sur les mœurs une influence indéniable et certainement heureuse.

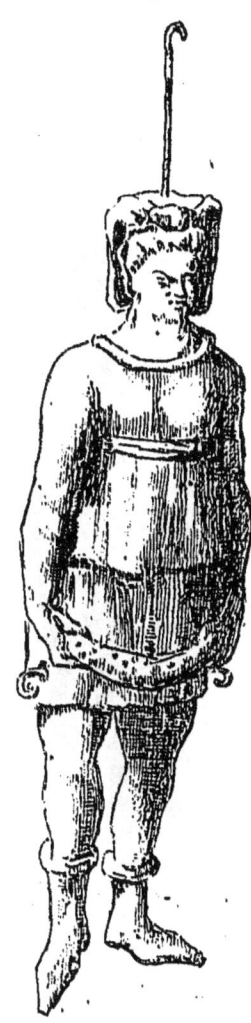

MARIONNETTE ROMAINE.
Suivante de Flore. Collection Campana.
(Extrait de l'Art pour tous.)

L'un de nos écrivains les plus délicats, Charles Nodier, qui était un admirateur convaincu des marionnettes et a chanté leurs louanges dans la *Revue de Paris* de novembre 1842 et mai 1843, sous le nom de *Docteur Néophobus*, pense que, l'époque précise de leur naissance ne pouvant être fixée, on pourrait dire que la plus ancienne d'entre elles est la première poupée mise aux mains d'un enfant.

« Je voudrais, dit-il, pouvoir donner aux comédiens une origine plus illustre, mais il m'est parfaitement démontré qu'ils descendent en droite ligne des *marionnettes*, et on conviendra que plusieurs d'entre eux, même parmi ceux qu'on est convenu d'admirer sur nos grands théâtres, ont conservé un air de famille.

« Quant aux marionnettes, il est impossible de n'en pas retrouver le type dans ce jouet cosmopolite qu'on appelle une poupée. »

C'est là une pensée charmante et digne de celui qui l'a émise, mais si elle était absolument juste, il faut reconnaître qu'elle ne nous apprendrait que peu de choses sur l'origine des poupées parlantes. Charles Magnin serre la vérité de plus près.

Dans le second livre d'Hérodote, il a vu mentionnées les plus anciennes marionnettes hiératiques. Il y a lu que les Égyptiens célébraient la fête de Bacchus avec des rites se rapprochant sensiblement de ceux qu'on employait en Grèce; seulement « au lieu de phallus, les femmes promenaient de village en village des statuettes de la hauteur d'une coudée, dont la partie sexuelle, presque égale au reste du corps, se mouvait par des ficelles. Un joueur de flûte précédait et les femmes suivaient en chantant ».

Magnin trouve bien d'autres exemples aussi frappants. « La statue fatidique de Jupiter Ammon, dit-il, ne rendait ses oracles, suivant le témoignage de Diodore de Sicile, qu'après avoir été portée en procession dans une nacelle d'or, sur les épaules de quatre-vingts prêtres, auxquels elle indiquait, par un *mouvement de tête*, la route qu'elle voulait suivre. »

Après avoir fait justement remarquer que les anciens avaient connaissance des propriétés attractives de l'aimant sur le fer, Diodore rappelle encore ce qui se passait dans le temple d'Héliopolis. Là, « lorsque le dieu voulait rendre ses oracles, la statue, qui était d'or, s'agitait d'elle-même ; si les prêtres tardaient à l'enlever sur leurs épaules, elle suait et s'agitait de nouveau. Quand ils

MARIONNETTE ROMAINE.
Villageoise de la Campanie.
Collection Campana.
(Extrait de *l'Art pour tous*.)

l'avaient prise et placée sur un brancard, elle les conduisait et les contraignait de faire plusieurs circuits. Enfin, le grand prêtre se présentait devant la statue du dieu et lui soumettait les questions sur lesquelles on le consultait. Si Apollon désapprouvait l'entreprise, la statue reculait en arrière ; s'il l'approuvait, elle poussait ses porteurs en avant et les conduisait comme avec des rênes. » Enfin, dit l'auteur à qui ces textes sont empruntés, « le prodige que je vais raconter, je l'ai vu : les prêtres ayant pris la statue sur leurs épaules, elle les laissa à terre et s'éleva toute seule vers la voûte du temple. »

En Asie Mineure et dans la Grèce proprement dite, Magnin montre aussi que la sculpture à ressorts se perd dans la nuit des âges mythologiques. Il cite à ce sujet, d'après l'*Iliade*, « les trépieds vivants de Vulcain, aux roues d'or, qui couraient d'eux-mêmes à l'assemblée des dieux et en revenaient ». Magnin dit encore qu'Aristote n'hésite pas à admettre que la fameuse Vénus de bois attribuée à Dédale se mouvait au moyen d'une certaine quantité de mercure que sa conformation intérieure lui permettait de conserver.

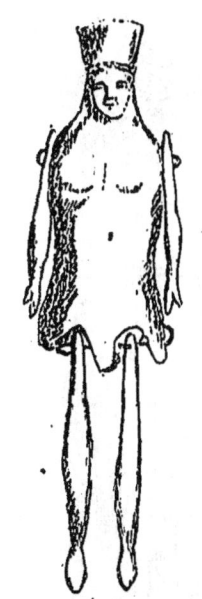

MARIONNETTE GRECQUE
publiée
par Raoul Rochette.

Jusqu'ici, on le voit, nous ne nous trouvons en présence que d'idoles servant à l'accomplissement des rites en usage; sont-ce bien des marionnettes? On en peut douter. Ce sont plutôt des statuettes mobiles qui reçoivent une mission et la remplissent, aidées par de simples moyens physiques ou mécaniques.

Rien ne montre, en effet, que les Égyptiens aient possédé de véritables théâtres de marionnettes ; on ne trouve de statues à ressorts que dans les cérémonies du culte et parmi les jouets destinés à l'enfance. Ces jouets, retrouvés dans les tombeaux, étaient animés de mouvements soit de la tête, soit des bras. M. Charles Lenormand a acheté à Thèbes, en 1829, une jolie marionnette en ivoire : c'est une figurine de femme nue dont le bras, la jambe et la cuisse sont articulés à l'épaule, à la hanche et au genou.

M. Wilkinson a reproduit dans son *Histoire des mœurs et des coutumes de l'Égypte* trois marionnettes, dont l'une, sans tête, appartient au musée du Louvre; elle a, au cou, une sorte de pivot semblant indiquer que cette tête était mobile. M. Mariette a recueilli dans les tombeaux de Thèbes et de Memphis des jouets de bois qui représentent des femmes nues dont les bras sont articulés aux épaules ; d'autres jouets représentent des hommes dont les bras chevillés portent soit un couperet, soit un objet demi-sphérique, et qui pouvaient être mis en mouvement par un fil ; un autre imitait, toujours à l'aide d'un fil, le « va-et-vient d'un buandier qui lave ou d'un mitron qui pétrit ».

En Grèce également, on a retrouvé des marionnettes ; pour celles-ci, presque toutes les collections européennes en possèdent. Le musée de Catane en renferme un grand nombre provenant du cabinet du prince Biscari, qui en avait découvert tout un magasin dans les ruines de l'antique Camarina. M. Raoul Rochette a publié dans les *Mémoires de l'Académie des inscriptions et belles-lettres* une statuette intacte découverte en Crimée par M. Aschick ; elle était vêtue d'une tunique rouge clair ; sa tête était d'un travail délicat.

Il a été découvert encore à Milo et à Panticapée deux de ces statuettes ; la dernière est nue, les épaules recevaient des bras mobiles, les jambes se joignaient aux cuisses au moyen d'un pivot, le mouvement lui était transmis par un fil traversant chaque cuisse. Presque toutes ces figurines, d'un travail négligé, sauf pour la tête, sont en terre cuite. Ce sont des poupées de jeunes filles, mais ce ne sont pas des marionnettes proprement dites.

La Grèce cependant les a connues. Elles étaient accueillies dans les demeures aristocratiques à Athènes. Magnin en donne une preuve irrécusable. « Xénophon, dit-il, dans le récit du fameux banquet de Callias, nous montre, parmi les divertissements que cet hôte attentif avait préparés pour ses convives, un Syracusain joueur de marionnettes » ; les Archontes d'Athènes, dit-il encore, « ont permis à un nommé Pothein de

MARIONNETTE ROMAINE.
Villageoise de la Campnie.
Collection Campana.
(Extrait de l'*Art pour tous*)

donner des représentations publiques sur le théâtre de Bacchus ».

Voulant montrer la perfection des marionnettes grecques, Magnin s'appuie sur l'autorité d'Aristote et d'Apulée :

MARIONNETTE ROMAINE,
publiée par
le comte de Caylus.

« Voici, dit-il, en quels termes Aristote, ou l'auteur du traité *De Mundo*, parle de ces petites merveilles :

« Le souverain Maître de l'univers n'a besoin ni de nombreux ministres, ni de ressorts compliqués, pour diriger toutes les parties de son immense empire; il lui suffit d'un acte de sa volonté, de même que ceux qui gouvernent les marionnettes n'ont besoin que de tirer un fil pour mettre en mouvement la tête ou la main de ces petits êtres, puis leurs épaules, leurs yeux, et quelquefois toutes les parties de leur personne, qui obéissent aussitôt avec grâce et mesure. »

Apulée, ajoute Magnin, qui, au second siècle de notre ère, a traduit et un peu paraphrasé le traité *De Mundo*, qu'il croyait d'Aristote, a ajouté quelques traits à ce tableau et a enchéri sur ces louanges :

« Ceux qui dirigent les mouvements et les gestes des petites figures d'hommes faites de bois n'ont qu'à tirer le fil destiné à agiter tel ou tel membre : aussitôt on voit leur cou fléchir, leur tête se pencher, leurs yeux prendre la vivacité du regard, leurs mains se prêter à tous les offices qu'on exige; enfin, leur personne entière se montre gracieuse et comme vivante. »

Le Cabinet des Antiques de la Bibliothèque nationale possède également des marionnettes romaines ayant appartenu au comte de Caylus, qui les a décrites et publiées dans son *Recueil d'antiquités*. A Rome, elles étaient fort répandues, mais il n'est pas certain qu'elles aient été produites sur les théâtres. Ce seraient plutôt des jouets que des marionnettes.

Il en est de même, sans doute, des jolies figurines qui se trouvent au Musée Campana et ont été reproduites, le 20 février 1863, par l'*Art pour tous*.

L'une de ces figurines est d'origine grecque; elle provient des fouilles de l'Acropole d'Athènes. Les autres ont été recueillies dans l'Italie méridionale; elles représentent des suivantes de Flore, des villageoises de la Campanie et un acteur comique. Toutes portent sur leurs tuniques des traces de peinture vermillon, rose, verte ou bleue. Deux d'entre elles ont les bras détachés du corps, les trois autres n'ont que les jambes mobiles.

Magnin a recherché en quel endroit du théâtre de Bacchus, Pothein a pu donner ses représentations et comment se plaçait l'opérateur. « Je crois, d'après certains indices, écrit-il, qu'on dressait sur l'orchestre une charpente à quatre pans, que l'on couvrait de draperies et dont le fond était assez élevé pour que, placé derrière ce retranchement, ou *episcenium* improvisé, le maître du jeu pût diriger, d'en haut et sans être vu, les mouvements de ses comédiens. Cette construction était, en effet, le seul moyen d'obvier aux inconvénients qu'opposait à ce spectacle la forme des théâtres anciens, tous construits, comme on sait, à ciel ouvert, excepté les odéons. »

Pour ce point spécial et pourtant bien intéressant, Magnin était incomplètement renseigné ou plutôt n'a pas poussé ses recherches assez loin. Son travail, si plein de documents précieux pour ce qui regarde l'antiquité, doit être complété par le beau mémoire publié en 1881, trente années après l'*Histoire des Marionnettes*, par Victor Prou, et qui porte pour titre: *les Théâtres d'automates en Grèce au IIe siècle avant l'ère chrétienne*. Dans ce mémoire, accompagné de quinze planches, Victor Prou, qui était à la fois un ingénieur distingué et un savant helléniste, examine et explique les appareils moteurs des automates d'Héron; il

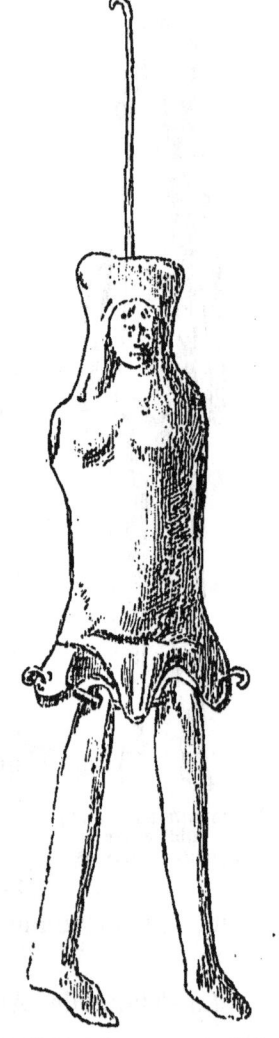

MARIONNETTE GRECQUE.
Collection Campana.
(Extrait de *l'Art pour tous*.)

apporte la pleine lumière, dans cette question, jusqu'à lui inconnue.

M. Paul Bonnefon, bibliothécaire à l'Arsenal, a tiré du mémoire de Victor Prou quelques remarques qu'il a insérées dans l'*Artiste*, de novembre 1883. J'en extrais ce qui suit :

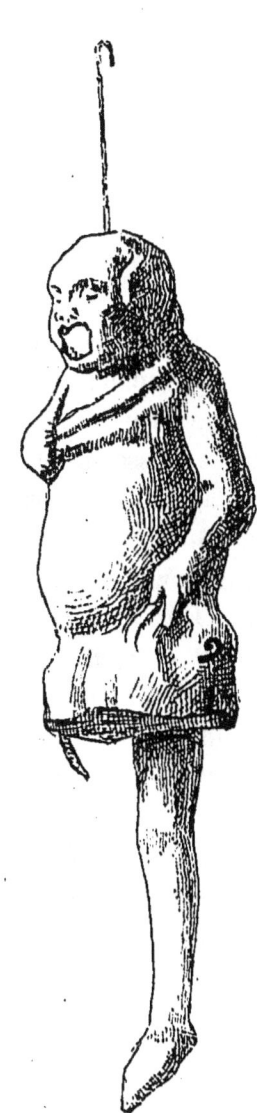

MARIONNETTE ROMAINE.
Acteur comique.
Collection Campana.
(Extrait de l'*Art pour tous*.)

« A Athènes, au beau temps des marionnettes, des *névropastes*, ainsi que les appelaient les Grecs, le théâtre de Bacchus fut le lieu ordinaire de leurs exploits. Les théâtres antiques étaient mal disposés pour ces représentations, aussi dressait-on, sur la *thymèle* ou orchestre, une sorte de seconde scène, un second petit théâtre, couvert de draperies, où les comédiens de bois venaient représenter leur répertoire. Cette scène était disposée de telle sorte que les spectateurs pouvaient voir les petits acteurs et ne pouvaient pas apercevoir la main qui en agitait les fils, placée vraisemblablement au-dessus de ce théâtre improvisé...

« Nous ignorons aussi quelle était la matière qui servait à les confectionner, quelle taille elles pouvaient bien avoir, si elles portaient un costume caractéristique attribué d'une façon invariable au personnage qu'elles représentaient, comme le sont chez nous Polichinelle, mère Gigogne et tant d'autres. Nous savons seulement qu'elles ne parlaient pas. Je m'explique : chacune d'elles n'avait pas un langage particulier et un rôle spécial que disait un homme caché dans la coulisse. Elles représentaient leur petite comédie comme une pantomime, pendant qu'un *crieur scénique*, placé devant le théâtre, faisait le récit de l'action qui se déroulait sous les yeux du spectateur. »

Sollicité encore par l'étude de l'œuvre de Victor Prou, le même auteur, dans la *Revue de famille* du 15 décembre 1888, par une gracieuse fiction, se croit conduit lui-même au spectacle des marionnettes, par Héron d'Alexandrie. Ce qu'il y voit ne manque pas d'intérêt.

« La scène représente le chantier des constructions navales des Grecs. La guerre de Troie est terminée; les assiégeants songent à rentrer dans leurs foyers. Douze personnages rangés en trois groupes figurent les ouvriers grecs qui construisent les navires sur les bords de la mer où ils vont être mis à flot. Ces personnages se meuvent, les uns sciant, les autres fendant du bois, ceux-ci jouant du marteau, ceux-là de la mèche rotative et d'autres du trépan. C'est un véritable chantier en miniature...

« Puis, lorsque les spectateurs ont eu le loisir de regarder ce premier tableau, les portes du petit théâtre se ferment d'elles-mêmes et se rouvrent bientôt après, comme les deux battants d'une armoire. On assiste au lancement des navires. La mise à flot de leurs vaisseaux par les Grecs, réjouit le public par sa vraisemblance; on applaudit et les portes se ferment de nouveau. Au troisième acte, changement de décor: on n'aperçoit tout d'abord que le ciel et l'eau, mais dans le lointain commence bientôt à apparaître la flotte grecque. Elle approche, on voit défiler les navires en belle ordonnance; ils vont et viennent, s'éclipsant et se montrant tour à tour. Sur les côtés, s'ébattent des dauphins, ils plongent sous l'eau, émergeant ainsi que de véritables poissons. Cette manœuvre conquiert tous les suffrages; on bat des mains avec enthousiasme. »

Remplissant en conscience son rôle de maître de maison, Héron d'Alexandrie fait remarquer à ses invités qu'on obtient assez aisément ce jeu de scène avec des poulies habilement ménagées; si le mécanisme est construit avec soin, comme c'est ici le cas, on arrive à une grande vérité de mouvement.

II

LES MARIONNETTES AU MOYEN AGE

La Sculpture mécanique dans les églises. — Les prélats la combattent. — Les guerriers du *Hortus deliciarum*, de Herrade de Landsberg, abbesse de Hohenbourg.

Si on poursuit l'étude des marionnettes et qu'on arrive au moyen âge où les documents sont malheureusement peu nombreux, — nous

MARIONNETTES DU MOYEN AGE.
Miniature du *Hortus deliciarum*, de Herrade de Landsberg.

pourrions dire qu'ils font presque absolument défaut, — on constate sans surprise, que pour se développer et venir jusqu'à nous, elles ont pris, au début de cette période de l'histoire, une route comparable à celle qu'elles ont suivie dans l'antiquité. C'est en effet dans les églises, là où est né le théâtre d'ailleurs, que se retrouvent les premiers spécimens de sculpture mécanique et qu'apparaissent crucifix et madones dont la tête, les yeux et les membres sont mobiles; alors on représente dans les temples de la chrétienté, même dans l'église du Saint-Sépulcre, à Jérusalem, le jour du vendredi saint, les épisodes de la Passion; les petits personnages qui figurent dans ces cérémonies sont plus ou moins animés de mouvements.

Bien des prélats, dès cette époque éloignée, ont combattu vivement la statuaire mécanique dans les manifestations du culte, mais aucun d'eux n'a pu l'anéantir. En l'an 1086, le saint abbé Hugues, venu en l'abbaye de Clugny, refusait d'y donner l'investiture à un clerc qui était *mécanicien*, c'est-à-dire *prestigiateur et nécromancien*.

Il existait autrefois à la bibliothèque de Strasbourg un précieux manuscrit, de la fin du XIIᵉ siècle, renfermant un ouvrage de l'abbesse de Hohenbourg, Herrade de Landsberg. Dans ce manuscrit, brûlé en 1870, et qui a été publié sous son titre de *Hortus deliciarum*, par Ch. Maurice Engelhard, en un volume accompagné d'un atlas reproduisant au trait les miniatures, on peut relever l'une d'elles représentant deux petits guerriers armés de pied en cap, que font combattre et mouvoir deux bateleurs, au moyen d'un fil qui se croise et dont chacun des opérateurs tient une extrémité.

Cette fois, ce sont bien des marionnettes; il est impossible d'en douter, puisque les opérateurs sont apparents; leur action présente ceci de particulier qu'ils tirent les fils des deux statuettes, horizontalement et non dans une direction verticale.

LA FOIRE DE VENISE, par Parocelle.
Estampe gravée par Ph. Lebas, vers 1750. Collection Destailleurs (Cabinet des Estampes).

III

LES MARIONNETTES A L'ÉTRANGER

I

LES MARIONNETTES ITALIENNES

Jérôme Cardan et son traité *De Subtilitate*, en 1550. — Bernardino Baldi et les *Automata* de Héron d'Alexandrie, en 1589. — Sur l'article publié par M. Vittorio Malamani dans la *Nuova Antologia*, de 1897, à propos des *Fantoccini*, des *Burattini*, des *Puppi* et des *Pupazzi*. — Burattino, célèbre masque vivant en 1622. — Les *Burattini* en Italie. — Les baraques de *Burattini* sur la place Saint-Marc et sur la Piazzetta, à Venise. — Spectacles gratis, en 1760. — Les *fantoccini*, à Milan, en 1744. — Le sifflet pratique. — Jal, et son livre *De Paris à Naples*. — Le *Teatro del cigne*, de Gênes. — Le *Siège d'Anvers*; le maréchal Gérard et le général Chassé. — Les marionnettes à Milan. — Le prince Eugène de Savoie au siège de Tamisvar. — *Girolamo*. — Les danseuses du Théâtre Fiando. — *Extraits d'un voyage en Italie*, inséré dans le *Globe*, de 1827, sur les *Fantoccini* du Théâtre Fiando de Milan. — *Nabuchodonosor*. — Frédéric Mercey et le Théâtre Fiando, de Rome. — Le *Temps* de 1835 et l'article de Poisse sur l'illusion produite par les petits acteurs du Palais Fiano. — *Pulcinella* et *Scaramuccia*, à Naples, *Cassandrino*, à Rome, *Girolamo*, à Milan, *Gianduja*, à Turin. — Les marionnettes du Signor Prandi, à Londres, en 1899. — Les *Pupi* des Siciliens. — *Les Paladins de France*.

Nous arrivons aux temps modernes. Là, nous voyons que Jérôme Cardan, médecin et mathématicien, est le premier écrivain qui ait parlé des marionnettes avec quelque détail dans son traité *De Subtilitate*, publié à Nuremberg en 1550, et dans le livre XIII de son ouvrage *De Varietate rerum* :

« J'ai vu deux Siciliens qui opéraient de véritables merveilles au moyen de deux statuettes de bois qu'ils faisaient jouer entre elles. Un seul fil les traversait de part en part. Elles étaient attachées d'un côté à une statue de bois qui demeurait fixe, et de l'autre à la jambe que le joueur faisait mouvoir. Ce fil était tendu des deux côtés. Il n'y a sorte de danses que ces statuettes ne fussent capables d'imiter, faisant les gestes les plus surprenants des pieds, des jambes, des bras, de la tête, le tout avec des poses si variées, que je ne puis, je le confesse, me rendre compte d'un aussi singulier mécanisme... »

Dans le traité *De Subtilitate*, on relève le passage suivant :

« Si je voulais énumérer toutes les merveilles que l'on fait exécuter par le moyen de fils, aux statuettes de bois vulgairement appelées *magatelli*, un jour entier ne me suffirait pas, car ces petites figures jouent, combattent, chassent, dansent, sonnent de la trompette et font très artistement la cuisine. »

Bernardino Baldi, abbé de Guastalla, géomètre et poète, s'est également occupé en 1589, des marionnettes dans sa préface des *Automata* de Héron d'Alexandrie. Magnin dit à ce sujet :

« Baldi parle dans cette préface, avec une singulière admiration, des simples et vraies marionnettes, qu'il définit avec une précision technique qui ne permet pas de douter qu'il les connût à merveille. Il affirme non seulement qu'une grande adresse manuelle est nécessaire pour les faire mouvoir, et beaucoup d'esprit pour les faire parler, mais que la connaissance des mathématiques est indispensable à leur construction. »

Il semble bien que les marionnettes dont Baldi s'occupe étaient des marionnettes à fils. Après en avoir fait les plus grands éloges, il exprime, un peu plus loin, le regret de voir ces jolies statuettes animées devenir de futiles jouets d'enfants; il ajoute qu'il craint que leur noble exercice ne soit bientôt plus pratiqué que par des bateleurs ignorants et grossiers.

Peut-être bien aussi, Baldi fait-il allusion ici à la naissance des *burattini*, dont M. Vittorio Malamani, dans un substantiel article publié par la *Nuova Antologia*, de Rome, du 1ᵉʳ mars 1897, attribue la création à Venise. Ces *burattini*, marionnettes sans pieds et sans bras articulés, et qui peuvent être comparés à nos guignols actuels, se transportaient sur les places publiques où étaient données des représentations. Leur acte de naissance ne semble pas, d'ailleurs, avoir été régulièrement dressé, non plus que celui des *fantoccini*, des *puppi* et des *pupazzi*.

I Burattini, par F. Maggiotto.
Estampe gravée par G. Volpato, vers 1780. (Collection de M. O. Grousset.)

C'est là certainement la raison pour laquelle Magnin et quelques autres historiens avec lui ont pu les confondre avec les marionnettes à fils, si célèbres en Italie, et c'est là aussi ce qui donne pleine raison aux observations présentées par M. Malamani.

La confusion était naturelle chez nous, notre langue n'ayant qu'un seul mot pour désigner les diverses espèces de marionnettes ; elle est impossible dans la langue italienne, qui possède autant de mots qu'il existe de marionnettes différentes.

Dès leur apparition, les *burattini* qui, selon Magnin, ont reçu leur nom d'un certain *Burattino*, célèbre masque d'origine florentine ou romaine qui vivait encore en 1622, devinrent si répandus en Italie qu'on les pouvait voir partout : à Venise, à Milan, à Florence, à Rome, à Naples, à Turin, à Gênes et à Bologne.

« A Venise, dit M. V. Malamani, sur la place Saint-Marc et sur la Piazzetta, jusqu'à la chute de la République, en temps de carnaval, de nombreuses baraques de *burattini*, erraient au milieu des loges de funambules, des ménageries et des estrades de dentistes. Au début, ils ne furent autorisés que dans des baraques fermées, dans lesquelles on payait pour entrer ; la représentation devait commencer au coucher du soleil et se terminer quand les théâtres ouvraient, parce que les *impresarii* et les directeurs de théâtres redoutaient la concurrence des *burattini*. Mais, en 1760, quelques-uns d'entre eux se débarrassèrent de la baraque et se montrèrent gratis en public chez le fameux charlatan Gambarcorta, auxquels ils servaient de réclame pour le débit de je ne sais quel baume prodigieux destiné à la guérison des blessures. La foule se pressait à l'intérieur, ce que voyant, d'autres charlatans agirent de même et firent également fortune. »

A Milan, les marionnettes à fils avaient pris un nom particulier : on les appelait en 1744 des *fantoccini*, et c'est sous ce nom qu'elles nous vinrent à Paris vers 1770. « C'était presque toujours, dit Magnin en parlant des *fantoccini*, un seul joueur qui faisait mouvoir tous les personnages et qui, en même temps, récitait ou improvisait toute la pièce. Ce maître Jacques des marionnettes avait soin de varier ses intonations suivant les rôles, au moyen du *sifflet-pratique*, appelé en Italie *fischio* ou *pivetta*. »

La supériorité des marionnettes italiennes, *burattini* ou *fantoccini* est incontestable et s'est toujours maintenue. Jal, dans son ouvrage *De Paris à Naples*, rapporte qu'il les a vues en 1834 à Gênes et à Milan.

Au *Teatro delle vigne*, à Gênes, « on nous donna, dit-il, le *Siège d'Anvers*, drame militaire singulièrement mêlé d'amour et d'intrigues politiques. Cette pièce, jouée avec approbation des supérieurs, pourrait bien brouiller le roi de Sardaigne avec son frère de Hollande, malgré les nombreux correctifs que la prudence du *Signor poeta* a su jeter à propos dans le dialogue. Car les marionnettes parlent et même d'un ton si déclamatoire que nous pûmes croire un moment être transportés à la Comédie-Française au temps de MM. Lafond et Desmousseaux, de Mmes Volnais et Duchesnois. L'ouvrage très favorable à l'armée française est honorable aussi pour la garnison d'Anvers; le général Chassé n'est pas moins digne d'estime que le maréchal Gérard; il y a entre ces deux braves militaires, échange de nobles procédés et de belles paroles. Le maréchal Gérard était représenté en héros d'Homère, par une marionnette grande, forte, colossale, barbe et moustaches à la Bergami, costume de tambour-major, gesticulant avec de longs bras, parlant très haut, ouvrant une énorme bouche et roulant dans leurs orbites deux gros yeux à faire peur à quelqu'un de moins calme et de moins brave que le vieux Chassé. Pour celui-ci, c'est un petit vieillard habillé à la Frédéric II, longue queue, large chapeau, perruque blanche, habit à basques étoffées et retroussées avec des épingles, très beau au surplus, entêté, énergique et disert comme un professeur de l'Université de Turin ou de Padoue. Je fus fâché de voir les soldats français habillés à la piémontaise et une dame d'Anvers vêtue à la hongroise du temps de Marie-Thérèse. C'est probablement que la Compagnie Maggi n'a pas des magasins bien fournis. Le spectacle nous amusa; ce qui nous plut surtout dans l'assaut, c'est un tambour battant avec énergie la charge... à côté de sa caisse et ne touchant pas la terre tant il mettait d'enthousiasme dans son action. Un ballet médiocre, médiocrement dansé par deux bergers de l'ancienne famille de Blaise et Babet, termina la soirée. »

Ailleurs, Jal parle des marionnettes milanaises qui paraissent l'avoir intéressé au moins aussi vivement.

« Les marionnettes de Milan sont célèbres, dit-il. C'est bien autre chose vraiment que les *burattini* de Gênes et que toutes celles dont on nous a régalés à Paris. Les poupées de Girolamo jouent le drame tout aussi bien que nos acteurs de la Porte Saint-Martin; elles dansent à ravir. La pièce qu'elles déclamèrent ce soir-là était un grand drame romantique intitulé : *Le prince Eugène de Savoie au siège de Tamisvar*. Une intrigue amoureuse, marchant de péripéties en péripéties et divisée en six actes, — six actes, entendez-vous bien, et non pas cinq, comme dans le drame informe de Molière, de Corneille et de Racine ! — donne tout l'intérêt à l'action de la pièce au milieu de laquelle Girolamo, le grand farceur, le fameux Girolamo se démène, s'agite et plaisante sous le costume d'un caporal, patoisant à faire mourir de rire le bon peuple milanais. Un ballet joué dans les entr'actes fut ce qui m'étonna le plus, quoique les éloquentes tirades débitées par le prince Eugène m'eussent passablement surpris. La danse de ces Perrot et de ces Taglioni de bois est vraiment inimaginable, il n'y a pas une de ces marionnettes dont le talent ne fît envie à tant de danseurs de Naples, de Londres ou de Paris, qui gagnent de gros appointements. Danse horizontale, danse de côté, danse verticale, toutes les danses possibles, toutes les *fioritures* des pieds et des jambes que vous admirez à l'Opéra, vous les trouverez au théâtre *Fiando;* et quand la poupée a dansé son pas, quand elle a été bien applaudie, quand le *st-st-st*, s'est fait entendre au parterre, petit sifflement admiratif, précurseur du cri d'enthousiasme *fori! fori!* qui rappelle l'artiste, elle sort de la coulisse, salue en se donnant de petits airs penchés, pose sa petite main sur son cœur et ne se retire qu'après avoir complètement parodié les grandes cantatrices et les fiers danseurs de la *Scala.* »

Le journal *le Globe*, du mardi 7 août 1827, avait publié, bien avant ce qui précède, sous le titre : *Extraits d'un voyage en Italie*, 1823-1824, quelques notes fort curieuses sur ces mêmes *fantoccini* du théâtre *Fiando*, de Milan. Ces notes sont anonymes.

« Je ne comptais, dit l'auteur, trouver aux *fantoccini* qu'un faible dédommagement, mais l'habileté *del signor Girolamo*, directeur absolu de la troupe, ne m'était pas connue. Telle est la justesse de tous les mouvements de ses petits acteurs, leur corps, leurs bras, leur tête, tout marche avec tant de mesure, tout est dans un si parfait accord avec les sentiments exprimés par la voix, qu'aux dimensions près, j'aurais pu me croire dans la rue de Richelieu. Il est vrai qu'il y a dans le jeu de ces excellents *fantoccini* plus de calcul que d'inspiration, et que sans apercevoir les fils qui les font mouvoir, on en devine trop la présence, mais c'est précisément ce qui complète la ressemblance et on dirait qu'ils sortent tous du Conservatoire. Outre *Nabuchodonosor*, tragédie classique en vers ronflants et avec l'accompagnement obligé de six récits et de quatre confidences, sans compter les tirades, on nous a donné un ballet anacréontique dessiné à la Gardel. Je voudrais que les danseurs du grand Opéra, si fiers de leurs bras et de leurs jambes, pussent voir mes petits danseurs de bois copier toutes leurs attitudes et se donner leurs grâces. »

Et ce n'est pas tout, car les *fantoccini* italiens ont véritablement surpris les esprits les plus ouverts et les plus distingués. Relativement aux représentations du théâtre *Fiano*, de Rome, où longtemps les marionnettes ont joué et chanté le répertoire de Rossini, Frédéric Mercey s'exprime ainsi qu'il suit, dans la *Revue des Deux-Mondes*, du 15 avril 1840 :

« Le théâtre *Fiano* n'est rien autre chose qu'un théâtre de marionnettes, mais ces marionnettes sont célèbres. Ces petits acteurs de bois luttent sans trop de désavantage avec les meilleurs comédiens de Rome. Le mécanisme qui les fait vivre est des plus ingénieux, il faut le dire. La combinaison des fils qui font mouvoir chacun des membres en passant dans l'intérieur du corps, et des plombs dont ils sont lestés, de manière à pouvoir obéir à la moindre impulsion donnée, sans perdre jamais leur centre de gravité, permet d'exprimer jusqu'aux nuances du mouvement; les yeux aussi sont mobiles et suivent l'inclinaison de la tête. Les décorations sont excellentes et la hauteur des arbres, la grandeur des maisons, de leurs portes et de leurs fenêtres sont parfaitement calculées pour des acteurs de douze pouces de haut. Ce qui prête par-dessus tout à l'illusion, c'est le naturel et la vivacité du dialogue improvisé, dialogue toujours gai, toujours spirituel et qui, du moins, a le mérite de l'à-propos, ce qui à Rome est une véritable bonne fortune. »

Poisse, en 1835, avait été frappé, lui aussi, de l'illusion produite par les petits acteurs du palais *Fiano*. Dans le *Temps* du 2 septembre, il dit :

« J'ai eu l'occasion de me convaincre de cette facilité d'illusion au spectacle des *burattini* à Rome. Les burattini sont de petits mannequins dirigés par un homme placé dans les frises de la scène, qui est absolument disposée comme celle de nos théâtres... Au lever du rideau, et pendant quelques minutes, ces petits bonshommes conservent leur véritable dimension ; mais ils ne tardent pas à s'agrandir pour l'œil, et au bout de peu de temps, ils font l'effet d'hommes véritables. »

MARIONNETTES DE PRANDI.
Un coin dans la chambre verte.
(Extrait du *Black and White*, 1893.)

A l'époque où Peisse écrivait, les personnages les plus répandus sur les théâtres italiens de marionnettes étaient : à Naples, *Pulcinella* et *Scaramuccia* ; à Rome, *Cassandrino* ; à Milan, *Girolamo*, et à Turin *Gianduja*.

Aujourd'hui, les marionnettes italiennes sont peu connues à Paris, cependant elles voyagent volontiers. Londres les a reçues en 1893, au palais de Cristal, où elles ont joui de la faveur du peuple anglais. Ces marionnettes étaient celles du signor Prandi, dont le fils Ettore Prandi a entrepris de les montrer un peu partout; leur répertoire est composé des opéras et des ballets les plus répandus; elles ont débuté, à Londres, par la *Marche triomphale d'Aïda* et l'*Exposition de Paris,* grand ballet historique.

MARIONNETTES DE PRANDI.
Les coulisses.
(Extrait du *Black and White*, 1893.)

Je prends dans le *Black and White*, de Londres, du 27 mai 1893, quelques remarques qui me semblent devoir trouver leur place ici :

« Ce qui frappe le visiteur assez favorisé pour pénétrer dans les coulisses, dit l'auteur anonyme de l'article que je cite, c'est la parfaite tranquillité qui règne partout, en même temps que l'étonnante simplicité du mécanisme employé. L'atmosphère du théâtre ordinaire, alternativement étouffante et glacée, toujours chargée d'une certaine odeur qui ne se rencontre que là, le piétinement des gens, le frou-frou de la soie ou de la gaze, les conversations rapides et à bâtons rompus, les observations du directeur de la scène, tout cela fait ici défaut.

« Le silence, les formes sans vie et grêles des poupées donnent plutôt une impression de tristesse.

« Chose étrange, une marionnette semble plus humaine au repos. Quand elle marche à travers la scène, ses mouvements la révèlent ; mais quand vous l'apercevez pendue à son clou dans la demi-obscurité, vous regardant tristement avec ses étranges yeux d'émail, tandis que pendent autour de son petit corps ses oripeaux flasques de théâtre, elle est parfaitement pathétique...

« Vers le centre de la petite scène, mais assez éloigné de la rampe, se trouve un pont jeté en travers.

MARIONNETTES DE PRANDI.
Comment on fait agir les figures.
(Extrait du *Black and White*, 1893.)

« Il est placé à six pieds environ du sol et une demi-douzaine de personnes peuvent y prendre place.

« La troupe Prandi comprend : Ettore Prandi, un robuste et jeune Italien d'environ trente ans, son père, deux femmes d'un certain âge, une jeune fille d'environ seize ans et trois ou quatre assistants... Pendant les représentations, ils sont tous, hommes et femmes, habillés de même, d'une blouse de toile bleue et d'un pantalon.

« Ettore Prandi occupe le milieu du pont; c'est lui qui dirige la représentation. A ses côtés se tiennent un ou deux aides. Les artistes n'ont pas besoin de « loges » pour s'habiller; ils sont suspendus sur des rails appropriés et sur plusieurs rangs. Jamais ils ne se disputent.

« Aïda est pendue à un clou tout proche d'Amneris; ils sont absolument indifférents l'un à l'autre et ne prennent aucun souci du beau Radamès qui les suit. Egyptiens et Ethiopiens se confondent en silence. Amonasro ne perd jamais sa voix, bien qu'il soit exposé à perdre son nez si on le manie sans précaution, et ses vêtements sont plutôt extravagants. Les personnages sont faits généralement en papier mâché de Milan, sur une première structure de bois. Ils ont environ trois pieds de haut et ils sont attachés par la tête à une tringle de fer qui a environ six pieds de long. A l'extrémité de cette tringle est une barre de bois disposée perpendiculairement et à laquelle sont fixés les fils très souples, mais très solides qui font mouvoir les pieds et les mains de l'acteur. L'opérateur placé sur le pont se penche en avant, tenant d'une main ferme la tringle de fer et manie adroitement avec ses doigts, les fils à l'aide desquels il peut produire une infinité de mouvements: un « pas de quatre » suffisamment gracieux, un « solo » à la douce voix de la signora Prandi, et mille choses encore.

« La représentation ressemble beaucoup à une procession d'un côté de la scène à l'autre et occupe un très petit espace en profondeur, mais ce fait est habilement dissimulé.

« Lorsque tout est prêt, Ettore Prandi donne le signal convenu pour lever le rideau; l'homme placé sur l'une des ailes de la scène enlève rapidement les poupées de leurs rails, les tend à une personne placée à l'extrémité du pont, celle-ci les remet à une troisième personne, jusqu'à ce qu'elles fassent leur sortie à l'extrémité opposée où elles sont promptement saisies et suspendues, moins excitées certainement par les applaudissements que ne le sont de coutume les acteurs de chair et d'os. »

Dans le bel ouvrage qu'il a consacré à *la Sicile*, comme écrivain et comme illustrateur, M. Gaston Vuillier rappelle, en termes du plus grand intérêt, jusqu'à quel point les Siciliens sont passionnés pour leurs théâtres de marionnettes ou plutôt de *pupi*.

Tous leurs grands centres en possèdent; Palerme en a plusieurs. Dans cette ville, M. Vuillier a vu à l'Albergheria, l'un des plus populeux quartiers de Palerme, le théâtre où sont représentés les paladins de France (*Paladini di Francia*).

Au dehors, une affiche peinte de couleurs vives, sur toile volante, représente des scènes de chevalerie se rapportant aux soirées pendant lesquelles se dérouleront, sous les yeux d'un public attentif, impressionnable à l'excès, les hauts faits des paladins.

A la porte, se tient un homme qui appelle et sollicite les spectateurs: *Trasemu, ch'é ura* (entrons, c'est l'heure), dit-il.

Le prix d'entrée de l'*Opra* est fixé à deux centimes et le public nombreux, composé d'hommes et de jeunes gens plus encore que d'enfants, est assis sur des bancs de bois. Les derniers arrivés restent debout. Avant la représentation ou pendant les entr'actes, circulent dans la salle l'*acquajuolo* (marchand d'eau), servant dans le même verre ceux qui l'appellent, et le *siminzaru* (marchand de graines de courges grillées), dont le cri : *Simenza*, se répète à tout instant.

Le théâtre lui-même vaut d'être regardé. Son rideau, ainsi que les panneaux qui en forment l'encadrement, sont l'œuvre de peintres populaires nombreux à Palerme, et leur exécution ne manque point de mérite.

Le rideau va se lever, l'orchestre composé de violonistes exécute une sorte d'ouverture; la salle bondée est silencieuse, presque recueillie. Le Sicilien, d'une nature peu compliquée, trouve une joie intense à l'audition de ces légendes où revivent les héros qu'il connaît, qu'il aime, dont les exploits toujours nouveaux l'émotionnent et dont la mort fait couler ses larmes.

La scène de l'*Opra* est petite, disproportionnée même; les casques ornés de plumes des acteurs touchent les frises; les fils qui font agir les paladins sont trop apparents, mais les spectateurs n'y regardent pas de si près et savent compléter par la pensée tout ce qui manque à l'interprétation.

« Les paladins s'avancent, dit M. Vuillier, ils sont couverts d'armures étincelantes, et sur le cimier de leur casque se balancent des panaches invraisemblables. A l'entrée en scène de Roland, neveu de Charlemagne, un frémissement parcourt les spectateurs, des applaudissements le saluent. C'est qu'il est pour eux le type du courage, de la loyauté et de l'honneur.

« La voix un peu emphatique de l'impresario résonne lente et forte; les assistants écoutent, le cou tendu, l'œil brillant. Des princesses apparaissent souvent, les combats singuliers n'en finissent pas, car plus les guerriers sont fameux, plus longue doit être la lutte. Pour les combattants ordinaires, c'est bientôt fait, les simples soldats meurent aux premiers coups. On les traite de païens, d'infidèles, de sarrazins et autres qualificatifs dédaigneux; leurs têtes sautent en l'air et retombent sur le sol. Par moments, des amoncellements de cadavres encombrent la scène. Durant les combats, les violons, comme enfiévrés, jouent précipitamment et l'*oprante* accompagne la bataille en frappant de sa semelle sur les planches. Les guerriers fameux se précipitent l'un contre l'autre, l'épée haute, le bouclier levé, on entend le froissement du fer, leurs cris de défi. De temps à autre ils se reposent pour reprendre haleine, puis le combat recommence avec acharnement jusqu'au moment où l'un des héros tombe, atteint mortellement. »

La série des représentations des Paladins de France, comprenant: la Chronique de Turpin, les Royaux de France, *Morgante*, de Pulci, *Roland amoureux*, de Bojardo, *Roland furieux*, de l'Arioste, et d'autres encore, dure plusieurs mois et s'achève par une représentation extraordinaire: la mort des Paladins ou la brèche de Ronceveaux (*la morte di Paladini ou Rotta di Roncisvalle*), annoncée deux semaines à l'avance, pendant les entr'actes et d'après la tradition de l'*Opra*, par Terigi, l'écuyer de Roland.

Cette représentation impatiemment attendue est l'objet des conversations des Palermitains; chacun d'eux, ce jour arrivé, s'y rend gravement ainsi qu'à une cérémonie religieuse. « Dans une scène représentant l'apparition de l'ange à Renaud, dit M. Vuillier, le peuple entier se découvre, comme le vendredi saint à la mort du Christ. »

PUNCH

II

LES MARIONNETTES ANGLAISES. PUNCH

Jusqu'à Henri VIII, les marionnettes ont place dans les cérémonies du culte. — Le Saint-Esprit dans la cathédrale de Saint-Paul. — L'abbaye de Boxley et le crucifix à ressorts. — La statuaire mécanique exclue des temples. — Destruction du crucifix de Boxley, en 1538. — Les *Puppet*, *Maumet* ou *Mammet*. — Le *Puppet-Schow*. — Les *drolleries* du temps de Shakspeare. — Les *Miracle-plays*. — Types créés par les marionnettistes anglais : *Perverse-doctrine*, *Gluttony*, *Vanity*, *Le Chery*, *Mundus*, *Old-Vice*, *Maitre Devil*. — La mort de *Old-Vice*. — La naissance de *Punch*, vers 1697. — Son caractère. — Mise en scène des marionnettes anglaises. — Une affiche pour la foire Saint-Barthélemy, en 1703. — *La Création du monde* et le *Déluge de Noé*. — Une représentation en 1709. — Martin Powell, célèbre *puppet-schowman*, de Covent-Garden, en 1711. — Punch-theatre en 1713. — *Punch*, Don Juan de la populace. — Il devient cynique et cruel et tue tout ce qui l'entoure. — *Les Fredaines de Mr Punch*.

En Angleterre, les marionnettes, pour venir à nous, ont pris le chemin qu'elles ont suivi partout ailleurs : elles ont passé par l'Église.

Jusqu'à Henri VIII, elles avaient place dans les grandes solennités catholiques. A la Pentecôte, la cathédrale de Saint-Paul figurait la descente du Saint-Esprit, par un pigeon blanc qui s'échappait d'une ouverture pratiquée dans la voûte de la grande nef; dans le comté d'Oxford, à Witney, la résurrection

Mr Punch,
par G. Cruikshank.   (Extrait de *Punch and Judy*.)

de Notre-Seigneur était représentée par de petites statuettes mobiles;

à l'abbaye de Boxley, existait un crucifix à ressorts qu'on faisait mouvoir dans les cérémonies de Pâques et de l'Ascension.

Sous Henri VIII survint l'établissement du schisme et la statuaire mécanique fut exclue des temples par l'invasion du protestantisme qui qualifiait d'idoles, les personnages auxquels le catholicisme avait primitivement eu recours et donné asile. C'est ainsi qu'en 1538, le célèbre crucifix de Boxley, montré une dernière fois au peuple par l'évêque de Rochester, fut porté par lui dans un lieu public, à Powle's Cross, puis démonté et brisé sous les yeux de la foule.

Les statuettes mobiles avaient vécu en tant que spectacle religieux, les marionnettes allaient leur succéder.

Elles ont porté, suivant les époques, différents noms : leur appellation la plus ancienne est celle de *puppet*, du français *poupée* ou du latin *pupa*; plus tard, on leur a donné le nom de *maumet* ou *mammet* qui, comme dans notre ancien vocable de *marmouset*, a eu dans l'origine le sens d'idole.

« L'Angleterre s'est servie, dit Magnin, pendant la seconde moitié du XVI° siècle et toute la durée du XVII°, d'une expression qui lui est particulière : je veux parler du mot *motion* qui, au propre, signifie *mouvement* et s'appliqua par extension à une poupée, soit automatique, soit mue par des fils, puis enfin à un spectacle de marionnettes, à un *puppet-show*. »

Du temps de Shakespeare enfin, le terme de *drollery* signifiait une farce jouée par des acteurs de bois et Shakespeare y fait de fréquentes allusions.

Quel que soit le nom qui leur ait appartenu, le début des marionnettes en Angleterre a donc été marqué, peut-être en même temps qu'en France, par l'exécution des mystères et des *miracle-plays* que les confréries ou les membres du clergé représentaient aux grands jours fériés. Quand, au milieu du XV° siècle, les confréries furent conduites à varier, à étendre leur champ d'action et à personnifier, pour l'éducation des masses, les vices et les vertus, les joueurs de marionnettes publiques les suivirent dans cette voie et créèrent, eux aussi, des types nouveaux : *Perverse doctrine*, *Gluttony*, *Vanity*, *Le Chery*, *Mundus*, et ce fameux personnage longtemps célèbre, *Old-Vice*, qu'on appela aussi *The Old Iniquity* et qui était alors l'inséparable compagnon du Diable, maître *Devil*.

On sait qu'en Angleterre, après une lutte qui dura plus d'un siècle, entre puritains et acteurs, la suppression des représentations théâtrales fut résolue sous le protectorat de Cromwel. Chose singulière et digne de remarque, les marionnettes ne furent point frappées ni atteintes par le bill de suspension du 2 septembre 1642, pas plus que par le bill d'abolition du 22 octobre 1647 ; les *motionmen* continuèrent, comme par le passé, à se produire publiquement ; cependant sous Charles II, on trouve la mention d'une pétition des acteurs demandant que les représentations d'un théâtre de marionnettes, qui occupait l'emplacement actuel de Cecil Street, fussent interdites ou que leur théâtre fût transféré dans un autre lieu.

UNE REPRÉSENTATION SUR LA VOIE PUBLIQUE, A LONDRES
par G. Cruikshank.
(Extrait de *Punch and Judy*.)

Les choses restèrent en cet état, sans modifications notables, pendant quarante années, c'est-à-dire jusqu'à l'avènement de la maison d'Orange, en 1688 ; à partir de ce moment intervint un événement considérable : *Punch* naquit, succédant à *Old-Vice* qui personnifiait, dans les anciennes moralités anglaises du XV° siècle, le vice sous toutes ses formes. Le *Vieux-Vice* semblait mourir de sa belle mort et ne devoir jamais ressusciter.

Punch, dont le nom vient de Pulcinello ou de Punchinello, dont il serait une sorte d'abréviation, n'était point encore, à cette époque, le personnage immoral qu'il est devenu plus tard. En 1697, si l'on en croit un jeune *fellow* de *Magdalen College*, du nom de Joseph Addison, qui a tracé son portrait dans une pièce de vers latins, intitulée : *Machinæ gesticulantes, Anglice puppet-shows*, il n'est, suivant les expressions dont se sert Magnin, « qu'un vert-galant, joyeux et tapageur, une sorte de petit roi d'Yvetot ou de Cocagne, un peu libertin, très hâbleur, mais faisant beaucoup plus de bruit que de mal ». Sa galanterie est plus vive et plus étourdie que perverse.

Alors, et comme pour fêter l'heureuse bienvenue de Punch et la disparition d'*Old-Vice*, les marionnettes anglaises s'étaient faites moins plébéiennes ; les théâtres où elles donnaient leurs représentations, devenus confortables, offraient des places à divers prix, ce qui n'existait point avant. Magnin, commentant l'étude de Joseph Addison, dit à ce sujet :

« Il ne manquait à la mise en scène aucun des artifices employés en France et en Italie pour faire naître et entretenir l'illusion, tels que les fils perpendiculaires tendus devant la scène pour dérouter l'œil du spectateur.

« Tous les membres de ces petites figures étaient articulés et du sommet de leur tête sortait une tige métallique qui réunissait tous les fils dans la main qui leur imprimait le mouvement. »

Il semble donc établi qu'à la fin du XVIIe siècle, les poupées anglaises touchaient à la perfection et qu'elles s'étaient créé un public aussi nombreux que dévoué.

Le *British Museum* possède l'original d'une curieuse affiche qui rappelle, par sa forme, les annonces de nos grandes foires françaises ; cette affiche, où Punch tient une place d'honneur en compagnie de John Spendall ou *Jean Mange-Tout*, ancien acteur des moralités, paraît remonter au début du règne de la reine Anne, c'est-à-dire à 1703. Elle est ainsi conçue :

« A la loge de Crawley, vis-à-vis la Taverne de la Couronne, à Smithfield, pendant toute la durée de la foire Saint-Barthélemy, on représentera un petit *opéra*, appelé l'*Antique création du monde*, nouvellement retouché et augmenté du *Déluge de Noé*. Plusieurs fontaines jetteront de l'eau pendant toute la pièce. La dernière scène montrera Noé et sa famille sortant de l'arche avec tous les animaux par couple, et tous les oiseaux de l'air perchés sur des arbres... Enfin, au moyen de diverses machines, on verra le *mauvais riche* sortant de l'enfer et Lazare porté dans le sein d'Abraham, outre plusieurs figures dansant des gigues des sarabandes et des quadrilles, à l'admiration des spectateurs ; le tout

Punch and Judy.
Petit théâtre d'enfant. Imagerie anglaise.

accompagné des joyeuses fantaisies du seigneur Punch et de sir John Spendall. »

Il paraît que dans la *Création du monde* et dans le *Déluge de Noé*, Punch était d'une fantaisie irrésistible. Payne Collier, l'auteur de *Punch and Judy*, publié en 1828, rappelle le numéro du *Tatler*, du 17 mai 1709, où l'on trouve le récit d'une représentation pendant laquelle le héros de la pièce dansait dans l'arche avec sa femme; la pluie tombant à torrents, Punch disait doucement : « Il fait un peu de brouillard, maître Noé. » Ce mot comblait d'aise les spectateurs.

Outre le précieux document que je viens de citer sur la foire Saint-Barthélemy, l'histoire a conservé le souvenir d'un très habile *puppet-schowman*, nommé Martin Powell, dont les premiers succès datent de la même période et s'affirmèrent plus éclatants sous les successeurs immédiats d'Anne, Georges Ier et Georges II. Le théâtre de Powell était établi, en 1711, sous les petites galeries de Covent-garden, du côté opposé à l'église Saint-Paul, et faisait aux cérémonies du culte une sérieuse concurrence, l'ouverture du *puppet-show* ayant lieu précisément aux heures consacrées à la prière. En 1713, le jeu dirigé par Powell portait le nom de *Punch Theatre*; son directeur, dont la réputation s'est de tout temps maintenue, était à la fois l'auteur des pièces qu'il représentait et le sculpteur habilleur des poupées articulées qu'il mettait en scène. Il avait donné tous ses soins à M. Punch, dont les mâchoires étaient animées par un fil spécial; il avait encore, dit une brochure anonyme dirigée contre Robert Walpole, et publiée en 1715 sous le titre : *Un second tale of a tub*, « des rois, des reines, des filles d'honneur, des jeunes filles, des enfants, des nobles, des singes, des saltimbanques, des échevins, des danseurs de corde, des oies, des hobereaux, des rats, des lords-maires, des valets, des truies, des Indiens, des chats, des magiciens, des oiseaux, des prêtres. »

Dans les représentations de Powell, où s'introduisaient parfois des satires politiques, dominaient les ballades populaires, les sujets tirés de l'Ecriture et surtout les plaisantes fantaisies de M. Punch.

Punch avait encore, à cette époque, un caractère supportable et c'est à peine si on lui reprochait, de temps à autre, quelques peccadilles sans importance. Rarement brutal, point encore criminel, rien ne le faisait ressembler à Henri VIII ou à Barbe-Bleue qui paraissent cependant avoir été ses modèles préférés; il était, comme aiment le dire les Anglais et comme l'écrit Payne Collier, le don Juan de la populace, un don Juan, cependant, aussi peu scrupuleux que possible sur les moyens qu'il emploie pour arriver à ses fins.

Ce n'est que plus tard, vers le milieu du XVIIIe siècle, que Punch,

Titre du journal « PUNCH », de Londres.

enhardi par les bravos de ses admirateurs, est devenu ce qu'il est aujourd'hui : froidement débauché, cynique et cruel. Il est vraiment alors le digne successeur de *Old Vice*, cet Old Vice qu'on croyait si bien mort, et s'empare des qualités qui distinguaient son ancêtre. Il tue tout ce qui l'entoure et le gêne : son enfant, dont les cris l'importunent ; sa femme Judith, qui réclame son fils ; il tue le médecin, le constable, le bourreau ; il tue même le diable, *Old Nick*.

Payne Collier reproduit une jolie pièce, intitulée : *les Fredaines de M. Punch*, qu'il croit être de 1790, et que Magnin suppose remonter plus loin ; il est bon de la faire figurer ici.

LES FREDAINES DE M. PUNCH

Oh ! prêtez-moi l'oreille un moment ! Je vais vous conter une histoire, l'histoire de M. Punch, qui fut un vil et mauvais garnement, sans foi et meurtrier. Il avait une femme et un enfant aussi, tous les deux d'une beauté sans égale. Le nom de l'enfant, je ne le sais pas ; celui de la mère était Judith. — *Right tol de rol lol*, etc.

M. Punch n'était pas aussi beau. Il avait un nez d'éléphant, Monsieur ! Sur son dos, s'élevait un cône qui atteignait la hauteur de sa tête ; mais cela n'empêchait pas qu'il n'eût, disait-on, la voix aussi séduisante qu'une sirène et par cette voix (une superbe haute-contre, en vérité !), il séduisit Judith, cette belle jeune fille. — *Right tol de rol lol*, etc.

Mais il était aussi cruel qu'un Turc, et, comme un Turc, il ne pouvait se contenter de n'avoir qu'une femme (c'est en effet un pauvre ordinaire qu'une seule femme), et cependant la loi lui défendait d'en avoir deux, ni vingt deux, quoiqu'il pût suffire à toutes. Que fit-il donc dans cette conjoncture, le scélérat, il entretint une dame. — *Right tol de rol lol*, etc.

Mistress Judith découvrit la chose, et, dans sa fureur jalouse, s'en prit au nez de son époux et à celui de sa folâtre compagne. Alors, Punch se fâcha, se posa en acteur tragique et, d'un revers de bâton, lui fendit bel et bien la tête en deux. Oh ! le monstre ! — *Right tol de rol lol*, etc.

Puis il saisit son tendre héritier... oh ! le père dénaturé ! et le lança par la fenêtre d'un second étage, car il aimait mieux posséder la femme de son amour que son épouse légitime, Monsieur ! et il ne se souciait pas plus de son enfant que d'une prise de macouba. — *Right tol de rol lol*, etc.

Les parents de sa femme vinrent à la ville pour lui demander compte de ce procédé, Monsieur ! Il prit une trique pour les recevoir et leur servit la même sauce qu'à sa femme, Monsieur ! Il osait dire que la loi n'était pas sa loi, qu'il se moquait de la lettre, et que si la justice mettait sur lui sa griffe, il saurait lui apprendre à vivre. — *Right tol de rol lol*, etc.

Alors il se mit à voyager par tous pays, si aimable et si séduisant que trois femmes seulement refusèrent de suivre ses leçons si instructives. La première était une simple jeune fille de la campagne, la seconde une pieuse abbesse, la troisième, je voudrais bien dire ce qu'elle était, mais je n'ose, c'était la plus impure des impures. — *Right tol de rol lol*, etc.

En Italie, il rencontra les femmes de la pire espèce ; en France, elles avaient la voix trop haute (*too clamorous*); en Angleterre, timides et prudes au début, elles devenaient les plus amoureuses du monde; en Espagne, elles

Punch and Judy.
Petit théâtre d'enfant, avec personnages mobiles. Imagerie anglaise

étaient fières comme des infantes, quoique fragiles; en Allemagne, elles n'étaient que glace. Il n'alla pas plus loin vers le nord; c'eût été folie. — *Right tol de rol lol*, etc.

Dans toutes ces courses, il ne se faisait aucun scrupule de jouer avec la vie des hommes. Pères et frères passaient par ses mains. On frémit rien qu'à penser

Punch a Paris, par Cham.
(Extrait du Charivari, 1850.)

à l'horrible traînée de sang qu'il a versé par système. Quoiqu'il eût une bosse sur le dos, les femmes ne pouvaient lui résister. — *Right tol de rol lol*, etc.

On disait qu'il avait signé un pacte avec le vieux Nick'las, comme on l'appelle ; mais, quand j'en serais mieux informé, je n'en dirais pas plus long. C'est peut-être à cela qu'il a dû ses succès partout où il est allé, Monsieur ; mais je crois aussi, convenons-en, que ces dames étaient un peu coucy-coucy, Monsieur ! — *Right tol de rol lol*, etc.

Punch and Judy.
Image anglaise publiée par Frederick Warne.

A la fin, il revint en Angleterre, franc libertin et vrai corsaire. Dès qu'il eut touché Douvres, il se pourvut d'un nouveau nom, car il en avait de rechange. De son côté, la police prit de promptes mesures pour le mettre en prison. On l'arrêta au moment où il pouvait le moins prévoir un pareil sort. — *Right tol de rol lol*, etc.

Cependant le jour approchait, le jour où il devait solder ses comptes.

Quand le jugement fut prononcé, il ne lui vint que des pensées de ruses en songeant à l'exécution; et quand le bourreau, au front sinistre, lui annonça que tout était prêt, il lui fit un signe de l'œil et demanda à voir sa maîtresse. — *Right tol de rol lol*, etc.

Prétextant qu'il ne savait comment se servir de la corde qui pendait de la potence, Monsieur! il passa la tête du bourreau dans le nœud coulant et en retira la sienne sauve. Enfin, le diable vint réclamer sa dette; mais Punch lui demanda ce qu'il voulait dire : on le prenait pour un autre; il ne connaissait pas l'engagement dont on lui parlait. — *Right tol de rol lol*, etc.

— Ah! vous ne le connaissez pas! s'écria le diable. Très bien! Je vais vous le faire connaître.

Et aussitôt ils s'attaquèrent avec fureur et aussi durement qu'ils le purent. Le diable combattait avec sa fourche, Punch n'avait que son bâton, Monsieur! et cependant il tua le diable, comme il le devait. Hourra! Old Nick est mort, Monsieur! *Right tol de rol lol*, etc.

Cette ballade est extrêmement importante; elle montre Punch tel qu'il était et tel qu'il restera sans doute. Elle présente ceci de particulier qu'on y retrouve, comme dans la légende de *Don Juan*, les trois femmes qui lui résistèrent : une innocente fille de campagne, une abbesse et une prostituée.

Très populaire dans toute l'Angleterre, Punch y amuse encore les petits et les grands. Sa popularité s'explique : les Anglais trouvent, dans le cruel sang-froid qu'il apporte à tous ses actes, la caractéristique du génie de leur nation. Sa persévérance, son entêtement plutôt, leur semble être la qualité maîtresse qu'ils doivent exiger de lui et d'eux-mêmes.

Punch porte deux bosses plus proéminentes que celle de notre Polichinelle; son nez outrageusement camard, son menton avancé, son bonnet qui rappelle un peu la coiffure du *fou*, lui donnent une physionomie d'un comique achevé; il ne saurait vivre sans son bâton dont il fait sans cesse usage et qui, dans ses mains, est toujours une arme meurtrière.

Je n'ai trouvé nulle part l'indication du moment précis où les marionnettes anglaises ont cessé d'être mues par des fils. Cette transformation était certainement opérée avant 1828, puisque tous les dessins de Georges Cruikshank qui illustrent *Punch and Judy* ne représentent que des marionnettes à mains.

CASPERL OU HANSWURST,
d'après une image populaire de Munich. Dessin de Chanteau.

III

LES MARIONNETTES ALLEMANDES

Charles Magnin trouve l'origine des marionnettes allemandes dans le *Kobolde*. — Le poëme cyclique *Der Renner*, de Hugo de Trimberg, du XIIIe siècle. — Les *Niebelungen*. — Le poëme de Malagis, du XVe siècle. — Les légendes populaires en Allemagne : *Les quatre fils Aymon, Blanche comme neige, Geneviève de Brabant, la belle Magdelonne, la dame de Roussillon, Jeanne d'Arc*. — Le bouffon allemand. — *Eulenspiegel* ou *maître Hemmerlein*. — *Hanswurst* ou *Jean Boudin*. — La prodigieuse et lamentable histoire du docteur Faust et ce qu'en pensait Goëthe. — Maître Welthen et les *Haupt-und-Staatsactionen*. — *Casperl* succède à *Hanswurst*. — Hans *Pickelhaering* ou *Jean-Hareng-Salé* ; Jean Klaussen ou Jean Nicolas, en Hollande. — Les marionnettes à Berlin, à Vienne et à Hambourg. — Frédéric Schinck et son *marionnetten theater*, publié en 1777. — Goëthe admirateur des marionnettes. — Les Fêtes de la foire à Plundersweilern, par Goëthe, représentées à la Cour de Weimar. — Le théâtre du prince Nicolas Joseph Esterhazy, à Eisenstadt, dirigé par Haydn. — *Philémon et Baucis, Didon, Geniève, la Vengeance accomplie* et *la Maison brûlée*, petits opéras de Haydn, représentés à Eisenstadt. — Le *Faust* de Goëthe. — Les marionnettistes allemands : Schütz, Dreher, Thiémé, Eberlé, Geisselbrecht. — Les principaux personnages de leurs œuvres. — Extrait d'un manuscrit de Geisselbrecht, publié par le colonel de Below. — Les personnages de Geisselbrecht ont les yeux mobiles, toussent et crachent. — *Casperl* a définitivement succédé à *Hanswurst*. — Une pièce de marionnettes traduite de l'allemand : I. Gaspard et le tailleur ; II. Gaspard et la vieille femme ; III. Gaspard et le paysan ; IV. Gaspard et sa femme ; V. Gaspard et Jean ; VI. Gaspard et le chasseur ; VII. Gaspard et le sergent de ville ; VIII. Gaspard et le gendarme ; IX. Gaspard et la mort ; X. Gaspard et le diable.

Charles Magnin a longuement étudié les marionnettes allemandes. Son érudition profonde, mais parfois un peu naïve, lui en a fait retrouver l'origine dans « le culte de certains génies familiers, lutins espiègles et mystérieux dont toute pauvre ménagère et même tout serviteur de bonne maison recherchaient soigneusement l'assistance et redoutaient les mauvais offices ».

Connues sous le nom païen de *Kobolde* (farfadets, marmousets, maumet ou mammet), ces idoles présidaient aux actes familiaux et aux incidents de la vie domestique. Dans un poëme cyclique intitulé *Der Renner* (Le Coursier), un poëte de l'Ecole de Souabe, Hugo de Trimberg, dit que les jongleurs du XIIIe siècle portaient souvent sur eux ces figures de follets malicieux : « Ils les tiraient de dessous leur manteau et leur faisaient échanger des railleries, pour faire rire toute l'assemblée avec eux. »

Ce ne sont pas là des marionnettes. Elles existaient cependant, car si on se rappelle la miniature du *Hortus deliciarum*, de Herrade de Landsberg, on sait que les pièces représentées par les anciens montreurs de poupées allemandes ont été, dès le XIIe siècle, empruntées surtout à des actions militaires, les deux petits personnages que reproduisent cette miniature étant des guerriers ; on peut également supposer que les principaux acteurs de ces drames en miniature devaient être les héros de l'Edda ou des *Niebelungen*.

Jean Klaassen ou Jean Nicolas,
d'après une estampe allemande.

Magnin a retrouvé dans un fragment du poème de Malagis, écrit en allemand au XVe siècle, sur une traduction flamande de notre vieux roman de Maugis, un passage bien curieux qu'il me faut citer.

On y voit « la fée Oriande de Rosefleur, séparée depuis quinze ans de son élève chéri Malagis, se présenter, sous un habit de jongleur, au château d'Aigremont où l'on célébrait une noce. Ayant offert à l'assemblée un jeu de marionnettes, qui est agréé, elle demande une table pour servir de théâtre et fait paraître deux élégantes poupées représentant un magicien et une magicienne. Oriande met dans la bouche de celle-ci des stances qui retracent son histoire et la font reconnaître de Malagis ».

C'est vers cette même époque qu'apparaissent en Allemagne les légendes populaires et follement romanesques, comme *les Quatre Fils Aymon*; *Blanche comme neige*; *Geneviève de Brabant*; *la Belle Magdelonne*; *la Dame de Roussillon* à qui un mari barbare fait manger le cœur d'un amant tendrement aimé; *Jeanne d'Arc* enfin qui, de son vivant, avait pris place sur les théâtres de marionnettes allemandes et devait donner plus tard naissance au grand et beau drame de Schiller.

Les représentations de ces légendes, qui pourtant comportaient des situations graves et dramatiques, étaient alors égayées par une sorte de bouffon dont l'intervention était parfaitement admise et n'avait rien de choquant, accoutumé que l'on était à la présence du fou auprès des personnalités les plus illustres, empereurs, rois ou prélats.

Ce bouffon paraissait à la fois dans les parades et sur les théâtres de marionnettes. Quel était son nom ? On l'ignore. On a cependant des raisons de croire que c'était le célèbre *Eulenspiegel* ou peut-être, mieux encore, *maître Hemmerlein*, qui, dit Frisch, un auteur allemand, « avait un affreux visage de masque; il appartenait aux marionnettes de la dernière classe, sous les vêtements desquels le joueur passe la main pour les faire mouvoir. »

Le bouffon des marionnettes allemandes n'est connu qu'à partir des premières années du XVIe siècle. « C'est, dit Magnin, une espèce de *Francatripe*, farceur de haute graisse, nommé à bon escient *Hanswurst*, c'est-à-dire *Jean Boudin* ». Celui-ci est le véritable Polichinelle allemand.

Au XVIe siècle, sans que les légendes populaires dont j'ai indiqué les sujets fussent abandonnées, nos voisins s'enthousiasmaient pour la *Prodigieuse et lamentable histoire du Docteur Faust*, où Goëthe devait trouver la pensée première de l'admirable poème qui l'a immortalisé. « L'idée de cette pièce de marionnettes, a-t-il écrit, retentissait et bourdonnait en moi sur tous les tons; je portais en tous lieux ce sujet avec bien d'autres et j'en faisais mes délices dans mes heures solitaires, sans toutefois en écrire un mot. »

De ce que dit Magnin, de ce que disent bien d'autres historiens encore, il résulte que les marionnettes ont toujours joué un rôle considérable dans la diffusion de l'art théâtral chez les Allemands. Pendant longtemps il y eut à Hambourg, à Vienne, d'où elles se répandirent dans les principales villes de l'Allemagne, de véritables troupes de marionnettes où chaque personnage était interprété par un acteur spécial. C'étaient ces pièces qu'on appelait *Haupt-und-Staatsactionen*, du nom qui leur avait été donné, dit Lessing, dans sa *Dramaturgie*, par maître Velthen, directeur d'une troupe ambulante qui fut attachée à la cour de Dresde, de 1685 à 1691. Les *Haupt-und-Staatsactionen* avaient pour sujets l'histoire, la chevalerie, la féerie, la Bible, la mythologie, c'est-à-dire tout ce que peuvent embrasser le sacré et le profane. Les spectacles qu'ils présentaient étaient fort animés, la musique y occupant une place et le bouffon les ponctuant de ses bons mots et de ses lazzis.

Il en est aujourd'hui de même, mais les représentations sont cependant modernisées, tout en conservant le caractère légendaire. Le bouffon, c'est souvent encore *Hanswurst* qui, dit Lessing, possède deux qualités caractéristiques : « balourd et vorace, mais d'une voracité qui lui profite; il est bien différent en cela d'Arlequin, à qui sa gloutonnerie ne profite pas et qui reste toujours léger, svelte et alerte. » Cependant *Hanswurst* ne jouit plus de l'immense popularité qui l'accompagnait jadis; le madré paysan autrichien *Casperle* (Petit Gaspard) lui a succédé dans les faveurs du public.

Hanswurst avait pénétré en Hollande au début du XVIIe siècle; là aussi son étoile a pâli; il a été supplanté par *Hans Pickelhaering* ou *Jean-Hareng-Salé*, puis par *Jean Klaussen* ou *Jean Nicolas* qui, s'étant inspiré et rapproché de notre Polichinelle et du Punch anglais, est maintenant seul en possession de l'affection des Hollandais.

En Allemagne comme en France, dans la seconde partie du siècle précédent, les marionnettes devenues plus littéraires, plus fines de formes et d'allures, ont eu d'empressés et d'illustres serviteurs. Leurs théâtres, nombreux dans les grandes villes comme Berlin, Vienne et Hambourg, avaient pénétré alors dans les plus riches demeures bourgeoises ou mêmes ducales et princières; elles n'avaient pas pour cela renoncé aux représentations publiques, suivies partout, non seulement par le peuple, mais encore par la société la plus distinguée.

Quelques écrivains très connus, sollicités par cet art plein de séduction, ne considéraient pas comme au-dessous de leur mérite de produire pour les poupées de bois de petites pièces dont ils réservaient tout d'abord la primeur à leurs amis. Frédéric Schinck, l'un d'eux, n'a point hésité à réunir en un volume, qu'il a publié en 1777 sous le titre : *Marionnetten Theater*, une série d'œuvres de cette nature dont l'ensemble n'a pas nui à sa réputation. Gœthe fut également un fervent admirateur des marionnettes : il dit dans ses mémoires qu'il dut la première de ses joies au don qui lui avait été fait d'un petit théâtre qui n'est sûrement pas resté étranger à la composition de son impérissable *Faust*. A vingt ans, Goëthe écrivait à Francfort pour les marionnettes qu'il aimait, une piécette à laquelle il donna le titre de : *Fêtes de la foire à Plundersweilern;* Hanswurst y avait son rôle. Ces *Fêtes de la foire*, qui se terminaient par des ombres chinoises, ont été représentées plus tard, sous la direction de leur auteur, à la cour de Weimar.

Au château des princes Esterhazy, à Eisenstadt, en Hongrie, le prince Nicolas-Joseph, chez qui les artistes et les musiciens surtout étaient assurés de trouver la protection la plus éclairée, avait créé à ses frais une chapelle dont il avait confié la direction à Haydn. Là, les chanteurs et les instrumentistes les plus réputés recevaient une hospitalité somptueuse. Dans ce château d'Eisenstadt, où existait une grande salle admirablement aménagée pour l'exécution des opéras allemands et italiens, le prince Esterhazy avait fait installer un petit théâtre de marionnettes qui passait pour une merveille de mécanisme, et où les décorations picturales et les acteurs étaient de véritables œuvres artistiques.

C'est pour ce théâtre que Haydn a écrit, pendant les années 1773 à 1780, cinq petits opéras, chefs-d'œuvre de finesse et de gaîté, qui portaient les titres suivants : *Philémon et Baucis, Didon, Geniève, la Vengeance accomplie* et *la Maison brûlée.*

Dès les premières années du xixe siècle, les marionnettes étaient, en Allemagne, plus que jamais à la mode. Cette recrudescence de succès était due à la publication du *Faust* de Goëthe, dont tous les théâtres s'emparèrent à l'envi. Des joueurs dont les noms sont restés : Schütz et Dreher, Thiémé, Eberlé, Geisselbrecht, dont un manuscrit : *Le Docteur Faust ou le Grand Nécromancien*, a été publié par le colonel de Below, en 1832, créèrent, sous la poussée du public, de nouvelles salles où *Faust* était représenté sous les formes d'opéras, de ballets, de pantomimes ou mêmes d'ombres chinoises.

Dans toutes ces œuvres, les principaux personnages sont Christophe Wagner le familier de Faust, Méphistophélès, Marguerite ou plutôt Grell qui est loin de jouer là le rôle que Goëthe lui a attribué; elle est simplement la femme du bouffon Casperle, dont les facéties sont le plus souvent brutales et grossières.

Le manuscrit de Geisselbrecht renferme les lignes suivantes qui montrent le caractère de ces pièces, toujours modifiées d'ailleurs suivant l'état d'esprit de leurs auteurs.

Christophe Wagner s'adresse à Casperle et lui parle de sa famille; il a cru comprendre que son père exerçait le métier de tailleur.

— Coupait-il des pelisses?
— Non.
— Des chausses?
— Pas davantage. C'était un homme, vois-tu, qui, lorsqu'il allait sur le marché et ne trouvait pas à rafler autre chose, se contentait d'une paire de mouchoirs.
— J'entends, il coupait des bourses; et la mère?
— Ma mère, elle s'est envolée au ciel avec dix fagots de bois vert.
— Comment est-ce possible?
— Voici : les gens ont prétendu qu'elle était sorcière; alors on a fait une belle pile de bois sur laquelle on l'a attachée; on a mis le feu dessous, et puis, c'a été un tapage de fifres et de tambours à faire crever de rire.
— C'est inouï! Et ton frère?
— Mon frère était un drôle de corps : lorsqu'il conduisait deux chevaux à la foire, il revenait le soir avec quatre.
— De mieux en mieux! Et la sœur?
— Ma sœur est à la ville où elle repasse des manchettes.

Geisselbrecht, qui était un habile mécanicien de Vienne, avait su donner à ses pantins une perfection singulière. Dans une pièce intitulée : *la Princesse à la hure de porc*, ses personnages, dont les yeux étaient mobiles, toussaient et crachaient naturellement. Afin de mettre ces talents en relief, l'auteur avait enrhumé tous ses acteurs. *Casperle* était plus douloureusement atteint que les autres.

De nos jours, les théâtres de marionnettes allemandes se sont faits un peu plus rares; ils existent toujours cependant et conservent, surtout dans les classes moyennes ou pauvres, de fidèles auditoires.

Casperle, dont le costume rappelle celui de Punch, avec des bosses

THÉÂTRE DE CASPERL.
Image allemande pour enfants, avec personnages mobiles.

CASPERL.

moins proéminentes, y a définitivement succédé à Hanswurst. Les lazzis du célèbre bouffon n'ont vraiment de caractère et de saveur que dans la langue qui lui appartient ; ils nous paraîtraient enfantins si la mise en scène qui les accompagne n'était pas là pour les faire valoir et les mettre dans la seule lumière qui leur convient.

Qu'on en juge par la pièce suivante, divisée en plusieurs actes et qui ne porte pas, je le crois du moins, de titre spécial :

I. — GASPARD ET LE TAILLEUR

Le Tailleur. — Bonjour, Gaspard.

Gaspard. — Bonjour, voisin.

Le Tailleur. — J'ai l'honneur d'être votre serviteur. Que désire mon voisin ?

Gaspard. — Je souhaite une grande maison, un jardin, un équipage, des laquais, des cuisiniers et cinq milliards de thalers.

Le Tailleur — Cela ne serait pas mal ; mais, que puis-je pour vous ?

Gaspard. — Puisque vous voulez me servir, portez mon gourdin, il me gêne quelquefois.

Le Tailleur. — Je ne suis pas venu pour cela et je n'ai point appris mon métier pour devenir porteur de gourdin chez vous.

Gaspard. — Que savez-vous donc faire ?

Le Tailleur. — Je fais de jolis vêtements d'hommes à la dernière mode.

Gaspard. — Bien ! Faites-moi quelque chose de semblable.

Le Tailleur. — Pour cela, il faut que je prenne la mesure.

Gaspard. — Femme ! apporte-moi un masz (*mesure et pot de bière*, en allemand), pour le tailleur.

Le Tailleur. — Non, non ! pas une telle mesure, je serais ivre et ne pourrais plus coudre.

Gaspard. — Oh ! ivre, d'un pot de bière ! J'en bois dix et j'ai encore soif.

Le Tailleur. — Cela est bien pour vous. Mais je n'ai pas le temps d'écouter vos plaisanteries. Voyons, que dois-je faire ? Pourquoi m'avez-vous fait demander ?

Gaspard. — Vous pouvez me faire un bel habit à la dernière mode, élégant, pas trop serré, pas trop large. Vous voyez ma taille.

Le Tailleur. — Pouvez-vous payer ?

Gaspard. — Oh ! oui, même d'avance ! (*Il frappe le tailleur qui se sauve.*)

II. — GASPARD ET LA VIEILLE FEMME

La Vieille Femme. — Ecoute, Gaspard. Tu as fortement battu mon fils, le tailleur; je vais dénoncer ce fait à la police.

Gaspard. — Vieille, tu mens. J'ai payé d'avance l'habit qu'il doit me faire.

La Vieille Femme. — Il ne m'a rien dit de cela, mais il m'a montré ses meurtrissures.

Gaspard. — Le coquin! Lorsqu'il a empoché mon argent, il sautait joyeux, dans l'escalier où il a dû tomber; de là, les bleus. Je lui ai payé dix thalers neufs, brillants, sortant de la Monnaie; il a dû les boire et il sera tombé; peut-être a-t-il reçu des coups.

La Vieille Femme. — C'est bien, Gaspard. Tu auras bientôt ton habit; je m'en charge.

Gaspard. — Adieu, ma vieille. Salue ton tailleur.

III. — GASPARD ET LE PAYSAN

Gaspard. — Paysan, où vas-tu?

Le Paysan. — A la ville, au marché.

Gaspard. — Que portes-tu dans ton sac?

Le Paysan. — Des cochons de lait que je veux vendre.

Gaspard. — Des cochons de lait. Combien coûte la portion?

Le Paysan. — Ane! Ils ne sont pas encore rôtis; ils vivent. Je les vends à la pièce.

Gaspard. — A la pièce? Et combien en demandes-tu?

Le Paysan. — Je reçois cinq marcs au marché, mais pour alléger mon fardeau, je t'en donnerai un pour six marcs.

Gaspard. — Ainsi, six marcs pour moi, dans la ville cinq marcs, cela fait onze marcs; et combien de cochons dans le sac?

Le Paysan. — Quatre.

Gaspard. — Quatre! Quatre fois onze font... quatre fois onze font...?

Le Paysan. — Quarante-quatre, ane!

Gaspard. — Ainsi, quarante-quatre. Quatre fois onze font quarante-quatre. Sais-tu paysan, je te donne quarante-cinq marcs.

Le Paysan. — Bien, et je paye encore une mesure.

Gaspard. — Bien. Fais attention que je ne me trompe pas. (*Il frappe le paysan qui se sauve.*)

IV. — GASPARD ET SA FEMME

Gaspard. — J'ai acheté des cochons de lait à bon marché. Fais-en un pour le dîner.

La Femme. — Mais d'où as-tu ces jolis cochons, et de plus un lièvre ?

Gaspard. — Ah ! un lièvre ! Je l'ai pris pour un vieux cochon de lait. Fais-en un civet.

La Femme. — Mais nous ne pouvons manger cela tout seuls, et on ne peut les garder sans qu'ils se gâtent.

Gaspard. — Tu as raison. J'inviterai mon ami Jean, il a de l'appétit pour six ; s'il dîne avec nous, tout sera mangé.

La Femme. — Ah ! Jean est un bon garçon, un peu bête, mais cela ne fait rien.

Gaspard. — Donne-nous quelque chose de bon à boire, nous voulons être gais.

V. — GASPARD ET JEAN

Gaspard. — Bonjour, cousin, comment cela va-t-il ?

Jean. — Mal ! Depuis deux jours, je n'ai point mangé de soupe, j'ai une faim de loup et je n'ai rien à gagner.

Gaspard. — Pauvre cousin ! Tu me fais de la peine ; tes affaires vont mal ?

Jean. — Ah ! nous voici au printemps et je balaie encore la neige.

Gaspard. — Ne te tourmente pas. Viens avec moi. J'ai acheté des cochons de lait à un sot paysan et je l'ai payé avec de la monnaie que je frappe moi-même. Nous allons boire et manger ; ma femme a préparé de bons breuvages.

Jean. — Ah ! un cochon de lait pour trois ! et j'ai, seul, un appétit pour trois cochons de lait.

Gaspard. — Sois tranquille, il y a quatre cochons et un beau lièvre en plus que le stupide paysan a mis dans le sac.

Jean. — Quoi ? Quatre cochons de lait, un lièvre, un bon coup à boire ! Que je t'embrasse, cher cousin. (*Gaspard et Jean chantent.*)

> Nous menons vie joyeuse,
> La forêt est notre quartier nocturne,
> La lune est notre soleil.

VI. — GASPARD ET LE CHASSEUR

Le Chasseur. — Gaspard, tu as mangé un lièvre volé et tu seras puni.

Gaspard. — Qu'ai-je mangé? Un lièvre volé! Tu plaisantes?

Le Chasseur. — Je ne plaisante pas. Le paysan a volé le lièvre, te dis-je; tu le lui as acheté et tu seras puni.

Gaspard. — Tu es un fou, né fou et tu mourras fou. J'ai acheté des cochons de lait et pas de lièvre et je les ai payés en monnaie sonnante.

Le Chasseur. — On verra. J'envoie le gendarme immédiatement.

Gaspard. — Je n'ai pas peur. Adieu.

Le Chasseur. — Tu me reverras.

VII. — GASPARD ET LE SERGENT DE VILLE

Le Sergent. — Je viens à cause du lièvre volé. Tu dois te présenter chez le juge et l'expliquer à cause du civet.

Gaspard. — Quoi? A cause du civet que je n'ai pas encore digéré?

Le Sergent. — Demain, à huit heures, présente-toi chez le juge, tu seras emmené et enfermé.

Gaspard. — Ainsi, demain à huit heures, monsieur le juge sera chez moi, sinon, il sera pris par le gendarme?

Le Sergent. — C'est toi qui dois aller chez le juge, ou le gendarme viendra te prendre.

Gaspard. — Moi? Le gendarme me prendre! (*Il le frappe et le poursuit.*)

VIII. — GASPARD ET LE GENDARME

Le Gendarme. — Gaspard, tu ne t'es pas présenté hier devant le tribunal; c'est pourquoi je t'arrête, au nom de la loi.

Gaspard. — Montre-moi comment cela se fait?

Le Gendarme. — Il faut que tu viennes en prison.

Gaspard. — Ah! Et que vais-je y faire?

Le Gendarme. — Tu seras enfermé et mis au pain sec et à l'eau.

GASPARD. — Ah! Ainsi, hier du lièvre, aujourd'hui du pain et de l'eau! Il n'en sera rien.

LE GENDARME. — En avant, marche!

GASPARD. — Oh! oh! Doucement.

LE GENDARME. — Pas de cérémonies.

GASPARD. — Vas au Diable! (*Il le frappe et le chasse.*)

IX. — GASPARD ET LA MORT

LA MORT. — Gaspard, tu dois mourir!

GASPARD. — Quoi! je vais hériter? Ma tante est-elle morte?

LA MORT. — Tu dois mourir et venir au tombeau avec moi.

GASPARD. — Que dit le farceur, que je dois mourir? Écoute, vieux : il est trop tôt, tu as mal calculé.

LA MORT. — Je ne me trompe pas dans mes calculs. Ton heure est venue, tu dois venir avec moi.

GASPARD. — Attends, je vais prendre congé de ma femme.

LA MORT. — Je n'accorde pas cela. Viens avec moi dans le tombeau.

GASPARD. — Mais, si je ne veux pas?

LA MORT. — Alors je t'y forcerai.

GASPARD. — Bavard! fais attention.

LA MORT. Allons! marche. Un, deux, trois...

GASPARD (*la frappe*). — Quatre, cinq, six, sept...

X. — GASPARD ET LE DIABLE

GASPARD, (*à part*). — Ah! un monsieur distingué; c'est certainement un ministre qui va me donner une situation. (*Au diable.*) A qui ai-je l'honneur...?

LE DIABLE. — Il faut que tu viennes avec moi.

GASPARD (*à part*). — Quel genre de pieds et de serres a donc cet être-là! (*Au diable.*) Dis-moi, qui es-tu?

LE DIABLE. — Je suis le prince de l'enfer et je viens te chercher pour te punir de tes mauvais coups.

GASPARD (*à part*). — Oh! il a des prétentions. (*Au diable.*) Qui donc t'envoie?

Le Diable. — Je n'obéis à personne, je viens te prendre par ma volonté.

Gaspard (à part). — Il est puissant, il a des cornes sur la tête. (Au diable.) Tu ne vas pas me donner des coups de cornes?

Le Diable. — Non, mais tu seras rôti.

Casperl recevant Quirlewatsch, ambassadeur du roi more Bummelbux I.
(Extrait de *Kaspersluvtige streiche*, édité à Francfort.)

Gaspard. — Comme ma femme a rôti le lièvre? Bon appétit!

Le Diable — Tu ne seras pas rôti pour être mangé, mais tu rôtiras éternellement dans l'enfer.

Gaspard. — Cela serait peut-être un peu long. Nous allons faire les choses plus vite; je te donne des gourdins pour l'enfer.

Le Diable. — Je n'en veux pas, j'ai de la poix et du soufre.

Gaspard. — Cela ne brûle pas comme mes gourdins. Tiens, regarde! (Il le chasse en le frappant.)

IV

LES MARIONNETTES ESPAGNOLES ET PORTUGAISES

Giovanni Torriani, mathématicien célèbre, partage la retraite de Charles-Quint à Saint-Just, en 1556. — Il y construit des figures animées. — Les marionnettes, dès cette époque, se répandent dans toute l'Espagne. — Michel Cervantès publie son Don Quichotte en 1605 et en 1615. — Sa gracieuse histoire de joueur de marionnettes. — Le *titerero* et le *trucheman*. — Les légendes espagnoles et *Don Cristocal Palichinela*. — Le *pito* et le *Castillo*.

Quelle que soit la célébrité des marionnettes anglaises, italiennes et allemandes, si grande qu'ait été l'influence qu'elles ont exercée autour d'elles, il ne faudrait pas cependant leur attribuer une place unique dans l'histoire des acteurs de bois. Leurs rivales ou peut-être leurs imitatrices sont nombreuses et valent qu'on les admire.

Au milieu du XVIᵉ siècle, en Espagne, Giovanni Torriani, habile mathématicien qui s'est rendu célèbre par de grands travaux de mécanique et d'hydraulique, avait été sollicité par les marionnettes ou plutôt les *titeres*, ainsi qu'on les nomme dans la Péninsule.

Torriani, né à Crémone, s'était attaché à Charles-Quint et l'avait suivi en Espagne, où il partagea sa retraite à Saint-Just, en 1556. C'est là que, dans l'intention de distraire l'impérial reclus, il appliqua ses vastes connaissances non seulement à de graves recherches, mais encore à la construction de figures animées. Il y produisit de petits chevaux, de petits hommes armés dont les uns sonnaient de la trompette, et les autres battaient du tambour ou luttaient à la lance. Ces faits sont attestés par Covarruvias dans son *Tesoro de la lengua castellana*.

Dès cette époque, les marionnettes se répandirent dans toute l'Espagne, où elles parurent sur les places publiques et même dans les églises, d'où elles étaient chassées, mais où on les voit cependant lors des fêtes données à l'occasion des préliminaires du mariage de l'infante Marie-Thérèse avec Louis XIV.

Michel Cervantes a vu de près les marionnettes espagnoles. Dans son immortel *Don Quichotte*, publié dans les années 1605 et 1615, elles lui ont inspiré deux chapitres « où l'on rapporte la gracieuse histoire du joueur de marionnettes ».

« ... Don Quichotte et Sancho, obéissant à l'invitation, gagnèrent l'endroit où le théâtre de marionnettes était dressé et découvert, garni d'une infinité de petits cierges allumés qui le rendaient pompeux et resplendissant. Dès que maître Pierre fut arrivé, il alla se cacher derrière les tréteaux, car c'est lui qui faisait jouer les figures de la mécanique, et dehors vint se placer un petit garçon, valet de maître Pierre, pour servir d'interprète et expliquer les mystères de la représentation. Celui-ci tenait à la main une baguette avec laquelle il désignait les figures qui paraissaient sur la scène...

« ... On entendit tout à coup derrière la scène battre des timbales, sonner des trompettes et jouer de l'artillerie, dont le bruit fut bientôt passé. Alors le petit garçon éleva sa voix grêle et dit : « Cette histoire
« véritable, qu'on représente ici devant vos grâces, est tirée mot pour
« mot des chroniques françaises et des *romances* espagnoles, qui pas-
« sent de bouche en bouche, et que répètent les enfants au milieu des
« rues. Elle traite de la liberté que rendit le seigneur Don Gaïferos à son
« épouse Mélisandre, qui était captive en Espagne, au pouvoir des
« Mores, dans la ville de Sansuéna ; ainsi s'appelait alors celle qui
« s'appelle aujourd'hui Saragosse. »

Pendant que maître Pierre, remplissant son office de *titerero*, donne le mouvement à ses petits personnages, l'aide, le *trucheman* continue et explique dans tous ses détails l'action à laquelle assiste Don Quichotte. Cette action, qui remplit plusieurs pages de l'œuvre de Cervantes, se développe jusqu'au moment où « l'illustre chevalier », voyant toute une cohue de Mores se précipiter à la poursuite de Don Gaïferos et de Mme Mélisandre qui s'enfuient, se lève et s'écrie d'une voix de tonnerre : « Je ne permettrai jamais que, de ma vie et en ma présence, on
« joue un mauvais tour à un aussi fameux chevalier, à un aussi hardi
« amoureux que Don Gaïferos. Arrêtez, canailles, gens de rien, ne le
« suivez ni le poursuivez, sinon je vous livre bataille. »

« Tout en parlant, il dégaîna son épée, d'un saut s'approcha du théâtre, et, avec une fureur inouïe, se mit à faire pleuvoir des coups d'estoc et de taille sur l'armée mauresque des marionnettes, renversant les uns, pourfendant les autres, emportant la jambe à celui-là et la tête à celui-ci. »

C'est cette scène désopilante que Coypel a reproduite dans *les Principales aventures de l'admirable Don Quichotte*, fort bel ouvrage in-4°, publié à Liège, en 1776.

Du temps de Cervantes, le *titerero* était presque toujours ambulant. Son matériel et son personnel étaient assez considérables pour qu'il fût obligé de posséder charette et mulet; c'est avec leur aide qu'il se transportait de ville en ville, sur les champs de foire ou les places publiques, montait son théâtre et donnait ses représentations que le *trucheman* annonçait à haute voix. Ces théâtres, où l'influence italienne semble s'être exercée spécialement en ce qui concerne leur installation mécanique, n'étaient point les seuls qui existaient alors en Espagne et en Portugal; à la fin du siècle dernier et peut-être encore pendant la première moitié de celui-ci, on constatait en effet que les aveugles qui n'avaient pas d'autres moyens de vivre, parcouraient les campagnes accompagnés d'un enfant porteur d'un petit théâtre de marionnettes. Pendant que l'enfant agitait ses poupées, l'aveugle chantait des complaintes ou faisait le récit de l'action représentée. Il s'agissait presque toujours d'une légende sainte ou d'une victoire remportée sur les Maures.

En effet, si les Espagnols nous ont emprunté Polichinelle qu'ils ont anobli et qu'ils appellent pompeusement *don Cristoval Pulichinela*, c'est le seul de nos personnages qui les ait intéressés; ceux qui le passionnaient et le passionnent encore, ceux qu'ils ont le plus volontiers introduits dans leurs théâtres de marionnettes, sont avant tout les Maures, puis les géants, les enchanteurs ou les chevaliers. Les scènes de l'Ancien et du Nouveau Testament les sollicitent également et il n'est pas rare, particulièrement dans le Portugal, de voir les *titeres* revêtir le costume religieux.

En Espagne, le sifflet-pratique que nous connaissons était en usage du vivant de Cervantes : on l'appelait le *pito*; le lieu où se plaçait l'opérateur pour faire agir ses poupées avaient reçu le nom de *Castillo*. En France, on l'appelle le *Castellet*, et en Italie, le *Castello*.

V

LES MARIONNETTES BRUXELLOISES ET ANVERSOISES

M. Sander-Pierron (Paul de Glines) et les marionnettes bruxelloises. — Machieltje et Toone. — Le *Poechenellespel* de Pieter Buelens et ses quatre cents fantoches. — Le théâtre de Laurent Broeders. — Une garde-robe contenant onze cents costumes. — Georges Hembauf et son théâtre. — Le répertoire des marionnettes bruxelloises : les Romans de la table ronde, les Légendes flamandes, Alexandre Dumas, d'Ennery, Paul Féval. — Portrait de Woltje, *Poechenelle* de Bruxelles. — Un théâtre de marionnettes à Anvers, par Camille Lemonnier.

Épris des marionnettes autant que moi-même, un homme de lettres belge, M. Sander-Pierron, plus connu sous le pseudonyme de Paul de Glines, a écrit, sur les poupées bruxelloises, une note remplie de faits curieux, bien étudiés et peu connus. Il y rend tout d'abord un touchant hommage de gratitude à deux hommes qui certainement ont fort amusé ses premières années; ces deux hommes sont Toone et Machieltje. « Ce sont, dit-il, les véritables pères de notre théâtre de marionnettes bruxellois, ce sont eux qui l'ont dégagé de l'oubli dans lequel il était laissé depuis longtemps et où peut-être il allait s'enfoncer pour toujours. »

C'est récemment que M. Sander-Pierron a publié son important travail auquel j'emprunte quelques-unes des précieuses indications qu'il donne. En 1894, Machieltje vivait encore après avoir exercé son art avec éclat pendant quarante années; mais Toone, son contemporain, avait disparu depuis six ou sept ans. Machieltje jouait dans une petite cave du faubourg de Molenbeek ; Toone se faisait plus particulièrement applaudir chez les particuliers où il se transportait. Tous deux aimaient leur théâtre avec passion et sont restés jusqu'à leurs derniers moments fidèles à son souvenir.

Dans l'agglomération bruxelloise, il existe aujourd'hui une quinzaine de théâtres de marionnettes qui donnent des représentations à partir du mois de septembre. L'un d'eux est le *Poechenellespel* de Pieter Buelens, situé dans l'impasse du Roulier.

LE THÉÂTRE DE LAURENT BROUERS, A BRUXELLES.
Reconstitution d'après un dessin du *Petit Bleu*, de Bruxelles.

« Pieter Buelens possède, dit M. Sander-Pierron, environ quatre cents fantoches vêtus d'étoffes riches, couverts d'armures, coiffés de feutres et de casques, affublés de perruques et portant rapière ou épée. Il a huit décors complets, d'un dessin naïf et d'une exécution picturale plus naïve encore, cadrant avec le milieu innocent des spectateurs coutumiers. Ces décors se composent chacun d'une toile de fond et de six ou huit coulisses. On compte deux palais, deux bois — hiver et été — deux chambres ou appartements, une prison, un rocher. Parmi les pensionnaires, il y a deux cents officiers, chevaliers et *rois*. Chacun des *rois* a coûté de trente à quarante francs! Leurs costumes sont enrichis de perles noires ou de couleur, plaqués parfois de petites rondelles en métal doré ou argenté. Le corps des marionnettes est de carton creux et les membres sont habilement articulés de façon à permettre les plus beaux gestes. La tête est mobile et passée dans un gros fil de fer adapté au cou, sous le col, tandis que les bras sont mis en mouvement par des fils attachés aux poignets.

« Les plus luxueux *poechenellen* du théâtre sont les quatre fils Aymon, *de vier Aymanskinderen*, drapés dans de longs manteaux de velours écarlate. Ils mesurent un mètre de hauteur, quoique la taille ordinaire des fantoches de Pierre Buelens soit de cinquante centimètres seulement. »

Dans la rue de l'Indépendance, à Molenbeek, existe un autre *Poechenellespel* qui reste ouvert toute l'année, sauf les vendredis : c'est celui de Laurent Broeders, plus luxueux et plus grand que les théâtres concurrents.

« La scène est large et haute, profonde de sept mètres, ce qui est énorme, et l'établissement machiné, muni de trucs complets, possède vingt décors. Et quelle troupe ! Six cents fantoches, qui changent de costume à volonté, alors qu'ailleurs les marionnettes restent immuablement les mêmes. La garde-robe de Laurent Broeders contient près de onze cents habillements d'une rare élégance. J'ai admiré un Louis XIII habillé de noir, coiffé d'un grand feutre noir à plume, les épaules recouvertes d'un manteau de velours de même couleur orné de perles sombres ; le roi est chaussé de bottes à la mode du temps. »

On le voit, tout cela est véritablement la perfection. Chez lui, c'est Laurent Broeders, le successeur direct de Machieltje qui, assisté de huit ou dix aides, parle seul pour tous ses personnages; il a, paraît-il, un organe qui se prête sans effort à toutes les intonations qui lui sont demandées.

Il convient encore de citer le théâtre de Georges Hembauf, le continuateur de Toone, situé impasse Locrel.

Le répertoire de ces théâtres, comme on peut le penser en considé-

LAURENT BROEDERS ET SES AIDES.

rant le nombre de leurs acteurs, est très varié : on y donne les romans de la Table ronde, de vieilles légendes flamandes; on y interprète même Alexandre Dumas, d'Ennery et Paul Féval, « mais il faut dire, remarque M. Sander-Pierron, que les œuvres originales subissent de rudes accrocs et sont complètement transformées aux théâtres de marionnettes, où il est difficile de les reconnaître. Les personnages y parlent la langue bruxelloise; tel prince s'exprimera comme un de nos naturels des Marolles; telle noble dame aura dans la bouche des expressions dignes d'une marchande de citrons ou de harengs fumés. »

Je m'excuse de piller aussi outrageusement l'auteur que je cite, mais je veux encore reproduire une note de lui, c'est celle qui a trait au portrait qu'il donne du *Poechenelle* de Bruxelles :

« Le *Poechenelle* bruxellois incarne l'esprit, les vertus et aussi les vices du populaire, il est le miroir de tout ce qu'il aime, de tout ce qu'il méprise, de tout ce qu'il préfère. Il nous montre l'esprit, le bon sens, le cœur et l'âme de ceux-là même qui l'écoutent de coutume et qui l'applau-

UNE SCÈNE DES QUATRE FILS AYMON,
au théâtre de Laurent Broeders, à Bruxelles.

dissent chaque soir. Il est, auprès du peuple, l'organe des événements, c'est lui qui bafoue les malfaiteurs et qui fait l'éloge des bienfaiteurs et des héros : il raille de ses mots naïfs et candides les mauvais et les pervers et trouve des phrases charmantes d'à-propos et de bonhomie pour récompenser les bons et les grands. »

Quelque beau que fût ce portrait, je l'avais trouvé incomplet et je craignais qu'il s'appliquât, non à un personnage type, mais bien à l'ensemble des marionnettes bruxelloises. M. Sander-Pierron m'a vite instruit par une lettre qu'il m'a écrite et dont je donne ici la partie essentielle :

« Ce *Poechenelle* est appelé par le peuple *Woltje*, qui est une corruption du mot flamand *Waaltje*, signifiant *Petit Wallon*. Pourquoi l'a-t-on baptisé ainsi? Selon moi, c'est peut-être l'admiration instinctive et quelque peu jalouse que les Bruxellois ont pour le langage humoristique des Wallons, beaucoup plus léger que le leur, qui les a conduits à donner ce surnom au personnage le plus curieux et le plus spirituel de leur théâtre populaire. Et il y a, certes, dans cette appellation, aussi beaucoup d'ironie, car au lieu de faire du *Woltje* un *Poechenelle* de formes gracieuses, ils l'ont affublé de tous les défauts. C'est un bonhomme chétif, à long nez, à bras immenses et dont l'ensemble n'a rien de délicat. Mais heureusement, notre marionnette rachète tout cela par des qualités nombreuses : *Woltje* a de l'esprit, il est d'une bonté infinie, il a de l'humour comme pas un, et ne cesse jamais d'être joyeux.

« Le type ne change pas, c'est à peine si, sur quelques scènes, il varie quelque peu du personnage ordinaire et classique. Certains, pour le rendre grotesque, lui allongent démesurément le nez, comme s'ils ne lui pardonnaient pas sa supériorité sur ses collègues de la scène. *Woltje* est le critique de la pièce représentée, quelle qu'elle soit ; il figure dans les œuvres les plus diverses et de n'importe quelle époque sous son costume et son allure immuables. Presque toujours donc, sa présence constitue un anachronisme, mais le peuple s'est accoutumé à le voir donner la réplique aussi bien à des seigneurs moyen-âgeux qu'à des bourgeois modernes ; il suffit au populaire qu'il se moque des malins, qu'il joue des tours aux niais et qu'il enseigne les naïfs à leurs dépens. On peut, selon moi, résumer le type de *Woltje* en quelques mots : il est le collaborateur joyeux de l'œuvre, l'acteur qui fait rire, ou, pour mieux dire, il n'est autre que le *clown*, dans la signification, bien entendu, que lui donnaient les dramaturges de la pléiade shakespearienne et du temps d'Élisabeth. »

Je dois à M. Sander-Pierron de bien vifs remerciements et je les lui adresse ici. Je suis enchanté, pour ma part, de lui avoir donné l'occasion d'écrire une page excellente et qui sera la meilleure de celles que *Woltje* ait inspirées.

Il me semble qu'il est bon de dire que *l'étoile* ornant la boutonnière de *Woltje* n'a aucune signification particulière ; c'est un simple ornement qu'il porte ou ne porte pas au gré de celui qui le met en scène.

Anvers possède aussi son théâtre de marionnettes. Celui-là a une saveur particulière ; il est fréquenté par les ouvriers du port. Camille Lemonnier, dans son bel ouvrage sur *la Belgique,* lui consacre quelques lignes d'une couleur étrange et qui montrent bien l'intérêt qu'il présente. Un dessin de Xavier Mellery complète la description de l'auteur. Il s'agit d'un *Poesjenelle Kelder* (cave à polichinelles).

« A la clarté tremblotante d'un quinquet suspendu à la voûte, dit Camille Lemonnier, dans un brouillard d'haleines et de fumée de pipe, je distinguai des bancs descendant en gradins jusqu'à la scène et chargés de bateliers en camisole de laine, de mousses au feutre mou, de jeunes rôdeurs de quais, coiffés de la « desfoux » anversoise, de poissonnières et de marchandes de moules, les hommes pileux et rudes, les femmes çà et là fraîches et grasses, tous ensemble oscillant au fond des pénombres, dans une constante secouée de rires. Sur la scène, un drame local déroulait ses péripéties... Derrière la rampe, figurée par un cordon de chandelles de suif, gigotaient au bout de leurs fils de laiton des fantoches en carton peint, affublés qui en Turc, qui en bandit, qui en roi de jeu de cartes, qui en berger, qui en matelot. Le dramaturge, non content de se moquer des unités classiques, s'était affranchi des dernières entraves et passait avec une désinvolture très goûtée par son public éclectique, des vers à la prose, du XIV° siècle à la bataille de Waterloo, dont Charles-Quint racontait les péripéties à Geneviève de Brabant. »

VI

KARAGUEUZ

Ses historiens. — Les auteurs des pièces du théâtre turc. — Ce qu'en dit Gérard de Nerval dans son *Voyage en Orient*. — Analyse de *Karagueuz victime de sa chasteté*. — Théophile Gautier à Constantinople. — Le théâtre situé près du champ des morts de Péra et celui de Top'hané. — Description de *Karagueuz*. — *La Turquie contemporaine*, par Charles Rolland. — Une représentation de *Karagueuz*. — Analyse d'une pièce. — Ce que pense Pierre Loti de *Karagueuz*. — Les marionnettes turques et leurs caractères analysés par M. Thalasso. — Une collection de marionnettes turques. — Personnages découpés au canif et coloriés lourdement. — Analyse d'une pièce représentée à Tunis. — Deux pièces vues par Paul Arène, en Tunisie : *Karagueuz à la maison des fous* et *Karagueuz père de famille*. — Comment procède l'opérateur. — *Ronguin*, le Karagueuz de l'île Ceylan. — Une représentation à laquelle a assisté M. Jacolliot, ancien président du tribunal de Chandernagor. — Un théâtre d'ombres à Alger, en 1842. — *Pendj*, le Karagueuz persan. — *Le Voyage en Perse et autres lieux de l'Orient*, du chevalier Chardin. — Karagueuz est, d'après Théophile Gautier, la caricature d'un vizir de Saladin. — *Katrabouse*, l'homme aux yeux bandés ; *Karagueuz*, l'homme aux yeux noirs. — Une opinion émise par M. Édouard David, de l'Académie d'Amiens.

Karagueuz, ou *Caragueuz*, l'homme aux yeux noirs, caractérise, à Constantinople, dans les théâtres populaires d'ombres chinoises, la plus brutale et la plus monstrueuse lubricité; il serait impossible, ici, de le représenter par l'image, dans ses rôles de prédilection.

Il a tenté bien des historiens. Gérard de Nerval, dans son *Voyage en Orient;* Théophile Gautier, dans *Constantinople;* Charles Rolland, dans *la Turquie contemporaine;* Paul Arène, dans *Vingt jours en Tunisie;* Champfleury, dans le *Musée secret de la Caricature;* Pierre Loti, dans *Aziyadé;* Adolphe Thalasso, dans un article publié par l'*Avenir dramatique et littéraire*, de 1894, se sont occupés de lui et ont fait de sa figure singulière des études approfondies; mais les pièces représentées sur les théâtres où il règne, n'ayant jamais été imprimées que sous forme de canevas, il a été difficile à ces auteurs d'établir les lois sur lesquelles repose la construction des scènes bizarres et maladives où il se complaît.

Ces lois existent-elles? Cela est douteux. Les pièces sont sans suite; il suffit que l'intrigue soit à la fois amoureuse et obscène pour donner

KARAGÖZ

satisfaction au public habituel des représentations qui n'ont lieu qu'à l'époque du Ramadan, la plus grande solennité religieuse des mahométans. C'est, je pense, faire grand honneur au théâtre populaire turc, que de chercher à lui découvrir des visées auxquelles il ne paraît pas prétendre. Le seul but auquel il veut atteindre est de surexciter les passions ; on ne peut lui reconnaître que de rares pensées de recherche littéraire et les analyses qu'on possède des pièces qu'il représente le montrent le plus souvent lourd et grossier.

Quels sont d'ailleurs les auteurs de ces pièces ? Nul ne les connaît ou ne les cite ; on peut donc supposer que les écrivains qui s'adonnent à ce genre de travail, se contentent de tracer les grandes lignes de leurs œuvres, abandonnant le reste aux maîtres des jeux.

Franc.
Théâtre de Karagueuz.

Gérard de Nerval est, je crois, le premier homme de lettres français qui ait vu Karagueuz comme il convient de le voir et qui ait songé à le montrer tel qu'il est. Avant lui, aucun voyageur n'avait été frappé autant que lui-même, de la singularité de ce théâtre turc qui rappelait les atellanes latines et ajoutait encore, par la crudité du spectacle, à ce qu'elles pouvaient avoir de libre dans l'allure et dans la parole.

En 1851, Gérard de Nerval publiait chez Charpentier les deux volumes constituant son *Voyage en Orient*, qui sont une suite ininterrompue de tableaux et d'observations d'une précision et d'un charme qui n'ont point été dépassés.

Les lignes qu'il consacre au *Polichinelle* turc, comme nous l'appelons bien à tort, sont une preuve de la sûreté de notre langue dans laquelle on peut tout dire sans blesser les susceptibilités les plus éveillées.

« Quand la salle se trouva suffisamment garnie, dit-il, un orchestre placé dans une haute galerie, fit entendre une sorte d'ouverture. Pendant ce temps, un des coins de la salle s'éclairait d'une manière inattendue. Une gaze transparente entièrement blanche, encadrée d'ornements en festons, désignait le lieu où devait paraître les ombres chinoises. Les lumières qui éclairaient d'abord la salle s'étaient éteintes, et un cri joyeux retentit de tous côtés lorsque l'orchestre se fut arrêté. Un silence se fit ensuite; puis on entendit derrière la toile un retentissement pareil à celui de morceaux de bois tournés qu'on secouerait dans un sac. C'étaient les marionnettes, qui, selon l'usage, s'annonçaient par ce bruit, accueilli avec transport par les enfants.

ALBANAIS.
Théâtre de Karagueuz.

« Aussitôt un spectateur, un compère probablement, se mit à crier à l'acteur chargé de faire parler les marionnettes :

« — Que nous donneras-tu aujourd'hui?

« A quoi celui-ci répondit :

« — Cela est écrit au-dessus de la porte pour ceux qui savent lire.

« — Mais j'ai oublié ce qui m'a été appris par le *hodja*... (c'est le religieux chargé d'instruire les enfants dans les mosquées).

« — Eh bien ! il s'agit ce soir de l'illustre Caragueuz victime de sa chasteté.

« — Comment pourras-tu justifier ce titre ?

« — En comptant sur l'intelligence des gens de goût, et en implorant l'aide d'Ahmad aux yeux noirs.

« (Ahmad, c'est le *petit nom*, le nom familier que les fidèles donnent à Mahomet. Quant à la qualification des *yeux noirs*, on peut remarquer que c'est la traduction même du nom de Cara-gueuz...)

« — Tu parles bien, répondit l'interlocuteur ; il reste à savoir si cela continuera !

« — Sois tranquille ! répondit la voix qui partait du théâtre, mes amis et moi nous sommes à l'épreuve des critiques.

« L'orchestre reprit ; puis l'on vit apparaître derrière la gaze une décoration qui représentait une place de Constantinople, avec une fontaine et des maisons sur le devant. Ensuite passèrent successivement un cavas, un chien, un porteur d'eau et autres personnages mécaniques dont les vêtements avaient des couleurs fort distinctes, et qui n'étaient pas de simples silhouettes, comme dans les ombres chinoises que nous connaissons.

« Bientôt l'on vit sortir d'une maison un Turc, suivi d'une esclave qui portait un sac de voyage. Il paraissait inquiet, et prenant tout à coup une résolution, il alla frapper à une autre maison de la place, en criant : « Caragueuz ! Caragueuz ! mon meilleur ami, est-ce que tu dors encore ? »

« Caragueuz mit le nez à la fenêtre, et à sa vue un cri d'enthousiasme résonna dans tout l'auditoire ; puis ayant demandé le temps de s'habiller, il reparut bientôt et embrassa son ami.

« — Écoute, dit ce dernier, j'attends de toi un grand service ; une affaire importante me force d'aller à Brousse. Tu sais que je suis le mari d'une femme fort belle et je t'avouerai qu'il m'en coûte de la laisser seule, n'ayant pas beaucoup de confiance dans mes gens... Eh bien ! mon ami, il m'est venu cette nuit une idée : c'est de te faire le gardien de sa vertu. Je sais la délicatesse et l'affection profonde que tu as pour moi ; je suis heureux de te donner cette preuve d'estime.

Hanoum, Femme turque ; tenue de ville. Théâtre de Karagueuz.

« — Malheureux ! dit Caragueuz, quelle est la folie ! regarde-moi donc un peu !

« — Eh bien !

« — Quoi ! tu ne comprends pas que la femme en me voyant ne pourra résister au désir de m'appartenir ?

« — Je ne vois pas cela, dit le Turc ; elle m'aime, et si je puis craindre quelque séduction à laquelle elle se laisse prendre, ce n'est pas de ton côté, mon pauvre ami, qu'elle viendra ; ton honneur m'en répond d'abord... et ensuite... Ah ! par Allah ! tu es si singulièrement bâti... Enfin, je compte sur toi. »

« Le Turc s'éloigne. « Aveuglement des hommes ! s'écrie Caragueuz. Moi ! singulièrement bâti ! dis donc trop bien bâti ! trop beau, trop séduisant, trop dangereux ! »

« Enfin, dit-il en monologue, mon ami m'a commis à la garde de sa femme; il faut répondre à cette confiance. Entrons dans sa maison comme il l'a voulu, et allons nous établir sur son divan... O malheur ! mais sa femme, curieuse comme elles sont toutes, voudra me voir... et du moment que ses yeux se seront portés sur moi, elle sera dans l'admiration et perdra toute retenue. Non ! n'entrons pas... restons à la porte de ce logis comme un spahi en sentinelle. Une femme est si peu de chose... et un véritable ami est un bien si rare ! »

« Quant à Caragueuz, à travers la gaze légère qui fondait les tons de la décoration et des personnages, il se dessinait admirablement avec son œil noir, ses sourcils nettement tracés et les avantages les plus saillants de sa désinvolture. Son amour-propre, au point de vue des séductions, ne paraissait pas étonner les spectateurs.

« Après son couplet, il sembla plongé dans ses réflexions. Que faire ? se dit-il. Veiller à la porte, sans doute en attendant le retour de mon ami... Mais cette femme peut me voir à la dérobée par les *moucharabys*. De plus elle peut être tentée de sortir avec ses esclaves pour aller au bain... Aucun mari, hélas ! ne peut empêcher sa femme de sortir sous ce prétexte... Alors, elle pourra m'admirer à loisir... O imprudent ami ! pourquoi m'avoir donné cette surveillance ? »

Ici, la pièce tourne au fantastique. Caragueuz, pour se soustraire aux regards de la femme de son ami, se couche sur le ventre, en disant : « J'aurais l'air d'un pont. »

Il faudrait se rendre compte de sa conformation particulière pour comprendre cette excentricité. On peut se figurer Polichinelle posant la bosse de son ventre comme une arche, et figurant le pont avec ses pieds et ses bras. Seulement Caragueuz n'a pas de bosse sur les épaules. Il passe une foule de gens, des chevaux, des chiens, une patrouille, puis enfin un *arabas* traîné par des bœufs et chargé de femmes. L'infortuné Caragueuz se lève à temps pour ne pas servir de pont à une si lourde machine.

Une scène plus comique à la représentation que facile à décrire succède à celle où Caragueuz, pour se dissimuler aux regards de la femme de son ami, a voulu *avoir l'air d'un pont*. Il faudrait, pour se l'expliquer, remonter au comique des *atellanes* latines... Dans cette scène, d'une excentricité qu'il serait difficile de faire supporter chez nous, Caragueuz se couche sur le dos, et désire avoir l'air d'un pieu. La foule passe et tout le monde dit :

Qui est-ce qui a planté là ce pieu? Il n'y en avait pas hier. Est-ce du chêne, est-ce du sapin? Arrivent des blanchisseuses, revenant de la fontaine, qui étendent du linge sur Caragueuz. Il voit avec plaisir que sa supposition a réussi. Un instant après, on voit entrer des esclaves menant des chevaux à l'abreuvoir; un ami les rencontre et les invite à entrer dans une galère pour se rafraîchir; mais, où attacher les chevaux? « Tiens, voilà un pieu! » Et on attache les chevaux à Caragueuz.

Bientôt des chants joyeux, provoqués par l'aimable chaleur du vin de Ténédos, retentissent dans le cabaret. Les chevaux impatients, s'agitent: Caragueuz, tiré à quatre, appelle les passants à son secours et démontre douloureusement qu'il est victime d'une erreur. On le délivre et on le remet sur pied. En ce moment, l'épouse de son ami sort de la maison pour se rendre au bain. Il n'a pas le temps de se cacher et l'admiration de cette femme éclate par des transports que l'auditoire s'explique à merveille.

— Le bel homme! s'écrie la dame; je n'en ai jamais vu de pareil.

— Excusez-moi, *hanoum* (madame), dit Caragueuz toujours vertueux, je ne suis pas un homme à qui on puisse parler... Je suis un veilleur de nuit, de ceux qui frappent avec leur hallebarde pour avertir le public s'il se déclare quelque incendie dans le quartier...

— Et comment te trouves-tu là encore à cette heure du jour?

— Je suis un malheureux pécheur... quoique bon musulman; je me suis laissé entraîner au cabaret par des *giaours*. Alors je ne sais comment, on m'a laissé mort-ivre sur cette place. Que Mahomet me pardonne d'avoir enfreint ses prescriptions!

— Pauvre homme... tu dois être malade... entre dans la maison et tu pourras y prendre du repos.

Et la dame cherche à prendre la main de Caragueuz en signe d'hospitalité.

— Ne me touchez pas, *hanoum!* s'écrie ce dernier avec terreur...

je suis impur !... Je ne saurais du reste entrer dans une honnête maison musulmane... j'ai été souillé par le contact d'un chien...

De toutes les suppositions qu'entasse Caragueuz pour repousser les avances de la femme de son ami, celle-là paraît être la plus victorieuse.

— Pauvre homme! dit-elle avec compassion ; personne, en effet, ne pourra te toucher avant que tu aies fait cinq ablutions d'un quart d'heure chacune, en récitant des versets du Coran. Va-t-en à la fontaine, et que je te retrouve ici quand je reviendrai du bain.

BEY.
Théâtre de Karagueuz.

— Que les femmes de Stamboul sont hardies! s'écrie Caragueuz, resté seul. Sous ce féredjé qui cache leur figure, elles prennent plus d'audace pour insulter à la pudeur des honnêtes gens...

La dame sort du bain, et retrouve de nouveau à son poste l'infortuné gardien de sa vertu, que divers contretemps ont retenu à la même place. Mais elle n'a pu s'empêcher de parler aux autres femmes qui se trouvaient au bain avec elle, de l'inconnu si beau et si bien fait qu'elle a rencontré dans la rue. De sorte qu'une foule de baigneuses se précipitent sur les pas de leur amie. On juge de l'embarras de Caragueuz en proie à ces nouvelles Ménades.

La femme de son ami déchire ses vêtements, s'arrache les cheveux et n'épargne aucun moyen pour combattre sa rigueur. Il va succomber... lorsque tout à coup passe une voiture qui sépare la foule. C'est un carrosse dans l'ancien goût français, celui d'un ambassadeur. Caragueuz se rattache à cette dernière chance ; il supplie l'ambassadeur franc de le prendre sous sa protection, de le laisser monter dans sa voiture pour pouvoir échapper aux tentations qui l'assiègent. L'ambassadeur descend; il porte un costume fort galant : chapeau à trois cornes posé sur une immense perruque, habit et gilet brodés, culotte courte, épée en verrouil ; il déclare aux dames que Caragueuz est sous sa protection, que c'est son meilleur ami... Ce dernier l'embrasse avec effusion et se hâte de monter dans sa voiture, qui disparaît, emportant le rêve des pauvres baigneuses.

Le mari revient et s'applaudit d'apprendre que la chasteté de Caragueuz lui a conservé une femme pure.

Au moment où Théophile Gautier visitait Constantinople, en 1853, deux théâtres différents y existaient, où Karagueuz se montrait à ses admirateurs. L'un de ces théâtres était situé près du grand champ des morts de Péra; celui-là, placé au fond d'un jardin, était soumis à une surveillance spéciale et censuré. Son impresario l'avait établi dans un angle du mur où l'on tendait une tapisserie opaque au centre de laquelle se découpait un carré de toile blanche éclairé par derrière; un lampion l'illuminait et un tambour de basque servait d'orchestre.

L'autre théâtre était libre et avait son siège dans l'arrière-cour d'un café à Top'hané.

Persan a cheval.
Théâtre de Karagueuz.

« La cour était remplie de monde, dit Théophile Gautier. Les enfants, et surtout les petites filles de huit à neuf ans abondaient. Il y en avait de délicieuses qui rappelaient, dans leur sexe encore indécis, ces jolies têtes de la *Sortie de l'École*, de Decamps, si gracieusement bizarres et si fantasquement charmantes. De leurs beaux yeux étonnés et ravis, épanouis comme des fleurs noires, elles regardaient Karagueuz se livrant à ses saturnales d'impuretés et souillant tout de ses monstrueux caprices. Chaque prouesse érotique arrachait à ces petits anges naïvement corrompus des éclats de rire argentins et des battements de mains à n'en plus finir; la pruderie moderne ne souffrirait pas qu'on essayât de rendre compte de ces folles atellanes, où les scènes lascives d'Aristophane se combinent avec les songes drolatiques de Rabelais; figurez-vous l'antique dieu des jardins habillé en turc et lâché à travers les harems, les bazars, les marchés d'esclaves, les cafés, dans les mille imbroglios de la vie orientale, et tourbillonnant au milieu de ses victimes, impudent, cynique et joyeusement féroce. On ne saurait pousser plus loin l'extravagance ithyphallique et le dévergondage d'imagination obscène.

« Karagueuz mérite une description particulière. Son masque, forcément toujours vu en silhouette, comme son état d'ombre chinoise l'exige, offre une caricature assez bien réussie du type turc. Son nez en bec de perroquet se recourbe sur une barbe noire, courte, frisée, projetée en avant par un menton de galoche. Un épais sourcil trace une raie d'encre au-dessus de son œil vu de face dans sa tête de profil, avec une hardiesse de dessin toute byzantine; sa physionomie présente un mélange de bêtise, de luxure et d'astuce, car il est à la fois Prudhomme, Priape et Robert Macaire; un turban à l'ancienne mode coiffe son crâne rasé, qu'il quitte à toute minute, moyen comique qui ne manque jamais son effet; une veste, un gilet de couleurs bigarrées, des pantalons larges complètent son costume. Ses bras et ses jambes sont mobiles.

Hadjivvat.
Théâtre de Karagueuz.

« Karagueuz diffère des fantoccini de Séraphin en ce que, au lieu de se détacher en noir opaque sur le papier huilé, il est peint de couleurs transparentes, comme les figures de la lanterne magique. Je n'en saurais donner une idée plus juste que celle d'un personnage de vitrail qu'on détacherait de la verrière avec l'armature de plomb qui le circonscrit et le dessine. Sur des traits noirs qui forment les lignes et les ombres, et sont faits de carton, de fer-blanc ou de toute autre matière résistante, s'appliquent des pellicules translucides teintes en vert, en bleu, en jaune, en rouge, selon la couleur du vêtement ou de l'objet qu'on représente. »

Dans cette description si curieuse, Théophile Gautier ne dit pas, et cela est pourtant intéressant à savoir, que les pellicules translucides sur lesquelles sont peints les personnages du théâtre turc sont en baudruche. Fixées seulement sur les bords du découpage qui les porte, elles donnent une impression de relief aussi apparente que la couleur elle-même, sur l'écran qui les reproduit.

En 1854, Charles Rolland, ancien représentant du peuple, publiait, sous le titre de : *la Turquie contemporaine*, d'importantes études sur l'Orient. Dans cet ouvrage, l'auteur était amené, par la force des choses, car il semble ne l'avoir pas fait sans regrets, à parler de Karagueuz, pour lequel il professe un profond mépris et qu'il paraît avoir vu avec un esprit mal préparé et sensiblement chagrin.

« Je viens d'assister, dit-il, à la représentation du polichinelle turc, Karagueuz, l'*Homme aux yeux noirs*. J'en suis sorti stupéfait, consterné, dirais-je, pour peindre mieux mes impressions. Sans doute un vif intérêt m'attire vers toute scène révélant le secret des mœurs indigènes, et je n'eus jamais occasion pareille de soulever des voiles qui se déroulent rarement devant des regards européens. Mais l'indignation a éteint en moi la joie de ma découverte, et j'aimerais mieux avoir continué d'ignorer l'absence de pudeur où végètent encore des millions d'âmes dans l'empire le plus civilisé de l'Orient.

BAUBIER PUBLIC.
Théâtre de Karagueuz.

« Si repoussant qu'il soit, il n'est pas permis cependant de passer sans l'étudier à fond devant l'excentricité d'un tel spectacle. Cette pièce consacrée par la tradition, ce mélange d'impudicités dégoûtantes et de mordantes railleries, est presque la seule manifestation du génie populaire en Turquie, et son unique création théâtrale. Karagueuz, d'ailleurs, cette difformité d'âme et de corps, ce grotesque ottoman au nez et au menton crochus, aux instincts immondes, cache sous son cynisme une étrange perspicacité pour deviner jusqu'où s'étend la gangrène sociale, une singulière audace pour la mettre à nu, une verve terrible pour la flétrir...

« ... Guidés par une musique de fifres, de tambourins et de guzlas, nous pénétrâmes dans une sorte de restaurant-café, servant d'antichambre à la salle plus vaste de la représentation. Mal éclairée par des quinquets fumeux, celle-ci avait des gradins dans le fond, et sur le devant des tabourets de bois et quelques chaises. Une soixantaine de personnes, dont moitié au moins se composait de petits garçons et de petites filles de six à dix ans, nous avaient précédés. On achevait les préparatifs du spectacle, c'est-à-dire qu'on établissait dans un angle de l'appartement un transparent derrière lequel, toute lumière éteinte, on fait mouvoir des ombres chinoises. Bientôt la pièce commença, et mes compagnons me la traduisant phrase par phrase, je n'en perdis presque pas une parole.

« Dans un art si primitif, la loi des gradations ne saurait être observée. Du premier mot, l'auteur arrive au fait et mène rondement son intrigue. Karagueuz, en entrant en scène, chante les joies de l'amour, mais de l'amour tout matériel, et avec des détails à scandaliser les plus tolérants. Puis, ses couplets finis, surviennent tour à tour diverses femmes qui se promènent : le harem d'un pacha, l'épouse d'un négociant, celle d'un saraf arménien, celle d'un laboureur, la fille d'un uléma. A leur aspect, le luxurieux s'enflamme, ses appétits brutaux se manifestent avec une évidence malhonnête qui met en joie toute l'assistance, même les plus petits enfants. Il essaie successivement de séduire chacune de ces belles ; et, après plus ou moins de feintes indignations, d'objections qui se radoucissent, de pourparlers où l'on décoche maint sarcasme lascif, toutes, hélas ! finissent par capituler et consentir. Seulement elles font leur prix ; et quand le tentateur avoue n'avoir pas un para, elles s'éloignent en colère, ou même lui font des niches de telle nature qu'il est impossible de les raconter. Rebuté de la sorte et d'autant plus affriandé, le pauvre diable tâche de se consoler en se prouvant dans un long monologue, à l'aide d'une foule de comparaisons bouffonnes, « qu'il n'y a guère de distance de la brioche au pain bis » et que toutes les femmes se valent. Là-dessus il va frapper à la porte d'un lupanar. Arrivant les mains vides, il n'y est pas mieux accueilli : malgré ses prières, ses promesses et ses ruses, on le chasse nombre de fois. A la fin, il se fâche, il veut forcer la porte ; mais on lâche sur lui un gros chien qui, dans un combat grotesque, le fait eunuque d'un coup de dent et s'enfuit. Atterré par son infortune, voilà le tapageur contraint, pour rattraper ce qu'il a perdu, d'accepter le rôle de pourvoyeur de la maison.

« Alors s'ouvre la contre-partie de la revue féminine, et cette seconde moitié du drame est d'un comique bien supérieur à tout ce qui a précédé. Karagueuz va solliciter, les uns après les autres, un pacha, un uléma, un banquier, un négociant, un militaire, un derviche, un juif, un chrétien, un portefaix, etc. Tous résistent d'abord, et après les grandes raisons vagues tirées de la morale, objectent leurs vrais motifs. C'est une curieuse satire du caractère typique des castes et des professions. Le pacha parle de sa dignité, l'uléma de sa considération, le banquier de son crédit ; le juif supputer la dépense, et le marchand, les risques qu'entraînerait la satisfaction de leur vice ; rêvant d'autres voluptés, le derviche méprise de si vulgaires plaisirs. Peu à peu cependant, les scrupules fléchissent devant l'éloquence burlesque, les paradoxes, les tableaux érotiques que déroule le séducteur : chacun se décide en se donnant à soi-même les justifications les plus burlesquement sophistiques. À la fin, le lupanar se trouve rempli, et une deuxième scène, scène muette et hideuse d'impudeur, montre l'intérieur des appartements. L'on retrouve tous les personnages contentant la passion qui les a conduits, et Karagueuz, restitué dans son premier état en récompense de ses services, remplissant les fonctions d'un Priape musulman. »

Pierre Loti, dans *Aziyadé*, glisse rapidement sur les prouesses de Karagueuz, qui ne sont qu'un simple incident au cours de son récit.

« Karagueuz est en carton ou en bois, dit-il ; il se présente au public sous forme de marionnette ou d'ombre chinoise ; dans les deux cas, il est également drôle. Il trouve des intonations et des postures que Guignol n'avait pas soupçonnées ; les caresses qu'il prodigue à Mme Karagueuz sont d'un comique irrésistible.

« Il arrive à Karagueuz d'interpeller les spectateurs et d'avoir des démêlés avec le public. Il lui arrive aussi de se permettre des facéties tout à fait incongrues, et de faire devant tout le monde des choses qui scandaliseraient même un capucin. En Turquie, cela passe ; la censure n'y trouve rien à dire, et on voit chaque soir les bons Turcs s'en aller, la lanterne à la main, conduire à Karagueuz des troupes de petits enfants.

On offre à ces pleines salles de bébés un spectacle qui, en Angleterre, ferait rougir un corps de garde...

« ... Les théâtres de Karagueuz s'ouvrent le premier jour du mois lunaire du Ramadan et sont fort courus pendant trente jours. Le mois fini, tout se ramasse et se démonte. Karagueuz rentre pour un an dans sa boîte et n'a plus, sous aucun prétexte, le droit d'en sortir. »

JOUEUR DE TAMBOURIN.
Théâtre de Karagueuz.

Pour ce qui regarde M. Thalasso, il est, je crois, le seul à citer les noms et à analyser les caractères des marionnettes turques qui accompagnent habituellement Karagueuz :

« *Hadjiyval*, le compagnon, le frère d'armes de Karagueuz, l'Oreste de ce Pylade, est un rusé compère, lui. Il sait tout, il connaît tout, il a tout vu, il a tout lu, tout étudié, tout compulsé, tout commenté. Il a voyagé partout, il explique tout. Mieux encore que son ami, il s'entend à parodier les poètes. Son rôle sur la scène de Karagueuz ressemble à celui du « compère » des *Revues* françaises de fin d'année. Aucune science n'a de secrets pour lui. Mais où excelle cet être insinuant et faux, c'est dans la connaissance du cœur humain. C'est le Stendhal de la boutique, un Stendhal doublé de Tartufe. Toujours en mouvement, il agit toujours sous cape. C'est à lui que Karagueuz s'adresse toutes les fois qu'une de ses affaires a pris mauvaise tournure. Lui seul sait se sauver à temps lorsqu'il pleut des coups de bâton. Il n'est rossé que par Karagueuz qui — on ne sait trop pourquoi, mais c'est chose admise — a tout pouvoir sur lui et auquel il est dévoué corps et âme. Son accoutrement lui donne un faux air de Louis XI en caricature.

« Le *père noble* appelé, au gré de l'impresario, Ali, Moustapha ou Mehmet, représente la ganache, le dindon traditionnel de la farce. C'est un composé de Pantalon et de Cassandre : c'est le vieillard grotesque, amoureux et dupé. Il paie toujours les pots cassés et toujours aussi il est... battu et content.

« Le *Zeïbeck*, *Behri-Moustapha* ou Bachi-Bozouk, littéralement *tête fêlée*, est le Croquemitaine, le capitaine Fracasse, le diable, le *Deus ex machinâ* de la représentation. Il opère les enlèvements, exécute les vols, coupe les têtes. Il jure comme quarante sapeurs et n'ouvre la bouche que pour lancer des blasphèmes et vociférer des menaces de mort. Brusque et plein de franchise, il ne peut supporter la sensualité de Karagueuz et la fourberie de Hadjiyvat. Il paraît toujours à la fin de la pièce pour punir les mécréants ; mais il est toujours leur dupe, sinon leur victime. »

M. Thalasso ne cite que les personnages principaux du théâtre de Karagueuz, mais ces personnages sont beaucoup plus nombreux. La collection complète que je possède est composée de trente acteurs ; c'est le théâtre classique, celui qui peut être vu par tout le monde, il y a :

Deux Karagueuz coiffés du turban, — Karagueuz habillé en femme, — Deux Hadjiyvat, — Trois femmes turques, — Deux juifs, — Le fils de Karagueuz, — Le fils de Hadjiyvat, — Fille nue, — Pêcheurs, — Bey, — Mendiant agenouillé, — Sultane du palais, — Persan à cheval, — Persan à pied, — Joueur de tambourin, — Gardien de nuit, — Kurde, — Nègre, — Baigneur de bain turc, — Franc (Français), — Harnoud armé, — Lutteur, — Deux Albanais, — Barbier public.

BAIGNEUR DE BAIN TURC.
Théâtre de Karagueuz.

Théophile Gautier a vu tous ces personnages ou d'autres peut-être, peints en couleurs transparentes sur de la baudruche ; Pierre Loti dit de son côté qu'ils sont en carton ou en bois ; ceux que j'ai, sont en carton blanc peu épais et de mauvaise qualité. Découpés au canif de manière enfantine par des mains malhabiles, ils sont coloriés lourdement sur leurs deux faces, en teintes plates : rouge, vert, bleu pâle, violet, jaune ou rose. Les têtes et les chairs restent blanches, et les yeux, toujours vus de face, sont troués pour figurer le point lumineux ; les yeux sont dessinés en noir cru, à l'encre ordinaire, ainsi du reste que certaines parties du corps et du costume. Afin d'obtenir le mouvement, tous les personnages sont en deux ou trois parties réunies par un simple point de fil ; le plus souvent, non toujours, les jambes sont ballantes, mais les têtes sont fixées aux torses.

Les figures, debout, ont de trente à trente-cinq centimètres de hauteur.

Sans être plus vertueux qu'il convient, il faut bien reconnaître que le théâtre populaire turc et les spectacles qu'il représente ne sont pas faits pour tous les yeux. Qu'on en juge par la scène suivante qui se donne couramment à Tunis, où a pénétré le Guignol turc ; je tiens ces renseignements d'un spectateur parisien :

Karagueuz a rencontré une Anglaise d'un âge respectable et dont il devient subitement amoureux ; il la poursuit de déclarations incendiaires auxquelles l'Anglaise cherche à se soustraire par une fuite précipitée, mais Karagueuz a résolu d'avoir raison des résistances désespérées de la malheureuse créature. Sans souci des complications que sa brutalité peut faire naître, il prend par force, sous les yeux des spectateurs, ce qu'il n'a pu obtenir par persuasion.

Ici, pourrait se terminer cette scène idiote et lamentable, mais l'auteur du livret, la trouvant trop simple, a voulu la compliquer, la corser, la rendre plus monstrueuse.

L'Anglaise est devenue enceinte des œuvres de Karagueuz, et celui-ci, prenant pour cette fois son rôle de père au sérieux, procède, sur la scène même, à la mise au monde de l'enfant. La mère meurt et Karagueuz s'applaudit de cet événement.

Ce n'est pas tout, c'eût été trop simple encore ! Ces crimes ont eu pour témoin involontaire un pasteur protestant, qui croit de son devoir d'intervenir par des représentations qui n'ont d'autre effet que de mettre Karagueuz en fureur. Il poursuit alors le pasteur et se livre sur lui, malgré une lutte acharnée, à des actes de bestialité qui gagneraient à être racontés en latin ; mais il faudrait le bien savoir, et je le sais mal.

C'est sans doute à l'une des scènes précédentes que fait allusion Paul Arène, dans *Vingt jours en Tunisie*.

« On joue, dit-il, plusieurs pièces dans la même soirée. Pour quelques caroubes supplémentaires, nous nous sommes offert le luxe de voir successivement : *Karagouz à la maison des fous* et *Karagouz père de famille*. Dans cette dernière comédie, nous assistons à une scène d'accouchement du naturalisme le plus pur. Rien n'y manque : le lit dressé en hâte, les hauts cris, les encouragements des matrones et un petit Karagouz qu'on voit naître déjà bruyant, déjà féroce et joyeux, et abondamment pourvu déjà, malgré son jeune âge, de tous les avantages paternels. »

Introduit dans les coulisses du théâtre tunisien, Paul Arène a pu admirer, en bon ordre autour du mur, les pantins et les accessoires découpés, articulés, et fixés au bout de petits bâtons. « Ces bâtonnets, manœuvrés horizontalement, remplacent nos ficelles. L'opérateur, debout sur un tabouret, appuie à plat la silhouette en carton sur la toile éclairée, et les bâtonnets sur sa poitrine. Il a ainsi les deux mains libres et peut faire mouvoir, comme en tricotant, les jambes et les bras de plusieurs marionnettes à la fois. »

Dans son *Histoire anecdotique des marionnettes modernes*, M. Lemercier de Neuville signale une sorte de Karagueuz, nommé *Ranguin*, que possède l'île de Ceylan.

C'est dans un ouvrage de Jacolliot, ancien président du tribunal de Chandernagor, que M. Lemercier de Neuville a découvert cette très intéressante indication, mais l'œuvre de Jacolliot est si considérable, si touffue, si difficile à consulter, les titres de ses volumes sont si bizarres, qu'il m'a été impossible d'en retrouver la trace. Je me bornerai donc à reproduire la citation de l'auteur de l'*Histoire des marionnettes*.

Il s'agit d'une représentation à laquelle Jacolliot a assisté.

« Après avoir sapé tout ce qu'on est convenu d'appeler en Europe les bases sociales, traîné dans la boue tous les principes d'autorité, l'effronté déclarait que chacun était sur la terre pour s'y amuser à sa guise, et que pour son compte, il ne trouvait qu'une chose de bonne, les plaisirs de l'amour... Aussi, n'avait-il d'autre occupation que celle d'arriver à posséder toutes les femmes qu'il rencontrait, par séduction ou par force.

« Passe une jeune miss anglaise, en chapeau vert pomme, qui promène sa mélancolie par la campagne. Ranguin lui fait une déclaration ; elle résiste et le polisson la sacrifie par force sur l'autel de Cythère... Arrive la suivante, à la recherche de sa maîtresse : même sort. La mère, demandant sa fille à tous les échos d'alentour, n'est pas plus respectée... Enfin, le père, un bon vieux lord à longs favoris, à l'air respectable, vient savoir ce qu'est devenue toute sa famille. Ranguin s'élance sur lui... A cet instant je me suis esquivé. »

En 1842, il existait à Alger, place du Gouvernement, à l'hôtel de la Tour-du-Pin, un petit théâtre d'ombres chinoises, le seul théâtre connu à Alger et dont les représentations étaient fort suivies par les mahométans.

Dans ce théâtre, où l'installation des spectateurs était sommaire, chacun d'eux étant assis, soit sur des nattes, soit sur le sol même, l'influence des *Mille et une Nuits* se faisait sentir plus que toute autre. On y montrait le *sultan Saladin et la belle sultane Schéhérazade*, *Aladin ou la Lampe merveilleuse*, la *Légende des sept dormeurs*.

Karagueuz y paraissait également, mais un Karagueuz acceptable et qui n'avait que peu de choses du brutal bouffon oriental.

La représentation se continuait par un combat naval entre Musulmans et Espagnols. Il est bien clair qu'Allah, favorisant les vrais croyants, les Espagnols étaient battus à plate couture.

Les applaudissements de la foule saluaient la fin du spectacle marquée par l'apparition d'un tableau lumineux sur lequel se détachaient, en caractères arabes, ces mots : *Il n'y a pas d'autre Dieu que Dieu et Notre-Seigneur Mahomet est son prophète*.

Karagueuz existe en Perse, où on l'appelle, je crois, *Pendj*; je ne trouve sur lui aucun renseignement et je m'en excuse.

Cependant, dans l'ouvrage que le chevalier Chardin a publié au commencement du dernier siècle sur ses *Voyages en Perse et autres lieux de l'Orient*, je relève, au chapitre XII du tome III, intitulé : *Des exercices et des jeux des Persans*, une courte note sur les joueurs de marionnettes : elle est sans importance :

« Leurs *joueurs de marionnettes et de tours* ne demandent point d'argent à la porte, comme en notre pays, car ils jouent à découvert dans les places publiques et leur donne qui veut. Ils entremêlent la farce et les tours, avec des contes et mille bouffonneries, qu'ils font tantôt masqués et tantôt démasqués et la font durer deux ou trois heures. Et

Théâtre d'ombres, à Alger.
(Extrait du *Magasin pittoresque*, 1842.)

quand elle va finir, ils vont à tous les spectateurs demander quelque chose; et lorsqu'ils s'aperçoivent que quelqu'un se met en état de se retirer doucement, avant qu'on aille lui demander de l'argent, le maître de la troupe crie à haute voix et d'une manière emphatique : *Celui qui se lèvera devienne l'ennemi d'Ali.* C'est comme qui dirait chez nous : *ennemi de Dieu et des saints.* On fait venir les charlatans dans les maisons, pour une couple d'écus. Ils appellent ces sortes de divertissements, *mascaré,* c'est-à-dire *jeu, plaisanterie, raillerie, représentations,* d'où est venu notre mot de *mascarade.* »

D'où vient Karagueuz?

« Je pensais, dit Théophile Gautier, à le rattacher, par la filiation de Polichinelle, de Pulcinella, de Punch, de Pickelhëring, d'Old-Vice, à Maccus, la marionnette osque et même aux automates du Névropaste Pothein ; mais tout cet échafaudage d'érudition devint inutile lorsqu'on m'eut dit que Karagueuz était tout bonnement la caricature d'un vizir de Saladin, connu par ses déportements et sa lubricité, origine qui fait Karagueuz contemporain des Croisades, antiquité suffisante pour la noblesse d'une ombre chinoise. »

L'explication de Théophile Gautier dit bien d'où vient l'homme, mais elle ne montre pas d'où est tiré le nom qu'il porte. L'un de mes aimables correspondants, dont on retrouvera le nom plus tard, M. Edouard David, membre de l'académie d'Amiens, m'écrit à ce sujet ce qui suit :

« Karagueuz signifie : *l'homme aux yeux noirs.* D'où vient ce nom qui n'est certainement pas arabe ni turc. Je lui trouve un air de ressemblance avec notre *Katrabeuse,* du patois picard, qui signifie : *l'homme aux yeux bandés.* On le trouve dans les anciens manuscrits à partir du xiii° siècle. De nos jours encore, on l'emploie pour désigner le jeu par lequel un jeune garçon ayant les yeux couverts d'un bandeau, court après ses camarades. Il doit reconnaître celui d'entre eux qu'il saisit et celui-ci devient à son tour *Katrabeuse.*

« Ce nom a-t-il été porté à Constantinople par ceux de nos braves compatriotes qui, enrôlés sous la bannière de l'Amiénois Pierre l'Ermite, partirent pour la première Croisade ? C'est tellement peu compliqué, que la chose pourrait bien être vraie. *Katrabeuse, Karagueuz, l'homme aux yeux noirs, l'homme aux yeux bandés,* n'est-ce pas qu'il y a là un rapprochement singulier et qui mérite d'être étudié? »

Je ne me charge pas de résoudre cette question, mais je crois très intéressant de la poser.

VII

LES MARIONNETTES CHINOISES

L'art du théâtre en Chine — L'opérateur dans sa gaine. — Un théâtre mécanique. —
Représentation à la Cour.

De tout temps, l'art du théâtre a été fort en honneur en Chine; vers le vIIIe siècle de notre ère, l'empereur Hiouen-Tsong s'en montra l'admirateur résolu et excita l'émulation des poètes et des artistes dramatiques. Dès cette période éloignée de l'histoire, le théâtre chinois a produit d'innombrables œuvres soumises à des règles qui n'ont guère varié. Son but était et est resté essentiellement moralisateur.

Outre leurs théâtres réguliers, c'est-à-dire ceux sur lesquels sont représentées des œuvres sérieuses ou de grandes pantomimes, les Chinois possèdent aussi de petits théâtres mécaniques qui se montrent plus spécialement sur les places publiques, les jours fériés. Leurs pantins paraissent libres et sont mis en mouvement par un opérateur visible qui, dirigeant des fils horizontaux, actionne, avec beaucoup de précision et d'adresse, un mécanisme renfermé dans le coffre sur lequel s'agitent les poupées enluminées et habillées d'étoffes luxueuses.

Les marionnettes à main sont également connues en Chine depuis un temps immémorial et les théâtres ambulants qui leur sont propres méritent, par leur originalité, de fixer l'attention. Un seul opérateur, porteur du matériel tout entier, fait agir les petits acteurs; monté sur un banc l'élevant au-dessus des spectateurs, cet opérateur s'enveloppe d'une sorte de gaine formée d'une étoffe de couleur bleue fixée aux pieds qu'elle emprisonne, elle s'élargit dans sa partie supérieure, de façon à assurer la liberté des mouvements du manipulateur. Ainsi vêtu, invisible pour les spectateurs, l'homme pose sur ses épaules une large boîte qui lui couvre la tête et forme le théâtre sur lequel se meuvent les marionnettes; la dextérité de l'opérateur est extraordinaire et les mouvements imprimés par lui à ses poupées sont d'une extrême vivacité et d'une grande vérité.

La représentation terminée, le marionnettiste plie son matériel, replace le tout dans la boîte qui le couvrait et va plus loin donner une séance nouvelle.

Théatre mécanique chinois.
(Extrait du *Magasin pittoresque*, 1847.)

Les renseignements qui précèdent me sont en partie fournis par le *Magasin pittoresque* de 1847, qui en attribue la paternité à Barrow, ministre plénipotentiaire du roi d'Angleterre; j'avoue ne point les avoir retrouvés dans le *Voyage en Chine* traduit en 1805 par Castéra, non plus que dans la traduction de Breton, mais j'en ai trouvé d'autres qui m'ont paru fort curieux en ce qu'ils montrent que les marionnettes, à cette époque, n'étaient pas seulement destinées à récréer le peuple chinois. Elles avaient leur place dans les cérémonies officielles.

Barrow cite le journal particulier de Macartney, l'un de ses prédécesseurs, assistant à une fête donnée pour la célébration de l'anniversaire de la naissance de l'empereur de Chine.

« Nous eûmes le spectacle d'un jeu de marionnettes chinoises qui diffèrent peu des nôtres. Elles représentèrent d'abord une princesse infortunée, renfermée dans un château, et un chevalier errant qui combattoit des bêtes féroces et des dragons épouvantables, délivroit la princesse et en étoit récompensé par le don de sa main. On célébroit leur mariage par des joutes, des tournois et des divertissements.

« Après cette espèce de féerie, il y eut une pièce comique dans laquelle quelques personnages assez semblables à Polichinelle, à Mme Gigogne et à Scaramouche, jouoient les principaux rôles. Ce jeu de marionnettes appartenoit, nous dit-on, aux appartemens des femmes de l'empereur ; mais on nous l'avoit envoyé comme une faveur particulière pour nous amuser. L'une des pièces qu'il représenta fut extrêmement applaudie par les Chinois qui étoient avec nous et je sus que c'étoit une de celles qu'on aimoit le mieux à la cour. »

UN MONTREUR DE MARIONNETTES.
D'après une image populaire imprimée à Shanghaï.

VIII

LES MARIONNETTES JAVANAISES

Les théâtres javanais. — Récit de Raffles et de Crawfurd. — Le *topeng* et le *wayang*. — Le *dalang*, directeur de théâtre. — La musique du *gamelan*. — Récits mythologiques ou histoires des hommes illustres. — Interdiction de la représentation de la figure humaine. — Le *wayang pourwa*, le *wayang gedog* et le *wayang klitik*. — Guignol à Java, par Alfred Delvau. — Les marionnettes javanaises du prince Roland Bonaparte et de M. Gaston Calmann-Lévy.

Dès les temps les plus éloignés, préoccupés de développer l'amour de leurs dieux et le culte de leur pays, les Orientaux ont fait, de leurs théâtres, des lieux d'enseignement national, dans lesquels ils font intervenir les éléments de leur histoire et de leur développement politique.

Aujourd'hui, leur art, comme le nôtre, s'est transformé et a quelque peu sacrifié au profane.

Deux savants voyageurs, Raffles, gouverneur anglais de Batavia, et John Crawfurd, résident à la cour du sultan de Java, ont vu les théâtres javanais et ont recueilli sur eux de très curieux renseignements, qu'ils ont publiés en 1824. Ils ont constaté que les représentations dramatiques affectent à Java, deux formes bien différentes : il y a le *topeng* dont les personnages sont des acteurs masqués et le *wayang* qui se représente par des ombres et des marionnettes.

Le héros favori de l'histoire de Java, *Panji*, fournit souvent, par ses aventures, les sujets du *topeng*, dont le chef de la pièce, le *dalang*, récite le dialogue pendant que les acteurs exécutent les scènes par des gestes.

Les *dalang*, ou directeurs des théâtres javanais, sont l'objet de la considération et du respect des habitants; tous sont improvisateurs et poètes et jouissent de certaines prérogatives. A eux seuls, dans les représentations ordinaires, est réservé l'honneur de parler en scène alors que les autres acteurs les assistent; leur parole est toujours accompagnée de la musique du *gamelan*, qui varie ses expressions suivant la nature de l'action. Il n'y a que la présence du souverain qui autorise les acteurs habituellement muets et vêtus avec magnificence, à

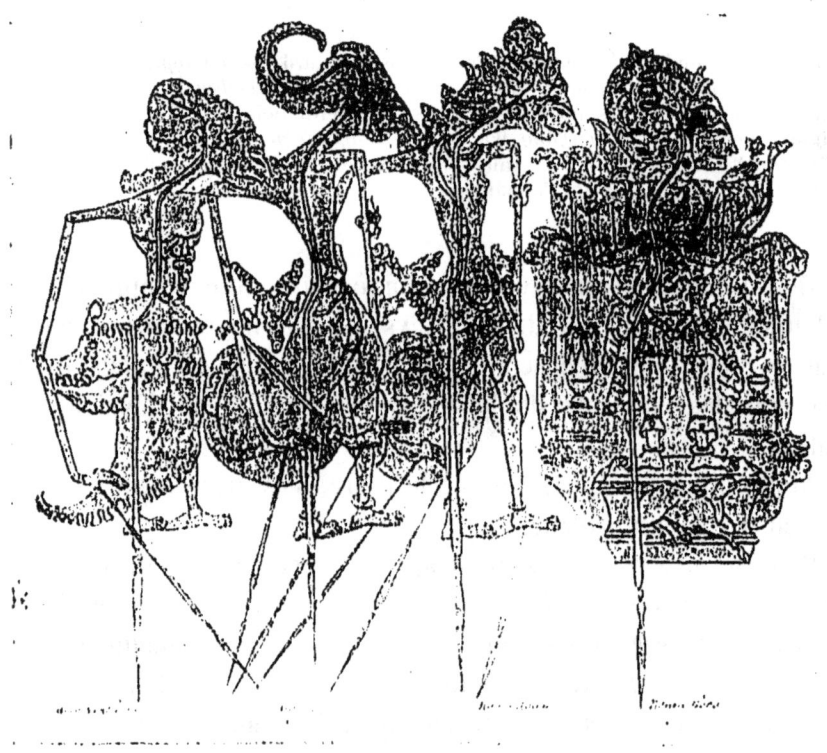

MARIONNETTES JAVANAISES.
Wayang ou ombres théâtrales, Wara Sumbadra, Arjuna, Bitara Rama, Bitara Guru.
(Extrait du *Voyage de Raffles et Crawfurd*.)

paraître le visage découvert et à réciter leur rôles au lieu de les mimer.

Les sujets traités par les topeng sont également puisés dans les récits mythologiques ou dans l'histoire des hommes les plus illustres; la guerre et l'amour sont les données principales sur lesquelles ils reposent.

Pour les marionnettes javanaises, elles portent le nom de *wayang* et paraissent en ombres chinoises; les sujets choisis sont pris aux premiers temps de l'histoire de Java.

Là encore, le *dalang* placé derrière une toile blanche de quatre mètres de large sur deux mètres de hauteur, remplit sa mission. Les personnages découpés et dentelés avec un art infini, dans de minces feuilles de cuir de buffle, peintes avec le plus grand soin et la plus grande netteté de couleurs vives et harmonieuses, sont mis en mouvement, à l'aide de petites tiges de corne, par des acteurs muets, mais ils sont de formes bizarres et s'éloignent sensiblement de la nature.

MARIONNETTE JAVANAISE.
Collection de M. Gaston Calmann-Lévy.

« On assure par tradition, disent Raffles et Crawfurd, que les premiers wayang furent ainsi défigurés par le Sousouman *Moria*, l'un des premiers apôtres mahométans, afin de rendre cet antique amusement compatible avec les préceptes de l'islamisme, qui défend toute représentation de la figure humaine.

Il y a trois espèces de wayang: la première est le *wayang-pourwa*, le plus ancien de tous; le *wayang-gedog* et le *wayang-klitik*. Ce dernier est plutôt un jeu de marionnettes qu'un jeu d'ombres chinoises; ses personnages sont des figures de bois peintes et dorées. Pour le wayang klitik, les Javanais ne se servent pas de rideau transparent.

Alfred Delvau, a donné dans l'*Illustration* du 16 août 1863, une étude qu'il a intitulée: *Guignol à Java*. Dans cette étude, il insiste particulièrement sur le caractère d'excessive liberté des scènes qu'il a vu représenter, et se déclare moins scandalisé par le monstrueux Karagueuz que par les actes qu'accomplissent les *wayang-golets*, les mêmes que Raffles et Crawfurd appellent les *wayang-klitik*.

Les représentations auxquelles A. Delvau a assisté avaient lieu de nuit, au centre d'une clairière naturelle; le théâtre était éclairé par trois lampions d'huile de coco dans lesquels brûlaient, en guise de mèches, des tiges de *phormium*. Il a vu là le dalang assis sur un tabouret de bambou, le bas du corps caché par un *sarong* tendu devant lui et le haut du buste découvert.

« Ce sarong est attaché au bananier — *pissang* — qu'il a en travers sur ses genoux et c'est sur la lisière de ce lambeau d'étoffe qu'il fait courir

Marionnette javanaise.
Collection de M. Gaston Calm ann-Lévy.

ses marionnettes, au nombre de vingt-cinq ou trente. Si son visage est éloquent, ses mains ne restent pas muettes. On ne saurait déployer plus de dextérité, je l'avoue, dans la mise en action de tous ces personnages lilliputiens: les wayang-golets vont, viennent, s'agitent, se démènent, levant les bras, levant les pieds, avec une verve étonnante, et quand ils ont joué leur rôle, au lieu de les faire rentrer dans les coulisses pour recevoir un châle sur leurs épaules ou des félicitations sur leur esprit, comme en reçoivent nos marionnettes en chair et en os, le dalang les pique sur un tronc de bananier placé à sa droite ou à sa gauche, où d'acteurs, ils deviennent spectateurs. »

Les marionnettes javanaises ne sont pas absolument inconnues des parisiens ; le prince Roland Bonaparte et M. Gaston Calmann-Lévy en ont rapporté de fort beaux spécimens originaux ou photographiés qui ont figuré, en 1895, à l'*Exposition du théâtre et de la musique;* le Musée des Colonies, il y a quelques années, en possédait aussi un jeu remarquable, — c'est, je crois, celui qui est actuellement au musée Guimet.

IX

LES MARIONNETTES BIRMANES

Les marionnettes birmanes aux *Folies-Bergère*. — M. A. Mahé de La Bourdonnais. — Le *pwai* et le *root-thai*. — Une représentation en Birmanie.

Les marionnettes birmanes sont venues en France il y a quelques années, pour y chercher sans doute, comme tant d'autres étoiles, la consécration de leur talent. C'est sur la scène des *Folies-Bergère* qu'elles ont donné leurs représentations; elles étaient fort curieuses. On ne les comprenait guère; mais il n'était pas nécessaire qu'on les comprît pour rire de tout son cœur à leur jeu. Il y avait là, notamment, un grand diable de dragon vert qui obtenait tous les suffrages en engloutissant successivement, dans sa large gueule, les acteurs effarés.

Il existe peu de documents sur les marionnettes birmanes; je n'ai guère trouvé, les concernant, que les très curieuses notes insérées par le comte A. Mahé de La Bourdonnais, dans son livre intitulé: *Un Français en Birmanie*, ouvrage complété par M. G. Marcel et publié en 1883; c'est presque de l'actualité.

M. Mahé de La Bourdonnais semble avoir été séduit par le théâtre birman; il lui consacre une étude extrêmement amusante, pleine de vie et de mouvement.

A sa connaissance, il n'est pas de nation plus folle de théâtre que la nation birmane. Pour un birman, tout est prétexte à représentation dramatique: naissance, entrée au couvent, mariage, construction d'un pont, élévation d'une pagode, etc., etc.

Les représentations se donnent la nuit, en plein air; elles sont publiques et il n'y est perçu aucune espèce de rétribution; toujours les assistants y sont en nombre considérable. Celui qui organise l'une de ces fêtes, un *pwai*, se fait construire une sorte de petite loge fermée dans laquelle il dispose, pour lui et pour ses invités, lits, nattes et chaises; les invités ayant pris place, il fait distribuer des cigares, des sucreries, de l'eau-de-vie et des feuilles de thé confites au vinaigre. La représentation commence, tous les spectateurs sont formés en cercle.

Il s'agit d'un *zat-pwai*, c'est-à-dire d'une pièce où les rôles sont tenus par des hommes et des femmes aux costumes somptueux. Au centre du cercle a été plantée, comme jadis dans le théâtre de Shakespeare, une branche d'arbre ou une feuille de bananier représentant une forêt; autour de cette branche ou de cette feuille sont déposés des lampions alimentés de pétrole et de mèches fumeuses qui éclairent la scène et auxquels acteurs et spectateurs viennent allumer leurs cigares.

En Birmanie, les applaudissements n'existent pas pendant la représentation qui dure toute la nuit; on ne perçoit aucun bruit étranger à la parole des acteurs.

Les sujets des pièces birmanes sont empruntés aux événements supposés des existences antérieures du dieu *Gautama* ou à l'histoire des rois et des reines de l'Inde.

Les pièces à marionnettes ou *root-thai* attirent aussi la foule et la retiennent, les Birmans les suivent dans tous leurs développements, avec avidité.

« Au pied d'une estrade assez élevée, dit M. Mahé de la Bourdonnais, sont rassemblés une dizaine de musiciens, si l'on peut qualifier de musique le bruit infernal et antimélodieux qu'ils produisent. Il y a là un *tshaing*, châssis de bois circulaire d'environ deux mètres de hauteur et de un mètre cinquante centimètres de diamètre, autour duquel sont appendus des tambours de différentes tailles et de plusieurs tons qui sont frappés à la main par l'exécutant; un *kyee-waing*, instrument de même sorte, mais un peu moins grand, et où les tambours sont remplacés par des gongs qu'un musicien frappe à tour de bras avec un bâton; deux ou trois *hnai*, espèces de clarinettes; une grosse cloche; des *ra-gweng* ou grosses cymbales; des cymbales plus petites; un tom-tom battu à la main; des castagnettes et autres instruments barbares.

« La plate-forme en bambou est longue de deux mètres cinquante centimètres environ et fermée dans le sens de la longueur par un rideau derrière lequel se tiennent les joueurs de marionnettes. Sur la partie antérieure qui forme la scène est, d'un côté la Cour, aussi y voit-on un trône, des parasols dorés et autres insignes royaux; de l'autre, est une forêt représentée par quelques branches d'arbres qui produisent une illusion absolument insuffisante.

« Les poupées, en bois, ont deux à trois pieds de haut et sont luxueusement costumées. Leurs mouvements produits par des ficelles attachées à la tête, aux jambes et aux bras, paraissent assez naturels.

« Je regardais sans y comprendre grand'chose, ajoute M. de La Bourdonnais, la pièce qui se déroulait devant moi et à laquelle le public semblait prendre un extrême plaisir, lorsqu'il se produisit un incident grotesque, du moins pour moi. Une des ficelles qui faisait mouvoir le roi, se cassa et je vis descendre du ciel une main gigantesque, au bout d'un bras paraissant démesuré qui vint tout remettre en ordre, ce qui me fit aussitôt penser à Gulliver chez les géants.

« Les joueurs de marionnettes, dit encore M. de La Bourdonnais, acquièrent souvent plus de réputation que les acteurs véritables. Le plus célèbre est Moung-Tha-Byah, sans rival dans les rôles de prince ; sa réputation est immense et ses jugements sont des oracles.

IV

LES MARIONNETTES EN FRANCE

I

LES « MITOURIES » DE DIEPPE ET LES SPECTACLES PIEUX

Les *Mitouries de la mi-août*, à Dieppe. — Renseignements fournis par Desmarquets et par L. Vitet. — Grimpe-sur-l'Ais, Grimpesulais ou Gringalet. — Suppression des *Mitouries* en 1647. — La *Passion* représentée sur le Petit-Pont de l'Hôtel-Dieu, à Paris, en 1740. — Les *Mystères de la Passion*, la *Nativité*, la *Tentation de saint Antoine*, représentés dans la France entière, au XVIIIe siècle. — Le *Jugement universel*, du sieur Ardax, donné à Reims, en 1775.

En France, où nous arrivons, c'est encore dans les cérémonies religieuses qu'il nous faudra rechercher l'origine des statuettes animées. Les plus célèbres de ces cérémonies sont celles de Dieppe; on les appelait les *Mitouries de la mi-août*. Données à l'intérieur de l'église Saint-Jacques, elles consistaient en une pantomime à laquelle prenaient part prêtres et laïques et dont le jeu était accompagné de figures actionnées par des fils et des ressorts. Pour les représentations, on construisait, au chœur, une sorte de théâtre dont la partie supérieure se fixait à la voûte du temple.

Desmarquets, dans ses *Mémoires chronologiques pour servir à l'Histoire de Dieppe*, publiés en 1785, donne sur les *Mitouries*, des renseignements d'une grande précision.

« ... Pendant toute la durée de cette messe, chantée en musique, on donnoit aux assistants une représentation de l'Assomption de la Mère de

Dieu : à cet effet, on posoit tous les ans, au-dessus de la contre-table du chœur, une tribune dont le haut touchoit à la voûte de l'Eglise et étoit parsemé d'étoiles sur un fond d'azur. Deux pieds environ au-dessous du plancher de cette tribune s'élevoit un grand siège sur lequel paroissoit le Père Éternel sous la figure d'un vénérable vieillard; on voyoit à ses côtés quatre anges, de grandeur naturelle, qui sembloient se soutenir en l'air : ils faisoient battre leurs ailes en cadence au son de l'orgue et des instruments. Au-dessus de la figure du Père-Éternel, il y avoit un triangle assez grand, dont chaque angle étoit accompagné d'un ange de moindre grandeur : ces trois anges, à la fin de chaque office, exécutoient un trio sur le chant de l'*Ave Maria, gratia Dei plena, per secula*, etc., au moyen de petites cloches de différents tons, sur lesquelles ils frappoient.

« Un peu au-dessous de ce triangle, on voyoit de chaque côté un ange de grande stature, qui tenoit une trompette dont le son accompagnoit le trio exécuté par les trois petits anges. Enfin au-dessous des pieds du Père-Éternel, paroissoit de chaque côté un ange de grandeur naturelle, qui tenoit un grand chandelier chargé d'un cierge, qu'on allumoit à tous les offices; mais quand ils étoient finis et qu'on vouloit éteindre leurs cierges, ces deux anges paroissoient n'y pas consentir, en se tournant avec vivacité de côté et d'autre, pour l'empêcher; de sorte qu'il falloit employer la plus adroite précision pour y parvenir.

« On entretenoit un machiniste pour la perfection et la conduite des ressorts de toutes ces figures, qui étoient un chef-d'œuvre de ce temps, et la curiosité d'en voir l'effet amenoit beaucoup d'étrangers dans Dieppe.

« Quand on commençoit la messe, deux des quatre anges qui étoient aux côtés du Père-Éternel descendoient majestueusement de leurs places jusqu'au pied de l'autel, où se trouvoit le tombeau de la Sainte Vierge, contre lequel on avoit placé, pour la représenter, une figure de grandeur naturelle, dans laquelle il y avoit également des ressorts. Dès que les deux anges étoient descendus jusqu'à cette figure, chacun de son côté l'élevoit très lentement jusqu'aux pieds du Père-Éternel. Pendant cette Assomption, cette figure de la Vierge levoit les bras et sa tête de temps à autre pour témoigner son désir d'être au ciel. A peine étoit-elle parvenue aux pieds de l'Éternel, qu'il lui donnoit sa bénédiction, et aussitôt un des autres anges posoit une couronne sur la tête de Marie et cette Reine des anges disparoissoit peu à peu, cachée dans un nuage.

« Pendant cette représentation, qui duroit plus d'une heure et demie, l'on voyoit un personnage bouffon : dans un moment il paroissoit d'un côté de la tribune, et celui d'après, il étoit de l'autre et faisoit des singeries ; dans un temps, il ouvroit les bras du côté de la Sainte Vierge qui montoit au ciel, pour exprimer sa surprise ; et celui d'après il marquoit sa satisfaction en applaudissant des mains ; enfin, il se couchoit de toute sa longueur pour faire le mort et se relevoit ensuite et couroit avec rapidité se cacher sous les pieds du Père-Éternel où il ne montroit que sa tête.

« Les lazzis et niaiseries de ce personnage, que le peuple nommoit *Grimpe-sur-l'Ais*, faisoient rire une partie des assistants et surtout les enfants qui l'appeloient à haute voix dès qu'il paroissoit... »

Un autre historien, plus rapproché de nous et qui semble s'être inspiré de ce qui précède, M. L. Vitet, parle également des *Mitouries* de Dieppe. Au sommet du théâtre, dit-il, dans son *Histoire des anciennes villes de France* (Haute Normandie, Dieppe), « un vénérable vieillard, vêtu en monarque, couronné d'une tiare, était assis sur un nuage ; au-dessus de sa tête brillait un grand soleil reluisant comme l'or et le cristal, et tout à l'entour un essaim de belles étoiles. Ce vieillard était le Père Éternel ; à ses côtés voltigeaient une légion d'anges, allant, venant, prenant ses ordres, agitant leurs ailes, balançant leurs encensoirs, comme si c'eût été des anges véritables. Des fils de fer habilement cachés leur faisaient faire tous ces mouvements ; et le peuple de pousser des cris de joie, de trépigner d'admiration. S'il faut en croire les récits du temps, ces anges marionnettes faisaient de véritables prodiges et surpassaient en adresse ces *fantoccini* qui font encore le bonheur des Italiens. Ainsi, lorsqu'après l'office il fallait éteindre les cierges, c'étaient de petits anges qui les soufflaient en voltigeant à l'entour. D'autres anges embouchaient la trompette si à propos pendant certains jeux d'orgue, que les sons semblaient sortir de leurs instruments.

« Au commencement de la messe, deux anges envoyés par le Père

Éternel descendaient du ciel, et venaient prendre dans leurs bras la sainte Vierge, qui reposait sur son lit de mort devant le maître-autel, au milieu d'une espèce de jardin de Gethsémani, dont les fleurs et les fruits étaient faits de cire peinte. La Vierge, ainsi portée par les anges, montait au ciel assez lentement pour qu'elle n'arrivât dans les bras du Père Éternel qu'au moment de l'adoration. Alors Dieu le Père lui donnait trois fois sa bénédiction, un ange la couronnait et les nuées du ciel semblaient se refermer sous ses pieds et la dérober aux yeux des spectateurs.

« Enfin, pour que rien ne manquât à ce mélange dramatique de comédie et de dévotion, d'un côté, le prêtre qui représentait saint Pierre faisait communier les apôtres, lesquels étaient tenus de s'y soumettre sous peine d'amende; de l'autre, un bouffon, que le peuple nommait *Grimpesulais* ou *Gringalet*, faisait mille pasquinades, tantôt contrefaisant le mort, tantôt ressuscitant en faisant des apostrophes à la Vierge et à Dieu, ce qui causait d'incroyables transports dans la multitude. »

L'une de ces fêtes fut particulièrement remarquable. C'est celle qui eut lieu en 1443, lors de la réception d'une statue de la Vierge, offerte à l'église Saint-Jacques par le Dauphin, depuis Louis XI, en souvenir de la levée du siège de Dieppe par les Anglais.

Les *Mitouries* ont longtemps diverti les Dieppois, mais elles ont été supprimées en 1647, à la suite d'une visite de Louis XIV, la Reine-mère ayant été blessée de leurs jeux.

Repoussées encore, surtout depuis lors, par l'autorité ecclésiastique, les marionnettes religieuses se réfugièrent sur la voie publique; elles pénétrèrent peu à peu dans les campagnes, puis dans les villes, où elles se fixaient de préférence aux portes des couvents ou devant les églises. Au xviii° siècle, elles étaient à Paris où elles représentaient la Passion sur le Petit-Pont de l'Hôtel-Dieu, ainsi qu'en fait foi l'annonce suivante, conservée par les *Affiches de Boudet*, de 1746 :

« Messieurs et Dames, la Passion de Notre Seigneur Jésus-Christ en figures de cires mouvantes comme le naturel, se représente depuis le dimanche de la Passion jusqu'au jour de *Quasimodo* inclusivement. Ce spectacle est digne de l'admiration du public, tant par les changements de ses décorations que par le digne sujet qu'il représente. C'est toujours sur le pont de l'Hôtel-Dieu, rue de la Bûcherie, où de tous temps s'est représentée la crèche. »

Particulièrement pendant la seconde moitié du xviiie siècle, on peut suivre la trace de ces spectacles pieux dans la France entière; on y voit invariablement les *Mystères de la Passion*, la *Nativité* et, un peu plus tard, la *Tentation de saint Antoine*, qui est peut-être le seul qui soit arrivé jusqu'à nous, un peu modernisé il est vrai, mais bien amusant.

A Reims, en avril 1775, circulait un programme ainsi conçu :

« Explication du *Jugement universel*, tragédie, par le sieur Ardax, du mont Liban. Cette pièce sera composée de trois mille cinq cents figures en bas-relief que l'on fera changer et marcher selon l'ordre qu'on leur imposera. L'auteur, qui n'a d'autre but que d'édifier le public en le récréant, a suivi les livres saints. »

Le programme analysait successivement les cinq actes de l'œuvre du sieur Ardax.

II

ACTE DE NAISSANCE DE LA MARIONNETTE

Les recherches de Magnin à ce sujet. — Le *Cycle de Robin et Marion*. — Les *Sérées*, de Guillaume Bouchet, parues en 1584 et en 1608.

D'où vient le nom de *marionnettes* que portent chez nous les pantins de bois ?

Magnin l'a recherché avec la conscience qu'il apporte à toutes choses. Il le fait dériver du nom de *Marie*, qui avait autrefois d'aimables et gracieux synonymes, comme *Marote*, *Mariotte*, *Mariette*, *Marion*, puis enfin *Marionnette*. C'est aussi l'opinion qu'émet Gilles Ménage dans son *Dictionnaire étymologique*. « Nous trouvons au XIII° siècle, dit Magnin, dans une des pastourelles qui font partie de ce qu'on peut appeler le *Cycle de Robin et Marion*, le joli nom de *Marionnette* donné à la jeune et gentille Marion. »

« Hé ! Marionnette tant aimée t'ai ! »

Ce nom, qui exprimait, comme on le voit, un sentiment de tendresse, après avoir insensiblement pris place dans la langue, ne tarda pas à être attribué aux petites statuettes de la Vierge conservées par les fidèles, et c'est ainsi que peu à peu, par une sorte de corruption, on en vint à le donner à nos poupées de bois, qui le portent d'une manière définitive depuis le XVI° siècle.

D'autres chercheurs, sans d'ailleurs appuyer leur affirmation d'aucune preuve, prétendent que les marionnettes ont été importées en France par un nommé *Marion*, accompagné de sa femme qui portait le prénom de *Marie*.

Il est d'un haut intérêt de fixer l'époque précise à laquelle le doux nom de *Marionnette* est devenu celui des poupées de théâtre. Magnin a fait cette recherche :

« La première mention que j'ai rencontrée jusqu'à présent, dit-il, du mot *marionnette*, pris dans l'acception d'un jeu scénique et populaire, se trouve dans les *Sérées* de Guillaume Bouchet, sieur de Brocourt. Ce livre est un recueil d'historiettes facétieuses, dont la première partie parut en 1584 et les deux dernières en 1608, environ deux ans après la mort de l'auteur. Je lis dans la XVIII° Sérée, qui traite des boiteux, boiteuses et aveugles : « .... Et luy vont dire qu'on trouvoit aux badineries, bastelleries et *marionnettes*, Tabary, Jehan des Vignes et Franc-à-Tripe, toujours boiteux, et le badin ès-farces de France, bossu, faisant tous ces contrefaicts quelques tours de champicerie sur les théâtres. »

Il demeure donc établi, par cette citation, que de 1590 à 1600 il existait en France de véritables théâtres de marionnettes, et que les personnages de ces théâtres étaient connus. Parmi eux, comme on le voit, ne figuraient encore ni Arlequin, ni Pantalon, ni Polichinelle, à moins cependant que Guillaume Bouchet ait voulu le citer en parlant du « badin ès-farce de France, bossu », ce qui semble très probable.

III

POLICHINELLE. BRIOCHÉ ET SES CONCURRENTS

Maccus. — Ce qu'en dit l'abbé de Saint-Non. — Découverte d'un *Maccus* de bronze en 1727. — Louis Riccoboni et l'*Histoire du théâtre italien*. — Bénévent, capitale des Samnites des Latins; la haute-ville et la basse-ville. — Naissance de *Pulcinello* ou *Pulcinella* à Naples ou près de Naples. — Silvio Fiorillo, créateur du type. — Ses transformations. — Ce qu'en dit George Sand. — Le *Polichinelle* français. — Son caractère. — Il n'a point d'opinions politiques. — Magnin le considère comme un type national. — Le *Polichinelle* de Du Marsan, type de la marionnette actuelle. — Polichinelle fait son apparition à Paris vers 1630. — La *Lettre de Polichinelle à Jules Mazarin*. — Brioché. — Mazarin et les Théatins, en 1662. — Le *Passeport et l'adieu de Mazarin*, en vers burlesques, et la *Lettre à monsieur le Cardinal burlesque*, publiés en 1649. — Les marionnettes des Théatins. — Le Château-Gaillard, d'après la *Chronique scandaleuse ou Paris ridicule*, de Claude Le Petit. — Combat de Cyrano de Bergerac contre le singe de Brioché. — La dynastie des Brioché. — Les *Mémoires pour servir à l'Histoire des spectacles de la foire*, par les frères Parfaict. — Théâtres de marionnettes en 1646, 1657 et 1688. — La *Trouppe royale des Pygmées*, en 1676; privilège accordé au sire de La Grille. — Transformation de ce théâtre. — Pierre de Laer, créateur du *Théâtre des Bamboches*.

> Pan! Pan!
> Qu'est-ce qu'est là?
> C'est Polichinelle qu'arrive.
> Pan! Pan!
> Qu'est-ce qu'est là?
> C'est Polichinelle que v'la.
> Il fait des pas, des poses et des grimaces,
> Danse avec art
> Et fait le grand écart.

Il règne encore aujourd'hui bien des obscurités sur la venue de Polichinelle en ce bas monde. On sait cependant qu'il remonte à une haute antiquité. Sous ses différentes formes comme sous ses noms différents, il a traversé victorieusement les siècles et a obtenu partout ses lettres de grande naturalisation.

Tour à tour burlesque, fourbe, lubrique, batailleur, ivrogne ou cruel, il semble avoir pour mission de matérialiser les vices inhérents à la pauvre humanité. Qu'on le nomme *Maccus* chez les anciens, *Pendj*

L'ORVIÉTAN.

en Perse, *Old-Vice* ou *Punch* en Angleterre, *Pulcinella* en Italie, *Don Cristoval Pulichinela* en Espagne et en Portugal, *Casperl* ou *Gaspard* en Autriche, *Hanswurst*, c'est-à-dire *Jean Boudin* en Allemagne, *Toneelyek* et *Hans Pickelharing* en Hollande, *Karagueuz* à Constantinople, *Guignol* ou *Polichinelle* en France, il est toujours le même, il garde son caractère primitif et ne se distingue que par le génie de la nation qu'il représente.

Maccus, qui a pris certainement son nom d'un mot de la langue osque signifiant bouffon, étourdi, stupide, est le plus ancien polichinelle. Son origine n'est pas inconnue. Personnage de la farce antique, il a pris naissance dans l'Italie latine, où il figurait dans les comédies *atellanes*, ainsi dites du nom d'Atella, ville des Osques, située entre Naples et Capoue. Maccus était sans coiffure; il portait une simple tunique et avait les pieds chaussés de brodequins. Son nez était recourbé en forme de bec; il avait aux deux coins de sa large bouche, deux petites boules d'argent résonnantes qui lui servaient de *Sgherlo* ou de *pratique* et se signalait par les deux bosses qu'il a transmises à quelques-uns de ses descendants.

« Plusieurs auteurs, tels qu'Apulée, Juste Lipse et d'autres, dit l'abbé de Saint-Non dans le *Voyage pittoresque ou description des royaumes de Naples et de Sicile*, publié dans les années 1781-1786, nous apprennent que ce fut pour les comédies d'Atella que l'on inventa en premier lieu ce rôle ridicule auquel on a donné depuis le nom de Polichinelle. Ce personnage est encore fort en usage dans tous les théâtres d'Italie et fort goûté surtout des Napolitains. Ils lui donnent le nom de *Pulcinello*, et il y a effectivement tout lieu de croire que ce nom lui vient de la ressemblance qu'on peut lui trouver avec la forme des jeunes poulets (*Pullum gallinaceum*), dont le bec disproportionné pour la grosseur avec le petit animal, tient beaucoup du masque de Pulcinello. »

En 1727, lors des fouilles opérées au mont Exquilin, l'une des montagnes qui dominent Rome, il a été découvert un Maccus de bronze dont les yeux étaient en argent; gravé dans l'*Histoire du théâtre italien* de Louis Riccobini, publiée en 1731, gravé également dans le *Voyage* de l'abbé de Saint-Non, il a été reproduit par le *Magasin pittoresque* de

1834. La hauteur de ce bronze antique était de trois pouces neuf lignes.

Au sujet de ce Maccus, Riccobini, dans une note étendue, dit : « Les auteurs qui nous ont conservé le nom de Maccus de l'ancienne langue osque, qui veut dire Polichinelle en langue italienne, nous font voir que ce nom de Polichinelle n'est point moderne et que ce personnage, en conservant sa figure presque semblable en tout à l'ancienne, en a conservé le nom aussi. »

MACCUS.
(Extrait de l'*Histoire du Théâtre italien*, de Riccoboni.)

Et plus loin : « Atella est une petite ville près de Naples qui aujourd'hui s'appelle *Aversa*. Or, il n'est pas surprenant que dans la décadence des spectacles des Latins, ce Maccus, d'un caractère grossier, insipide, étourdi et fol, inventé alors pour faire rire par ses gestes et par ses paroles, se soit perpétué dans le pays lorsque la comédie changea de mœurs. »

Dans cet ouvrage sur le Théâtre italien, Riccoboni donne un certain nombre de types d'acteurs gravés de façon remarquable. Parmi eux se trouve « la figure du Polichinelle tel qu'il est aujourd'hui » (1731). Dans sa note l'auteur ajoute : « Les comédies napolitaines, à la place du Scapin et de l'Arlequin, ont deux Polichinelle : un fourbe et l'autre stupide. Dans le pays, l'opinion commune est que c'est de la ville de Bénévent, qui est la capitale des Samnites des Latins, qu'on a tiré ces deux caractères opposés, quoique habillés de même. On dit que cette ville, qui est moitié sur la hauteur d'une montagne et moitié au bas, produit des hommes d'un caractère tout différent. Ceux de la haute ville sont vifs, spirituels et très actifs. Ceux de la basse ville sont paresseux, ignorants et presque stupides. »

C'est donc à Naples, ou près de Naples, croit-on, et à une

époque qui ne peut être précisée, qu'est né *Pulcinello* ou *Pulcinella*.
Son créateur serait un comédien du nom de Silvio Fiorillo, qui l'introduisit au commencement du xvii° siècle dans les parades napolitaines. Bartolomeo Pinelli, dans le *Raccolta dei cinquanta costumi pittoreschi*, publié à la fin du même siècle, a conservé le costume de *Pulcinella*, qui n'a rien de comparable à celui de notre *Polichinelle* : le haut du visage est couvert d'un loup ou demi-masque noir; sa taille est droite et serrée dans un large vêtement blanc. La tête est couverte d'un bonnet en forme de mitre. M. Arthur Pougin, dans son *Dictionnaire du théâtre*, a reconstitué ce costume original; peut-être même l'a-t-il copié sur B. Pinelli.

Il semble d'ailleurs qu'en Italie, comme partout un peu, *Pulcinella* a subi bien des transformations. On peut encore retrouver d'anciennes estampes du début du xvii° siècle portant la légende explicative suivante : « Masque burlesque qui parle la langue des paysans napolitains et qui est vêtu de toile blanche. Il contrefait le beste et le stupide. » Ce *Pulcinella*, sorte de ridicule matamore, est coiffé d'un chapeau à larges bords et porte l'épée de bois; son vêtement, très ample, est noué à la ceinture ; le pantalon est large et flottant. Le visage, à demi recouvert d'un masque au nez long et recourbé, est orné de longues moustaches relevées en pointe.

MACCUS.
(Extrait de l'*Histoire du théâtre italien*, de Riccoboni.)

Pulcinella descend donc de *Maccus*. C'était l'opinion de George Sand qui imprimait, en 1852, un article sur la comédie italienne, reproduit sans indication d'origine par Maurice Sand dans ses *Masques et Bouffons*.

« Le plus ancien de tous les types, dit George Sand, c'est le Polichinel napolitain. Il descend en droite ligne du *Maccus* de la Campanie, ou plutôt c'est le même personnage. Le Maccus antique ne figurait point dans la comédie régulière mais dans ces espèces de drames satiriques fort anciens qui s'appelaient *Atellanes*, du nom de la ville d'*Atella*, où ils avaient pris naissance. Une statue de bronze retrouvée à Rome en 1727 ne peut laisser de doute sur l'identité de Maccus et de Polichinel. Le Polichinel des Atellanes porte, comme son descendant, deux énormes bosses, un nez crochu comme le bec d'un oiseau de proie, et de grosses chaussures reliées sur le cou-de-pied, qui ne s'éloignent pas trop de nos sabots modernes. Il a l'air railleur, sceptique et méchant : deux boucles d'argent, placées au coin de ses lèvres, lui agrandissent la bouche et donnent à sa physionomie quelque chose de bas et de faux, expression complètement étrangère à celle du Polichinel moderne. Cette différence dans l'extérieur des deux personnages me paraît accuser une différence plus profonde entre les caractères. L'acteur des anciens devait être quelque chose de plus bas, de plus haineux que le Polichinel moderne. Comique surtout par ses difformités, je me figure voir de loin une espèce de Thersite populaire aux prises avec l'oppression de l'esclavage et de la laideur. Polichinel, c'est déjà la révolte; il est affreux, mais il est terrible, rigoureux et vindicatif; il n'y a ni Dieu ni diable qui le fasse trembler quand il tient son gros bâton. A l'aide de cet instrument, qu'il promène volontiers sur les épaules de son maître et sur la nuque des officiers publics, il exerce une espèce de justice sommaire et individuelle, qui venge le faible des iniquités de la justice officielle. Ce qui me confirme dans cette opinion, c'est, que dans les farces napolitaines, on trouve deux Polichinels : l'un, bas et niais, véritable fils de Maccus; l'autre, hardi, voleur, batailleur, bohémien, de création plus moderne. »

Habit de Polichinel napolitain, 1731.
(Extrait de l'*Histoire du théâtre italien*, de Riccoboni.)

Polichinelle, lui, notre Polichinelle, est bien d'humeur et de tempérament gaulois : il ne doit rien ni à Maccus, ni à Pulcinella ; il a une physionomie qui lui est bien personnelle. Son visage et son nez camard enluminés, font comprendre qu'il ne fait pas fi d'une « bonne chopine », ses yeux effrontés montrent qu'il n'est pas indifférent aux charmes de la mère Gigogne ; son rire franc et communicatif est bien la marque d'une conscience en repos. Il faut reconnaître que Polichinelle a quelquefois des démêlés avec le commissaire, avec sa femme, avec son voisin, avec le gendarme, avec l'apothicaire, avec le bourreau, avec le chat qu'il a souvent pour compagnon, avec le diable même ; mais son bâton, dont il se sert adroitement et de manière persuasive, a vite fait de dissiper ces nuages.

PULCINELLA.
(Extrait du *Dictionnaire du théâtre*, de Pougin.)

D'instincts moins brutaux et moins pervertis que Punch, Polichinelle rosse et ne tue pas. Bon vivant, fort buveur, sans vergogne, de langage libre et d'une gaieté inaltérable, il existe depuis longtemps et vivra plus encore qu'il n'a vécu.

Il n'a pas d'opinions politiques très arrêtées. Pourvu qu'il frappe, il lui importe peu de connaître les épaules sur lesquelles son bâton retombe. Jadis plus qu'aujourd'hui, son caractère frondeur, quelquefois son esprit de justice, lui ont fait rencontrer des personnages en place sur lesquels il a versé sa colère, mais avec sa finesse habituelle, il a vite compris, — l'influence de ces personnages se modifiant sans cesse suivant les époques ou les intérêts en présence, — qu'il y jouait sa popularité et qu'un jour viendrait où il n'aurait que des ennemis.

Il a donc renoncé à sa prétention de suivre les politiciens sur un terrain où sa liberté n'était pas entière ; peut-être aussi, ses habitudes d'économie prenant le dessus, a-t-il pensé que s'instituer grand justicier était chose grave et que ces fonctions qui ne seraient pas pour lui déplaire, lui coûteraient un nombre trop considérable de triques.

« Polichinelle, écrit Magnin, me paraît un type entièrement national et une des créations les plus spontanées et les plus vivaces de la fantaisie française. » Sa bosse, comme le dit Guillaume Bouchet, appartient au « badin ès-farces de France ». Son costume, souvent modifié jadis, semble à tout jamais fixé maintenant; depuis plus d'un siècle et demi, il est resté le même, sauf cependant quelques petites modifications de détails que les exigences de la mode lui ont imposées. Dumersan, mort en 1849, à qui le théâtre doit plus de deux cents spirituels vaudevilles, dont quelques-uns ont été écrits en collaboration avec Brazier, Bouilly et Désaugiers, a longtemps possédé un Polichinelle reproduit par le *Magasin pittoresque* de 1834 ; c'est celui-là même qui servait aux théâtres de la foire lorsque la Comédie-Française les fit fermer à la suite de retentissants procès. Cette précieuse marionnette a eu, si l'on en croit la tradition, l'inestimable honneur de représenter ou d'annoncer les pièces écrites par Le Sage, d'Orneval, Favart et Fuzelier. Dumersan tenait ce beau Polichinelle du fils de Favart.

Polichinelle de la Comédie italienne, à Paris.
(Extrait du *Magasin pittoresque*, 1834.)

Il est resté le type admis par tous. Nos artistes contemporains, je ne parle que de ceux-là, lui ont gardé avec un soin jaloux le caractère qui lui appartient et que nulle nation étrangère n'a tenté de lui ravir. Ils ont eu pour lui toutes les tendresses et, si l'immortalité ne lui appartenait, pour ainsi dire, par droit de naissance, Meissonier, Manet, Jules Chéret, Gavarni la lui auraient assurée par leurs œuvres. Oui! Polichinelle est français, rien que français! Consultez l'unique collection formée par M. Octave Grousset : vous y trouverez, au milieu de preuves sans nombre, les choses les plus bizarres, les plus naïves, les plus jolies, les plus inattendues, depuis l'estampe populaire jusqu'au bijou ciselé avec art. Vous y verrez même — où diable les marionnettes vont-elles se nicher? — une superbe paire de jarretières *neuves*, en satin noir, sur lesquelles sont brodés, avec une grande finesse, de petits polichinelles, soustraits ainsi, en temps utile, par l'aimable collectionneur, aux spectacles les plus fâcheux et les plus redoutables pour des polichinelles qui se respectent.

A quel moment Polichinelle a-t-il fait son apparition parmi les comédiens de bois? Ici, il faut encore avoir recours aux lumières de Magnin, qui fixe cet événement considérable à l'année 1630 environ.

« Parmi les nombreuses satires politiques qui inondèrent Paris en 1649, dit Magnin, il en est une fort peu remarquée, intitulée : *Lettre de Polichinelle à Jules Mazarin*. Cette lettre, quoique en prose, se termine sous forme de signature, de la manière suivante :

Pour vous servir si l'occasion s'en présente,
    Je suis Polichinelle
    Qui fait la sentinelle
    A la porte de Nesle.

« Quel que soit le pamphlétaire caché sous cette appellation fantastique, il demeure certain qu'en 1649, Polichinelle avait son théâtre établi sur la rive gauche de la Seine, vis-à-vis le Louvre, à la porte de Nesle, ce qui s'accorde exactement avec l'adresse du fameux joueur de marionettes, Brioché. »

Pulcinella, acteur napolitain.
(Extrait du *Magasin pittoresque*, 1831.)

La lettre de Polichinelle à Mazarin, œuvre d'un frondeur inconnu, montre jusqu'à quel point Brioché était répandu au sein de la population parisienne. On y trouve la phrase caractéristique qui suit : « Je puis me vanter sans vanité, messire Jules, que j'ai esté toujours mieux venu que vous du peuple et plus considéré de lui, puisque je lui ai tant de fois ouy dire de mes propres oreilles : « Allons voir Polichinelle ! » et personne ne lui a jamais ouy dire : « Allons voir Mazarin. » C'est ce qui fait que l'on m'a reçu comme un noble bourgeois dans Paris et vous, au contraire, on vous a chassé comme un poux d'Église. »

Ce n'était pas la seule fois que le nom de Mazarin devait être associé à celui des marionnettes.

En 1642, les Théatins, ordre religieux appelé à Paris par le cardinal, s'établissaient sur le quai Malaquest, aujourd'hui quai Voltaire. Dans leur église dont la première pierre fut posée le 28 novembre 1662, les Théatins prêchaient dans leur langue italienne, en faveur du ministre dont ils recevaient ouvertement les bienfaits.

JARRETIÈRES DE SOIE NOIRE, avec Polichinelles brodés. (Collection de M. O. Groussel.)

Mais la haine qu'on portait alors à Mazarin avait rejailli sur ses protégés. Dans une mazarinade anonyme, intitulée : *Le passeport et l'adieu de Mazarin, en vers burlesques*, et publiée à Paris, chez Claude Huot, en 1649, époque à laquelle Mazarin avait dû quitter la France, on trouve, à la page 3, ce qui suit :

Adieu donc, pauvre Mazarin,
Adieu, mon pauvre Tabarin,
Adieu, mon conseiller suprême,
Adieu, destructeur du caresme,
Adieu, peste du carnaval,
Adieu, beau mais meschant cheval,
Adieu, l'oncle aux mazarinettes,
Adieu, père aux marionnettes,
Adieu, l'autheur des Théatins.

Dans une autre mazarinade portant pour titre : *Lettre à Monsieur le Cardinal Burlesque*, signée Nicolas Le Dru et publiée également en 1649, chez Arnould Cotinet, à la page 7, l'abbé de Laffemas, car c'est lui qui signait Nicolas Le Dru, s'exprime ainsi :

Chacun va chercher son salut
Diversement au mesme but,
Car votre troupe théatine
Qui fait vœux d'être peu mutine,
Ne croyant point de seureté
En nostre ville et vicomté,

A fait Flandre, et dans des cachetes
A serré ses marionnettes
Qu'elle faisait voir cy-devant
Dans les derniers jours de l'Avant.

En marge de ces vers, l'auteur a imprimé la note suivante qui explique l'alliance contractée par les théatins avec les marionnettes :

« Les Théatins, outre la prédication qu'ils faisoient cet advent dernier en Italien, voulant émouvoir l'assemblée par les yeux aussi bien que par les oreilles, faisoict paroistre des petits personnages, pareils à ceux qu'on voit passer au-dessus de l'horloge du Marché neuf, quand les heures sonnent, pour représenter quelque histoire saincte. Ce qui tenoit plus de l'artifice de l'Italien que de la dévotion du François. »

Cette note est fort curieuse : elle fait voir que les Pères Théatins espéraient beaucoup de leurs prédications en les appuyant de petites figurines animées; elle montre, en outre, que les frondeurs traitaient injustement,

Frontispice
des *Mémoires pour servir à l'histoire des spectacles de la foire*,
par les frères Parfaict.

sans doute, mais plaisamment, ces petites figurines de marionnettes.

Le nom de Brioché évoque un passé plein de charmes et de gloire. C'est aux Brioché que les marionnettes à mains doivent, en France, la place considérable et méritée qu'elles ont occupée dans la vie de notre nation, pendant près de deux siècles.

La dynastie des Brioché est illustre.

Pierre Datelin, dit Brioché, est le premier d'entre eux ; il était à la fois arracheur de dents et joueur de marionnettes, au début du règne de Louis XIV. C'est à son théâtre que fait allusion Polichinelle dans sa lettre à Mazarin. Ce théâtre, en effet, était situé sur la place du Château-Gaillard, au bas du Pont-Neuf, en face la rue Guénégaud qui conduisait alors à un abreuvoir ouvert sur la Seine. Le Château-Gaillard, dont l'origine et la destination sont restées inconnues, était une tour ronde, dont le pied plongeait dans le fleuve; il a été démoli en 1655. Claude Le Petit, dans sa *Chronique scandaleuse ou Paris ridicule*, lui consacre quelques lignes :

> J'aperçois là-bas sur la rive
> Le beau petit Chasteau-Gaillard.
> Il faut bien qu'il en ait sa part,
> Puisqu'il est de la perspective.
> A quoy sers-tu dans ce bourbier?
> Est-ce d'abry, de colombier ?
> Est-ce de phare ou de lanterne,
> De quay, de port ou de soutien ?
> Ma foy, si bien je te discerne,
> Je croy que tu ne sers de rien.

POLICHINELLE DU THÉATRE DE LA FOIRE
ayant appartenu à du Mersan.
(Extrait du *Magasin pittoresque*, 1834.)

C'est là qu'eut lieu, alors que François, dit Fanchon Brioché, avait pris la direction du théâtre fondé par son père, le combat épique du singe Fagotin et de Cyrano de Bergerac, dont le souvenir a été conservé par une brochure intitulée : *Combat de Cirano de Bergerac contre le singe de Brioché*, et qui parut après la mort de l'enragé ferrailleur, survenue en 1655. Il paraît que Fagotin eut tous les torts; il avait osé regarder en grimaçant Cyrano, qui, ne pardonnant guère pareille insolence, avait mis immédiatement l'épée au clair; par imitation, le singe, en ayant fait autant, les lames se croisèrent, et l'infortuné Fagotin succomba vite dans cette lutte aussi folle qu'inégale.

Fagotin, qui fut cité par Molière et par La Fontaine et y gagna l'immortalité, avait longtemps amusé les Parisiens. Son costume a été décrit par l'auteur de la brochure mentionnée ci-dessus : « Il étoit grand comme un petit homme et bouffon en diable ; son maître l'avoit coiffé d'un vieux vigogne dont un plumet cachoit les fissures et la colle ; il luy avoit ceint le cou d'une fraise à la scaramouche ; il luy faisoit porter un pourpoint à six basques mouvantes, garni de passemens et d'aiguillettes, vêtement qui sentoit le laquéisme ; il luy avoit concédé un baudrier d'où pendoit une lame sans pointe. »

Pierre Datelin, dit Brioché, est né en 1567 ; il est mort, plus que centenaire, en 1671. Son fils, François Datelin, dit Fanchon Brioché, né en 1620 et mort en 1681, devint plus célèbre encore que ne l'avait été son père ; il lui avait succédé depuis longtemps, lorsqu'il fut appelé en 1669, à Saint-Germain-en-Laye, pour donner, « à raison de 20 livres par jour », des représentations en présence du Dauphin, fils de Louis XIV.

Il y eut encore deux Brioché dont la vie a été plus effacée : un second François, né en 1630, et Jean, né en 1632. Claude Brossette, dans le *Commentaire* sur la VIIe Épître de Boileau et, plus récemment, Émile Campardon, dans les *Spectacles de la foire,* les ont quelque peu confondus, mais Jal, dans son *Dictionnaire critique*, a établi de manière définitive la succession de cette famille intéressante, à l'aide des registres de la paroisse Saint-André, où elle habitait. On peut s'en rapporter à ses affirmations et je n'hésite pas à le faire.

Les succès extraordinaires obtenus par les Brioché leur suscitèrent bientôt de redoutables concurrents. Les frères Parfaict, dans les *Mémoires pour servir à l'Histoire des spectacles de la foire, par un acteur forain,* écrivent à ce sujet les lignes qui suivent :

« ... A la vérité, je trouve dans un ancien mémoire que M. de La Reynie, alors lieutenant de police, fit imprimer, dans le cours du procès qu'il eut avec les seigneurs de Saint-Germain-des-Prés, au sujet de la police et de la justice de cette foire, qu'en 1646 le sieur d'Aubray, lieutenant civil, accorda une permission à des danseurs de corde et joueurs de marionnettes ; que le même magistrat donna une pareille permission, en 1657, au nommé *Datelin,* entrepreneur de danseurs de corde, et qu'enfin M. de La Reynie donna une permission, le 31 janvier 1688, à *Archambault*, Jérôme *Artus* et Nicolas *Férou*, danseurs de corde et joueurs de marionnettes, qui s'établirent en conséquence dans le jeu de paume du nommé *Cercilly*, à la Fleur de lys. »

Jean-Baptiste Archambault, dont il est ici question, était devenu, dès 1663, le gendre de Pierre Datelin.

En 1676, s'était établi, au Marais, le *Théâtre des Pygmées*, où l'on voyait des marionnettes à fils, hautes de quatre pieds, glissant dans des rainures pratiquées sur la scène et maintenues en équilibre par des contrepoids. Elles avaient été rapportées d'Italie par un nommé La Grille.

M. Jules Claretie a retrouvé et publié dans *Molière, sa vie et ses œuvres*, le privilège accordé au propriétaire de la *Trouppe royale des Pygmées*, par le roi Louis XIV. Il est ainsi conçu :

LOUIS, par la grâce de Dieu, etc...

Notre bien-aimé Dominique Mormandin, Escuyer, sire de La Grille, nous ayant humblement fait remonstrer qu'il a trouvé une nouvelle invention de marionnettes qui ne sont pas seulement d'une grandeur extraordinaire, mais mesmes représentant des commédiens, avec des décorations et des machines imitant parfaitement la danse et faisant la voix humaine, lesquelles serviront non seulement de divertissement au public, mais serviront d'instruction pour la jeunesse.

Lui accordons Privilège de donner des représentations pendant le cours de vingt années, à dater du présent, dans nostre bonne ville et faux bourgs de Paris et par toutes autours telles bourgs et lieux de notre royaume qu'il jugera à propos.

Donné à Versailles, le 33ᵉ (sic) jour de mars, l'an de grâce 1675.

Signé : LOUIS.

Pour les débuts de sa troupe, La Grille avait fait représenter à ses pantins une tragi-comédie en cinq actes, avec chants, intitulée : *les Pygmées*. Ému de son succès qui fut grand, paraît-il, l'Académie royale de musique fit entendre d'énergiques réclamations qui durent être écoutées en haut lieu ; La Grille s'inclina et transforma son théâtre l'année suivante ; il l'appela le *Théâtre des Bamboches*.

Je trouve à son sujet, dans l'ouvrage de J.-B. Gouriet intitulé : *Personnages célèbres dans les rues de Paris*, et publié en 1811, une note dans laquelle il est question de Pierre de Laer, peintre hollandais, mort en 1675 :

« Il y eut un peintre hollandais nommé Laer ou Laar et surnommé *Bamboche*, à cause de la singulière conformation de sa figure. Parler ici d'un personnage honoré d'un tel surnom, c'est ne me point écarter de mon sujet. « Laer, disent les historiens, était d'une grande gaieté, « rempli de saillies, et tirait parti de sa difformité pour réjouir ses « amis, le Poussin, Claude le Lorrain, Sandrart, etc. ; c'était un vrai « farceur. » Ce seul mot fait le plus grand honneur à notre Hollandais ; mais on dit qu'un jour, aidé de quatre de ses amis, il s'avisa de noyer un prêtre qui l'avait surpris, ainsi qu'eux, mangeant de la viande en carême et les avait tous menacés de l'Inquisition. C'était, ce me semble, pousser l'esprit de la farce un peu loin ; ce qu'il y a de certain, c'est que notre plaisant passa tout à coup de la gaieté la plus folle à la plus noire mélancolie et, de ce moment, il échapperait à mon histoire, si le hasard ne lui avait pas donné des droits immortels à la reconnaissance de la postérité.

« Ce fut le père des marionnettes, ou plutôt celles-ci durent le jour à une imitation de son genre de talent. Laer ne s'exerçait que sur de petits sujets, il s'était acquis une grande réputation à peindre de très petites figures. En 1677, on éleva au Marais un tout petit théâtre sur lequel on fit jouer des enfants ; la scène semblait ainsi un tableau de Laer ; on donna aux acteurs le nom du peintre, et ce spectacle fut nommé un *Spectacle de Bamboches*. Les *Bambochades* attirèrent la foule pendant quelque temps : à Paris, la nouveauté fait toujours naître l'enthousiasme, mais l'enthousiasme parisien est un fils extrêmement tendre, qui ne peut jamais survivre à sa mère. Or, le jeu des acteurs marmots cessant d'être un spectacle neuf, cessa aussi de causer l'admiration et bientôt ce théâtre fut désert. Mais le théâtre des Bamboches était dirigé par deux hommes de génie qui trouvèrent un moyen de triompher de l'inconstance du public. Nos petits comédiens avaient, sans doute, un très médiocre traitement, encore fallait-il cependant les nourrir. Des maîtres étaient indispensables pour aider leur intelligence et leur apprendre leurs rôles ; ce n'était à chaque instant que pièces nouvelles, dont les auteurs voulaient toujours retirer une rétribution ou qui exigeaient sans cesse des frais de costumes.

« Les deux directeurs réfléchirent qu'ils pouvaient obvier à tous ces inconvénients; ils pensèrent judicieusement qu'en se formant une troupe d'acteurs de bois, ceux-ci seraient très faciles à nourrir; qu'en les costumant une fois pour toutes d'une manière bizarre qui servît à un certain nombre de pièces qu'ils composeraient eux-mêmes et qui formeraient tout leur répertoire, ils se verraient ainsi délivrés des auteurs, des costumiers et des maîtres de déclamation. Cette idée était lumineuse, elle fut aussitôt mise à exécution. L'un des associés présenta un cadre dramatique qui, à quelques variations près, pourrait se reproduire à l'infini et dont le fameux Polichinelle serait le héros principal; il lui adjoignit un Cassandre, un commissaire, un aveugle, un suisse à moustaches, un Scaramouche, une mère Simone, une dame Gigogne, un apothicaire, des archers et des diables. L'autre associé se chargea de faire fabriquer les artistes. Dès que la troupe fut arrivée de chez le tourneur, on l'habilla et elle fut convoquée en assemblée générale.

« ... Ainsi les rues de Paris s'enrichirent des marionnettes, dont le nom devait un jour être deux fois et si ingénieusement célébré sur la scène française. Le début produisit la plus vive sensation. L'associé auteur parlait et faisait mouvoir les fils, l'autre faisait le compère et interrogeait. De plus, il jouait du violon et à lui seul formait l'orchestre. Ce spectacle opéra des merveilles et se multiplia avec une rapidité inconcevable. Ne pouvant suffire à l'empressement du public, on prit le parti de supprimer les fils, et un homme caché, tenant ces acteurs par les jambes, les fit jouer en plein vent. Polichinelle, paraissant au-dessus d'un rideau, assomma son aveugle et ses archers, tout aussi adroitement qu'il les assommait sur son théâtre. Les regards parisiens ne se lassent point encore de contempler un si agréable divertissement; l'enthousiasme semble même s'accroître de jour en jour; je ne sais quel parti l'on prendra enfin. C'est là qu'en sont les choses... »

Le *Théâtre des Bamboches* dura peu, il succomba sous les réclamations de l'Opéra.

IV

LES FOIRES PARISIENNES

Les actrices et les acteurs des foires, à partir de 1678. — Origine des procès intentés aux théâtres forains par les comédiens français. Ce qu'en disent Le Sage et d'Orneval. — Ce qu'étaient les *Pièces à écriteaux*. — La foire de Saint-Clair. — La foire de Saint-Ovide. — Leurs emplacements et leur durée. — La foire de Saint-Germain. — Sa disposition. — La célèbre pièce burlesque de Scarron. — Un tableau de la foire Saint-Germain, par Neimeitz. — La foire Saint-Laurent. — Sa disposition intérieure, par M. A. Heulhard. — Le *Tracas de Paris*, de François Colletet. — Les jeux de marionnettes installés aux foires, de 1668 à 1775. — Le *Théâtre de la foire*, de Le Sage et d'Orneval. — *L'Ombre du cocher poète*.

Les *Mémoires* des frères Parfaict, que je citais tout à l'heure, embrassent les années 1697 à 1742 ; ils nous conduisent tout naturellement aux Foires parisiennes, dont l'existence est liée de la manière la plus étroite à l'histoire du théâtre en France. C'est là, en effet, à partir de 1678, qu'on commença à représenter de véritables œuvres dramatiques dans lesquelles prirent place des acteurs de talent dont les noms ont survécu aux foires elles-mêmes. Les actrices Maillard, Sallé, Petitpas, Delisle, les acteurs Dominique, Alard, Francisque, Desgranges, Romagnesi, sont de ce nombre.

Les troupes les plus connues sont mentionnées dans le *Calendrier historique des Spectacles de Paris*, de 1751 ; elles sont au nombre de dix, de 1697 à 1735. De leurs premiers succès datent les procès intentés par les comédiens français aux théâtres forains.

Le Sage et d'Orneval rappellent, dans la Préface du *Théâtre de la foire*, l'origine de ces procès interminables.

« Le Théâtre de la foire, disent-ils, a commencé par des farces que les danseurs de cordes mêloient à leurs exercices. On joua ensuite des fragments de vieilles pièces italiennes. Les comédiens françois firent cesser ces représentations qui attiroient déjà beaucoup de monde et obtinrent des arrêts qui faisoient défense aux acteurs forains de donner aucune comédie par dialogue ni par monologue. Les forains ne pouvant plus parler, eurent recours aux écriteaux : c'est-à-dire que chaque acteur avait son rolle écrit en gros caractères sur du carton qu'il présentoit aux yeux des spectateurs. Ces inscriptions parurent d'abord en prose. Après cela on les mit en chansons, que l'orchestre jouait et que les assistans s'accoutumèrent à chanter. Mais, comme ces écriteaux embarrassoient sur la scène, les acteurs s'avisèrent de les faire descendre du ceintre...

« Les forains, voyant que le public goûtoit ce spectacle en chansons, s'imaginèrent avec raison que si les acteurs chantoient eux-mêmes les vaudevilles, ils plairoient encore davantage. Ils traitèrent avec l'Opéra qui, en vertu de ses patentes, leur accorda la permission de chanter. On composa aussitôt des pièces purement en vaudevilles et le spectacle alors prit le nom d'Opéra-Comique. On mêla peu à peu de la prose avec les vers, pour mieux lier les couplets, ou pour se dispenser d'en trop faire de communs : De sorte qu'insensiblement les pièces devinrent mixtes. Elles étoient telles, quand l'Opéra-Comique a enfin succombé sous l'effort de ses ennemis, après en avoir toujours été persécuté...

L'histoire de ces luttes épiques, où les adversaires en présence employaient chaque jour des ressources et des armes nouvelles, a été souvent écrite. Je n'en veux retenir ici que la note suivante, relative aux *pièces à écriteaux*, qui a été insérée dans le tome Ier du *Théâtre*, en tête de *Arlequin, roi de Serendib*; elle est ainsi conçue :

« Les écriteaux étoient une espèce de cartouche de toile roulée sur un bâton, et dans lequel étoit écrit en gros caractère, le couplet, avec le nom du personnage qui auroit dû le chanter. L'écriteau descendoit du ceintre et étoit porté par deux enfans habillez en amours, qui le tenoient en support. Les enfans suspendus en l'air par le moyen des contrepoids, déroulaient l'écriteau; l'orchestre jouoit aussitôt l'air du couplet et donnoit le ton aux spectateurs qui chantoient eux-mêmes ce qu'ils voyoient écrit, pendant que les acteurs y accomodoient leurs gestes. »

Les foires parisiennes sont toutes restées célèbres, et ont donné lieu à la publication d'une quantité considérable d'opuscules intéressants. Les moins importantes étaient celles de Saint-Clair et de Saint-Ovide.

La foire de Saint-Clair avait lieu dans l'étendue de la rue Saint-Victor ; elle ouvrait le 18 juillet et durait au moins huit jours. On y voyait surtout des animaux curieux et des théâtres de marionnettes à mains.

La foire de Saint-Ovide, qui ouvrait le 15 août et durait jusqu'au 9 octobre, se tenait primitivement sur la place Vendôme, puis, à partir de 1773, sur la place Louis XV (place de la Concorde). François-Paul Nicolet, Richard, Garnier dit le Menteur, y avaient des jeux de marionnettes ; Carlo Perrico y montrait des *fantoccini*, c'est-à-dire des marionnettes à fils.

La foire Saint-Germain, la plus belle et la plus aristocratique des foires de Paris, est la plus ancienne. On la trouve mentionnée comme appartenant à l'abbaye de Saint-Germain-des-Prés, en 1176 ; elle existait encore en 1433 et durait dix-huit jours à partir du mardi de Pâques. Pendant longtemps elle

COSTUME DE POLICHINELLE EN 1722
J'en valons bien d'autres. Frontispice de la pièce : *L'Ombre du cocher poète*.
(Extrait du *Théâtre de la foire*, de Le Sage et d'Orneval.)

disparaît, mais on la retrouve en 1482, époque à laquelle Louis XI, en dédommagement des pertes subies par les religieux de Saint-Germain-des-Prés à la suite des guerres anglaises, la rétablit et fixe son emplacement sur les jardins du roi de Navarre, c'est-à-dire sur l'emplacement actuel du marché Saint-Germain. Au XVIII° siècle, elle ouvrait le 3 février et durait jusqu'au dimanche de la Passion.

Construite vers l'année 1510, sur les plans de l'abbé Guillaume

Briçonnet, la foire Saint-Germain avait la forme d'un rectangle terminé à ses extrémités par deux pignons. Les loges composant la foire étaient au nombre de trois cent quarante, séparées par cinq allées dans le sens de la largeur, et par six rues : de *Paris*, de *Picardie*, de *Normandie*, de la *Lingerie*, *Mercière* et *Chaudronnière*, dans le sens de la longueur. Chacune des loges était surmontée d'une petite chambre habitable.

Scarron, dans sa célèbre pièce burlesque *la Foire Saint-Germain*, qu'il dédia à son protecteur Gaston d'Orléans, frère de Louis XIII, et qu'il publia en un opuscule in-4° de 19 pages, en 1643, n'a garde d'oublier les marionnettes qu'il y vit :

> Sangle au dos, baston à la main,
> Porte-chaise, que l'on s'ajuste ?
> C'est pour la foire Saint-Germain :
> Prenez garde à marcher bien juste ;
> N'oubliez rien, montrez-moy tout ;
> Je la veux voir de bout en bout,
> Car j'ay dessein de la descrire.
> Muse au ridicule museau,
> De qui si souvent le nazeau
> Se fronce à force de rire,
> Muse qui regis la Satyre,
> Viens me reschauffer le cerveau !
>
> . . . .
>
> Ces cochers ont beau se haster
> Ils ont beau crier : Gare ! gare !
> Ils sont contraints de s'arrester ;
> Dans la presse rien ne démare.
> Le bruit des penetrans sifflets,
> Des flustes et des flageolets,
> Des cornets, hautsbois et musettes,
> Des vendeurs et des achepteurs,
> Se mesle à celuy des sauteurs
> Et des tabourins à sonnettes,
> Des joüeurs de marionnettes,
> Que le peuple croit enchanteurs.
>
> . . . .

M. Alfred Franklin, dans sa précieuse collection de documents sur *la Vie privée d'autrefois*, a publié un ouvrage imprimé à Leide, en 1727, chez Jean van Abcoude, sous le titre : *Séjour de Paris*, *c'est-à-dire : Instructions fidèles pour les voiageurs de condition, comme ils se doivent conduire, s'ils veulent faire un bon usage de leur tems et argent durant leur séjour à Paris*, par le Sr J.-C. NEMEITZ.

Dans cet ouvrage peu répandu, se trouve un tableau de la foire Saint-Germain, qui m'a paru pouvoir trouver en partie sa place ici :

« .... A la foire Saint-Germain, on trouve les plus belles denrées, les plus riches vêtemens des fabriques de Paris ; seuls, les livres ne s'y vendent pas, et la plus grande partie des marchandises consiste en galanteries, confitures et café.

La foule n'y arrive pas avant huit heures du soir, alors que les spectacles et les danses de corde sont finies. Toutes les boutiques sont éclairées par des chandelles très bien rangées, et à ce moment la presse est si grande qu'on a de la peine à se frayer un passage. Là, tout est pêle-mêle, maîtres, valets et laquais ; filous et honnêtes gens se coudoient. Les courtisans les plus raffinés, les filles les plus jolies, les filous les plus habiles sont comme entrelacés ensemble. Toute la foire est, d'une extrémité à l'autre, pleine de monde. Ceux qui sont seuls ou inoccupés se placent dans une boutique et, de là, ils regardent les passans. Ceux qui sont en compagnie, surtout ceux qui sont avec des dames, s'asseyent dans une boutique et achètent un objet pour le jouer. Celui qui gagne, le garde, ou, s'il est galant, l'offre à une des dames présentes. Il faut faire ses achats de jour, car le soir il est difficile de marchander, gêné que l'on est par la foule. Il y a d'autres boutiques où l'on joue aux dés, divertissement très aimé de quelques personnes, et qui rapporte beaucoup de profit au maître de la boutique. Après dix heures, chacun se retire dans son quartier, et l'on ferme toutes les portes.

.... Outre les danseurs de corde, il y a à la foire quelques mon-

DESCHARS
En habit de Polichinelle, au divertissement de Villeneuve - Saint - Georges, d'après une estampe du xviiie siècle.
(Collection de M. O. Grousset.)

treurs de marionnettes. Ces gens font un terrible vacarme quand on passe, car les querelles n'y sont pas rares. Il y a quelques années, un de ces aventuriers fut particulièrement heureux ; il représentoit la victoire de Denain et le maréchal de Villars, visitant la foire, voulut entrer dans la boutique. Tout le monde suivit l'exemple de ce grand seigneur, et comme la salle ne pouvait contenir une si grande foule, le maître des marionnettes fut obligé de répéter la pièce cinq ou six fois le même soir, tandis que les autres, peut-être aussi habiles, ne purent attraper un seul spectateur. Voilà les caprices des badauds de Paris. Le Polichinelle est quelquefois assez grossier et assez lourd, n'empêche que les dames de qualité elles-mêmes vont souvent voir ce spectacle.... »

Détruite par un incendie, le 17 mars 1763, la foire Saint-Germain fut réédifiée sur des plans moins somptueux et disparut au début de la Révolution.

La foire Saint-Laurent, dont M. Arthur Heullard a écrit l'histoire, ne remonte guère au delà de 1344 ; c'est à cette époque qu'on en trouve la trace dans un document authentique signé de Philippe VI. Au XVIIIe siècle, elle s'ouvrait généralement le 9 août, veille de la Saint-Laurent, et finissait le 29 septembre, jour de la Saint-Michel ; quelquefois elle ouvrait le 25 juillet. Tenue anciennement entre Paris et le Bourget, elle se rapprocha de l'église Saint-Laurent et s'installa définitivement sur les terrains occupés de nos jours par la Compagnie du chemin de fer de l'Est.

M. Heullard a donné le plan de la foire Saint-Laurent en 1743. Elle ne comptait que deux cent soixante loges environ. Dans le sens de sa largeur, elle était divisée par les rues : *Neuve-Saint-Lazare*, *Saint-Louis*, *Saint-Laurent*, *Saint-François* et des *Trois Pavillons*; dans le sens de sa longueur, elle avait également cinq rues : *Saint-Lazare*, *Royale*, *Dauphine*, *Princesse* et de *la Lingerie*. On y accédait par deux passages sur la rue du Faubourg-Saint-Denis et par deux autres passages sur la rue du Faubourg-Saint-Martin.

Si l'on en croit le *Tracas de Paris*, ouvrage publié en un petit volume in-12, pendant l'année 1666, par François Colletet, la foire Saint-Laurent n'était pas un lieu très sûr :

LA FOIRE DE COBLENTZ ou les grands *fantoccini* françois. Estampe de 1790.

1. Le Compère Léopold faisant jouer le mannequin Condé en Mezettin (Léopold II, empereur d'Allemagne, frère de Marie-Antoinette. — 1747-1792.)
2. Monseigneur en Pierrot faisant des lazzis (Le Comte de Provence, depuis : Louis XVIII. — 1755-1824.)
3. Son frère faisant fonction d'aboyeur. (Le Comte d'Artois, depuis : Charles X. — 1757-1836.)
4. Le Tolpach Lambesc ou l'arracheur de dents vendant le baume. (Charles-Eugène, duc d'Elbeuf, prince de Lambesc. Parent de Marie-Antoinette. — 1751-1825.)
5. Musicien donnant une fanfare. Personnage sans importance.)
6. Le cousin Bourbon ou Scaramouche faisant danser la bergère des Bosquets. (Louis-Joseph de Bourbon, Prince de Condé. — 1736-1818.)
7. L'Abbesse de Remiremont distribuant les billets. (Louise-Adélaïde de Bourbon-Condé, fille du précédent. — 1757-1824.)
8. Mirabeau-Tonneau jouant du pipeau. André-Boniface-Riquetti, Vicomte de Mirabeau, frère puîné de l'orateur. 1754-1792.
9. Mme de Balb... La Comtesse de Balbi, maîtresse du comte de Provence. — (1753-1842.)
10. M. de Calonne. Charles-Alexandre de Calonne, contrôleur général des finances sous Louis XVI. — 1734-1802.)
11. Le fameux Gust... faisant le Contre-poids. (Gustave III, roi de Suède. — 1746-1792.)

. . . .
Remarque un peu dans cette rüe,
Sur ce théâtre, deux coquins,
Vestus comme des harlequins,
Avec trois guenilles de linge,
Qui font sauter un pauvre singe,
Et grimper dessus un baston,
Afin de gaigner le teston?
On entre dedans leurs logettes.
Pour y voir des marionnettes,
Et cependant que l'on est là,
Longtemps droit comme un quinola,
Attendant que le jeu commence,
Empressé de l'un qui s'avance,
D'un autre qui pousse et veut voir,
Sans pour aucun respect avoir :
Des gens qui portent la rapière,
Qui marchent d'une mine fière,
Meslez parmy les spectateurs,
Et qui font les admirateurs,
Glissent les doigts, sans vous le dire,
Au fonds de vostre tirelire,
Autrement dite le gousset,
Si bien que vous le trouvez net.
. . . .

Ce sont ces deux dernières foires, où la foule se porta pendant de longues années, qui ont exercé l'influence la plus considérable sur l'art théâtral français et plus spécialement sur le développement des jeux de marionnettes en France ; elles sont restées comme leur patrie d'adoption. A ce propos, les frères Parfaict écrivent :

« Je ne sais rien de plus détaillé, au sujet des foires de Saint-Germain et de Saint-Laurent, que ce qu'en dit Sauval dans ses *Antiquités de Paris*. J'ajouterai seulement qu'il se passa un très long temps avant qu'il s'y introduisît des spectacles de quelque genre que ce fût. Je crois que les marionnettes ont eu l'avantage de l'ancienneté. Scarron en parle dans sa description burlesque de la foire Saint-Germain. Comptons-y le fameux Brioché, qui y transporta ses machines. Il fut suivi de beaucoup d'autres dans le même genre. »

Outre Brioché, en effet, en compulsant les ouvrages des frères Parfaict, d'Émile Campardon et d'Arthur Heulhard, je trouve, installés aux foires, les jeux de marionnettes de :

Jérôme (1668); Aubry (1678); Alexandre et Jean Bertrand (1684); François Letellier (1685); Charles Legrand (1689); Gilles Tiquet et Pierre Michu (1705); les frères Nicolas Bienfait (1717); Terradoire (1717); John Riner, pour qui Le Sage, d'Orneval et Fuzelier ont écrit une harangue de Polichinelle au public (1726); Guillaume Nicollet et sa femme Jeanne Marlont (1742); Boursault (1742); Jean Prévost (1749); Levasseur, directeur des *Comédiens praticiens* (1749); Jean-Baptiste Nicolet, fils aîné (1753); Maisonneuve (1754); Sauval (1754); Jean-Baptiste Ricci (1762); Carlo Perico (1762); Pierre Second (1762); Guilliau (1775); Audinot (1769); François-Paul Nicolet, fils cadet (1773); Télocin (1775); Ambroise, Directeur du *Théâtre des récréations de la Chine* (1775).

On voyait à ce dernier théâtre « la voûte azurée et l'aurore s'annoncer par l'épanouissement des rayons d'un soleil levant ». Des marionnettes terminaient la représentation de ce petit spectacle où « les ecclésiastiques pouvaient venir sans scrupules ».

Que de choses ont été dites, soit sur les théâtres des foires, soit sur ces petites scènes où s'agitaient, tantôt de véritables acteurs, tantôt de simples pantins. Les œuvres qu'ils interprétaient sont justement oubliées aujourd'hui et un grand nombre d'entre elles n'a même pas été conservé.

Prenons un exemple de cette littérature dans le *Théâtre de la foire* de Le Sage et d'Orneval; nous y trouverons le souvenir de la farce ou de la satire un peu libres auxquelles se complaisaient nos aïeux.

Les dix volumes du *Théâtre de la foire*, avec les airs numérotés et notés à la fin de chaque volume, renferment quatre-vingt-douze pièces; parmi elles, malgré le peu d'intérêt qu'elle offre, j'ai choisi, préférablement à toute autre, l'*Ombre du cocher poëte* qui forme le *prologue du Rémouleur d'amour* et de *Pierrot Romulus*. En tête de ce prologue, Le Sage a placé l'*Avertissement* suivant qui explique et justifie mon choix; il s'agit en effet de pièces jouées par des marionnettes.

« Les auteurs de l'Opéra-Comique, voyant encore une fois leur spectacle fermé, plus animez par la vengeance que par un esprit d'intérêt, s'avisèrent d'acheter une douzaine de marionnettes et de loüer une loge, où, comme des assiégés dans leurs derniers retranchemens, ils rendirent encore leurs armes redoutables. Leurs ennemis, poussez

POLICHINELLE PRÈS LE PONT DES ARTS
par MARLET, 1835. (Collection de M. O. Grousset.)

d'une nouvelle fureur, firent de nouveaux efforts contre Polichinelle chantant; mais ils n'en sortirent pas à leur honneur. »

C'est à ces querelles incessantes que Le Sage et d'Orneval ont voulu faire allusion quand, contraints d'employer les marionnettes, en 1722, ils ont fait peindre sur le rideau du théâtre, alors dirigé par Delaplace et Dolet, un Polichinelle avec cette devise : *J'en valons bien d'autres*.

L'OMBRE DU COCHER POËTE

Représenté par les marionnettes étrangères, à la foire de S. Germain, 1722.

Le théâtre représente le Pont-Neuf. Il y a, dans l'un des côtez, une boutique de savetier. On y voit le compère Gervais, la bouteille à la main, qui chante, en apostrophant sa linotte.

SCÈNE PREMIÈRE.

Le Compère, seul.

Sur l'air 83. (*La tontine est une méthode.*)

Petit oiseau, qui dans ta cage,
Chantes le soir et le matin,
Tu chanterais bien davantage,
Si tu buvais (*bis*), de ce bon vin.
Tu chanterais bien davantage,
Si tu buvais de ce bon vin.

SCÈNE II.

Le Compère, Polichinelle (*en guêtres et un bâton à la main*).

Polichinelle, *à part*. — O che fatiga! Me voici donc arrivé à Paris par la commodité de mes sabots, comme un apprenti financier.

Le Compère, *courant embrasser Polichinelle*. — Eh! C'est le compère Polichinelle.

Polichinelle, *faisant deux pas en arrière*. — Vous êtes bien familier, mon ami! Est-ce que nous aurions gardé les cochons ensemble?

Le Compère. — Je vous demande pardon, monsieur. J'ai pris votre nez pour mes fesses. Je vous ai cru le Polichinelle de Paris.

Polichinelle. — Non. Je suis le Polichinelle de Rome.

Le Compère. — Quoi, vous seriez ce Jean Polichinelle de Rome, oncle et légataire universel de madame Perrette la Foire?

Polichinelle. — Oüi, vraiment.

Le Compère. — Vous venez, sans doute, recueillir sa succession ?

Polichinelle. — C'est mon dessein. Je viens tenir sa place à Paris.

Le Compère, *lui prenant la main*. — Pargoi, j'en suis ravi ! Vous allez devenir mon compère, car je le suis de tous les Polichinelles passés, présents et à venir.

Polichinelle. — A la bonne heure.

Le Compère. — Avez-vous des acteurs ?

Polichinelle. — J'en ai un quarteron.

Le Compère. — Sont-ils bons ?

Polichinelle. — Pas mauvais. Mais si par hazard il s'en trouve quelqu'un qui déplaise au public, je vous le jette aussitôt au feu, et j'en fais faire un autre.

Le Compère. — Cela est commode. On se défait comme cela facilement d'un mauvais acteur.

Polichinelle. — Et on n'est point obligé de lui faire une pension.

Le Compère. — Mais puisque vous êtes héritier de la Foire, vous jouerez donc des pièces en vaudevilles ?

Polichinelle. — Bien entendu.

Le Compère. — Vos camarades ont de la voix, apparemment ?

Polichinelle. — Pas tant que moi ; mais ils l'ont assez jolie.

Le Compère. — Vous me donnez envie de vous entendre. Voyons un peu quelle voix vous avez ; lâchez-moi un ton seulement.

Polichinelle. — Voulez-vous un ton majeur ou un ton mineur ?

Le Compère. — Celui que vous voudrez.

Polichinelle. — Écoutez. (*Il p.....*).

Le Compère. — Fi ! le vilain !

Polichinelle. — Comment vilain ? Hé, ne savez-vous pas bien que les p... sont à Polichinelle, ce que les coups de batte sont à Arlequin ? Arlequin bâtonne, Polichinelle p.... ; c'est ce qui les caractérise.

Le Compère. — D'accord ; mais donnez-moi un ton du gosier d'en haut.

Polichinelle. — Oüi dà. (*Il prélude d'un ton fort enroué.*)

Le Compère. — Ah ! quelle voix !

Polichinelle. — Vous êtes bien délicat, Compère ! Il n'y en a pas une pareille à l'Opéra.

Le Compère. — Ma foi, je vous conseille de renoncer à la succession.

Polichinelle. — Pourquoi donc ?

Le Compère. — Hé, que diable, vous chantez comme un crapaud.

Polichinelle. — Hé bien, si nous ne pouvons pas chanter, nous parlerons.

Le Compère. — Vous ne gagnerez pas de l'eau à boire. Les Parisiens, rassasiez d'Opéra et de comédies, vont à la Foire prendre des vaudevilles, comme une petite goutte de *cette affaire*.

Polichinelle. — Me voilà donc bien avancé.

Le Compère, *regardant derrière lui d'un air effrayé*. — Qu'est-ce que je vois là ?

Polichinelle. — La vilaine figure !

Le Compère, *se sauvant*. — Eh ! c'est le diable !

SCÈNE III.

Polichinelle, Gribouri, *enchanteur*.

Polichinelle, *voulant fuir*. — Sauve qui peut.

Gribouri, *le touchant de sa baguette*. — Arrête, Polichinelle. Arrête ! Tu fuis le meilleur de tes amis.

Polichinelle, *tremblant*. — Eh ! Monsieur, ce n'est pas moi !

Gribouri. — Je suis l'enchanteur Gribouri.

Polichinelle. — Ahi ! ahi ! ahi ! ahi ! ahi !

Gribouri. — Air 60. (*Je ne suis pas si diable*.)

> Que ma mine effroyable
> Ne te fasse pas peur.
> En ami secourable
> Je viens pour ton bonheur,
> De mon art admirable
> Employer le pouvoir.
> Je ne suis pas si diable
> Que je suis noir.

(*Parlé*). Je t'apporte des pièces en vaudevilles.

Polichinelle. — Que voulez-vous que nous en fassions ? Nous ne savons pas chanter.

Gribouri. — Que cela ne t'embarrasse pas. Fais seulement venir tes camarades.

Polichinelle. — J'y cours... Mais les voici.

SCÈNE IV.

Polichinelle, Gribouri, Pierrot, Arlequin, Colombine.

Polichinelle. — Mes enfans, vous voyez un grand enchanteur, qui veut bien faire quelque diablerie pour nous.

Gribouri. — Oüi. Vous pouvez compter sur moi.

Arlequin. — Nous vous sommes bien obligez.

Gribouri. — Pour vous donner le talent qui vous manque, je vais évoquer l'Ombre poétique du célèbre Cocher, qui a si longtems entretenu les opéras ambulans de Paris par ses *Turclure*.

Pierrot, *effrayé*. — Mais prenez bien garde à ce que vous allez faire, au moins.

Gribouri. — Ne craignez rien. (*Il fait avec sa baguette des gestes cabalistiques en prononçant ces paroles :*)

      Mirlababi, Serlababo,
      Mirlababibobette.

(*Il chante ensuite*). Air 43. *Folies d'Espagne.*

    Grand Apollon de la Samaritaine,
    Fameux Cocher, père des Livres bleus,
    Tes *Laire la*, tes *Diguedon dondaine*,
    A tout jamais vivront chez nos neveux.

Air 15. (*Je ne suis né ni Roy, ni Prince*).

    Devant ta burlesque éloquence,
    Tout rimeur doit baisser la lance ;
    Et comme on garde à Montpellier
    De Rabelais la Siquenille,
    Dans le poétique Atelier
    Les Muses gardent ta mandille.

Air 34. (*Je suis la fleur des garçons du village.*)

    Sors des enfers...

Colombine, *poussant un grand cri*. — Ah !

Polichinelle. — Hoïmé !

Arlequin. — *Poverelto mi !*

Pierrot. — Miséricorde !

Gribouri. — Rassurez-vous. (*Il reprend l'air commencé.*)

    Sors des enfers, où l'on t'a mis, sans doute,
      Près du célèbre Anacréon ;
    A ces acteurs, viens enseigner la route
      De ton chansonnier Hélicon.

Pierrot. — Hé ! Y-allons donc vite, Monsieur le fiacre des Muses ! *Dia-hur-hiau !*

Gribouri. — Tais-toi donc avec ton *Dia-hur-hiau !* Il semble que tu parles à un boûeur.

    (*Il sort des flammes de dessous le théâtre.*)

Colombine. — Que de feux sortent tout à coup de la terre !

Polichinelle. — *Sommo perduti!*

Arlequin. — Au feu! Au feu!

Pierrot. — Les pompes! Les pompes! Elles viendront quand nous serons rôtis!

Gribouri. — Paix donc, braillards! Laissez-moi achever.

Polichinelle. — Voilà bien des cérémonies, pour faire venir un cocher.

Gribouri — Air 64. (*Y-avance, Y-avance.*)

    Rotomago, double le pas;
    Viens donc, cocher, ne tarde pas;
    Nous implorons ton assistance.
    Y-avance, y-avance, y-avance,
    Honore nous de ta présence.

(*Parlé.*) Il va venir.

    (*On entend claquer un fouet.*)

    Air 5. (*Quand le péril est agréable.*)

    J'entends déjà son fouet qui claque.
    Nous l'allons voir. Il est bien près.
    Le voilà. Je le reconnois.
    A sa verte casaque.

Arlequin. — Il est jaune et verd.

Pierrot. — Il faut qu'il soit fils de quelque perroquet.

SCÈNE V.

Gribouri, Polichinelle, Arlequin, Pierrot, Colombine, Le Cocher, *en habit et casaque verds, avec un galon aurore et un fouet à la main.*

Le Cocher, *à Gribouri.* — Air 20. (*Allons, gay.*)

    Ta voix s'est fait entendre
    Jusqu'au fond des Enfers;
    Je viens ici me rendre
    Pour te chanter mes airs:
    Allons, gay,
    D'un air gay, etc.

Pierrot. — Ma foi, voilà un bon vivant de trépassé.

Gribouri, *au cocher.* — Air 85. (*Appren-moi, cher amant.*)

    Mets cette troupe mal-habile
    En état de briller ici;

Appren-leur, cher ami,
Comme on fait, comme on dit un vaudeville ;
Appren-leur, cher ami,
A chanter sol-*fa-mi*.

Le Cocher. — Air 86. (*J'offre ici mon savoir faire.*)

Puisqu'ainsi tu le souhaites,
Je les prend pour mes écoliers ;
J'en ferai de bons chansonniers,
Et je les rendrai tous poëtes.
J'en ferai de bons chansonniers,
Et je les rendrai tous poëtes.

Pierrot. — Si vous faites ça, la vache est à nous.
Gribouri, *au cocher*. — Air 39. (*Flon, flon.*)

Donnez sur les épaules
Deux ou trois coups de foüet
A chacun de ces drôles,
Le charme sera fait.

Le Cocher, *leur donnant de son foüet :*

Flon, flon
Larira dondaine,
Flon, flon
Larira dondon.

Polichinelle, *serrant les épaules.* — Tout beau, Monsieur le Cocher, tout beau ! Me prenez-vous pour un cheval rétif ?
Pierrot, *portant la main à son gosier.* — Ahi ! ahi ! Je sens quelque chose qui me chatoüille là.
Arlequin. — Je ne sais ce qui me démange dans la gorge.
Gribouri. — Ha ! ha ! C'est le foüet qui a opéré.
Pierrot. — Air 87. (*Un certain, je ne sais qu'est-ce.*)

Quel changement se fait en moi,
Par la vertu diablesse !
Ma langue prend de la souplesse,
Et dans mon gosier, par ma foi,
Je sens un certain je ne sais qu'est-ce,
Je sens un certain je ne sais quoi.

Gribouri. — C'est la voix qui te gagne. Et toy, Arlequin ? Voyons à présent comme tu chantes.
Arlequin. — Air 18. (*Lonlanla, derirette*).

Soit par bé quarre ou par bé mol,
Je chante comme un rossignol,
   Lonlanla, derirette.
Ah ! que je vais être applaudi !
   Lonlanla, deriri.

Gribouri. — Fort bien.

Polichinelle. — Qu'on m'écoute aussi.

Air 79. (*Le long de çà, le long de là.*)

Ce feu meneur de carosse
Vient de me rendre savant.
Ma voix, comme un pois sans cosse,
Va rouler dorénavant
   Le long de çà,
   Le long de là,
Le long de ma bosse,
Par derrière et par devant.

Gribouri. — Cela est à merveille.

Polichinelle. — Quel plaisir de savoir chanter.

Le Cocher. — Çà, mes enfans, vous êtes à présent en état de faire revivre l'Opéra-Comique. Vous allez attirer tout Paris.

Pierrot. — Peste !

Gribouri. — Je vais pour cela leur donner deux pièces tirées du Magazin de la nièce de Polichinelle. L'une, intitulée : *Le Rémouleur d'amour*, et l'autre : *Pierrot Romulus*.

Pierrot. — Je crois que cela sera drôle.

Air 88. (*Ho ! ho ! Tourelouribo.*)

Du fameux cocher, chantons la gloire.

Chœur.

Ho-ho !
Tourelouribo.

Pierrot.

Nous allons, s'il faut l'en croire,

Chœur.

Ho-ho !
Tourelouribo.

Pierrot.

Triompher à cette foire.

Chœur.

Ho-ho-ho !
Tourelouribo.

Air (*Parodie de Phaéton.*)

Le cocher qui nous fait braire
N'a rien fait qui n'ait su plaire.
Chantons, ne cessons jamais
De publier ses couplets.

Gribouri. — O vous, Citoyens du Pont-Neuf ! venez tous rendre hommage au fameux poète du cheval de bronze.

(*L'orchestre joue l'air : Flon, Flon.*)

Polichinelle. — Ils vont paraître. J'entends *Flon, flon,* la marche du Pont-Neuf.

SCÈNE VI ET DERNIÈRE.

Les Acteurs de la scène précédente, l'Espagnolette, l'Opérateur, son mari, *chacun sur leur petit cheval.* Un Portefaix, une Crieuse de vieux chapeaux, un Tisanier, un Décrotteur, le petit Trompette, le Chansonnier, *avec son habit de plumes et son coq en tête. Ils arrivent tous en dansant. Après qu'ils ont dansé, le cocher leur dit :*

Le Cocher. — Avant que je retourne aux enfers, je veux vous laisser un nouveau vaudeville de ma façon. Écoutez.

Air 89. (*Des Poètes.*)

PREMIER COUPLET.

Grands auteurs, quittez la Lyre,
Et cessez de travailler ;
A présent, on aime à rire ;
Le sublime fait bâiller.
  C'est le tic, tic, tic,
  C'est le tic du public.

Chœur.

C'est le tic, etc.

DEUXIÈME COUPLET.

Pierrot.

Dans ce temps joyeux, les belles
N'ont plus de tristes momens ;

Et comme des sœurs jumelles
Vivent avec leurs mamans ;
　　C'est le tic, tic, tic,
　　C'est le tic du public.

CHŒUR.

C'est le tic, etc.

TROISIÈME COUPLET.

L'ESPAGNOLETTE.

On aime et l'on boit bouteille
Sans appréhender le hic ;
Avec le dieu de la treille
Cupidon vit à pic-nic.
　　C'est le tic, tic, tic,
　　C'est le tic du public.

CHŒUR.

C'est le tic, etc.

QUATRIÈME COUPLET.

POLICHINELLE, *aux spectateurs*.

Qu'une affluence éternelle
Soit chez les acteurs de bois ;
Et que de Polichinelle
L'on dise tout d'une voix :
　　C'est le tic, tic, tic,
　　C'est le tic du public.

CHŒUR.

C'est le tic, etc.

V

LES MARIONNETTES
ET LEURS PROTECTEURS AUX XVIIe, XVIIIe ET XIXe SIÈCLES

Une *Historiette* de Tallemant des Réaux, en 1650. — Henri de Lorraine et Mlle de Pons. — Une lettre de Bossuet à M. de Vernon, en 1686. — Le comte Antoine Hamilton et les marionnettes. — Charles Perrault et le conte de Peau d'âne. — Les fêtes données à Sceaux par la duchesse du Maine. — Malézieu, leur ordonnateur. — Lettre de Mme de Maintenon à la princesse des Ursins, en 1713. — Une harangue de *Polichinelle*, en 1726. — Voltaire et les marionnettes, à Cirey. — Correspondance de Mme de Graffigny avec Devaux. — Couplets de Voltaire chantés par *Polichinelle* au comte d'Eu, à Sceaux. — Représentations données par Mlle Pélicier, de l'Opéra, à ses amis — Avis publié par les affiches de Boudet, en 1749. — Pierre III et les marionnettes. — Une exécution militaire. — Un admirateur de la musique de Verdi, en 1898. — Les marionnettes lyriques de G.-L. Duprez à Valmondois et aux Tuileries, en 1861. — Marionnettes chantantes à la foire de Neuilly.

Les marionnettes ont eu, surtout au XVIIe et au XVIIIe siècles, dans la société française la plus élégante et la plus aristocratique, de puissants et sincères protecteurs. Elles étaient certainement célèbres en 1650, ainsi que le montre une *Historiette* de Tallemant des Réaux, touchant Henri de Lorraine, duc de Guise, petit-fils du Balafré et sa maîtresse Mlle de Pons :

« M. de Reims, aujourd'hui M. de Guise, est un des hommes du monde le plus enclin à l'amour... On disoit qu'à une collation à Meudon il fit venir des marionnettes et des joueurs de passe-passe et que le bateleur au lieu de dire à son chien : *Pour le roi de France*, disoit : *Allons, pour Mademoiselle de Pons* et qu'au lieu du *roi d'Espagne*, il disoit: *Pour Madame de Bossut.* »

Vers 1669, le goût des divertissements qu'offraient Polichinelle et ses compagnons se répandit de manière plus générale, il avait suffi pour cela que Brioché fût appelé à Saint-Germain avec mission de récréer les enfants de France; c'est de ce moment que date le succès sans cesse grandissant des marionnettes françaises. Elles n'ont rencontré qu'un ennemi : Bossuet, qui écrivait à M. de Vernon, procureur du roi au présidial de Meaux en 1686 : « Pendant que vous prenez tant soin à réprimer les mal-convertis, je vous prie de veiller aussi à l'édification des catholiques, et d'empêcher les marionnettes, où les représentations honteuses, les discours impurs et l'heure même des assemblées portent au mal. Il m'est bien fâcheux, pendant que je tâche à instruire le peuple le mieux que je puis, qu'on m'amène de tels ouvriers, qui en détruisent plus en un moment que je n'en puis édifier par un long travail. »

Mais, pour un esprit chagrin, que d'amis empressés, que de sympathies actives !

Le brillant comte Antoine Hamilton, qui avait suivi à Saint-Germain le roi Jacques II renversé par la révolution de 1688 et dont les œuvres étaient si appréciées des plus grands écrivains du xvii° et du xviii° siècles, n'hésite point, dans le récit qu'il fait d'une fête patronale à Saint-Germain-en-Laye, à parler des marionnettes et des nombreux spectateurs qu'elles y avaient attirés.

Toute une population sort du spectacle :

> . . . .
> Or blanchisseuses et soubrettes,
> Du dimanche dans leurs habits,
> Avec les laquais, leurs amis,
> (Car blanchisseuses sont coquettes),
> Venoient de voir, à juste prix,
> La troupe des marionnettes.
> Pour trois sols et quelques deniers,
> On leur fit voir, non sans machine,
> L'*Enlèvement de Proserpine*,
> Que l'on représente au grenier.
> Là, le fameux Polichinelle
> Qui du théâtre est le héros,
> Quoiqu'un peu libre en ses propos,
> Ne fait point rougir la donzelle
> Qu'il divertit par ses bons mots.
> . . . .

Charles Perrault, lui aussi, dans son charmant *Conte de Peau d'Âne*, fait montre pour les marionnettes d'une aimable indulgence :

> Pour moi, j'ose poser en fait
> Qu'en de certains momens l'esprit le plus parfait
> Peut aimer sans rougir jusqu'aux marionnettes,
> Et qu'il est des temps et des lieux
> Où le grave et le sérieux
> Ne valent pas d'agréables sornettes.

Tout à fait au début du xviii° siècle, Malézieu, ordonnateur des joyeuses et spirituelles fêtes données à Sceaux par la duchesse du Maine, petite-fille du grand Condé, introduisit les acteurs de bois dans cette Cour lettrée où se retrouvaient les plus éminentes personnalités du temps.

Pour ces marionnettes, on composait à Sceaux de petites scènes vives et étincelantes d'esprit. Dans l'une d'elles dont on attribua la paternité au duc de Bourbon et à Malézieu lui-même, l'Académie française était prise à partie et légèrement raillée : Polichinelle osait y demander un fauteuil ! A la suite de cette représentation qui fit grand tapage et dont s'amusèrent les Parisiens, Malézieu, qui était membre de l'illustre compagnie, dut en rester éloigné pendant un certain temps, mais il ne renonça pas, pour si peu, aux fêtes qu'il dirigeait ; en 1705, ses marionnettes jouaient encore devant le duc de Bourbon, au château de Trêmes.

Est-ce lui qui avait présidé aussi à l'organisation des divertissements dont parle M°° de Maintenon dans une lettre à la princesse des Ursins, datée de Marly le 27 février 1713 ?

« M. le Dauphin vint ici il y a deux jours, ajusté, couvert de pierreries et le plus joli du monde, à ce qu'on m'a dit, car j'étais à Saint-Cyr. M°° la duchesse du Maine contribue fort aux plaisirs de Paris, par les comédies, les bals et les mascarades qu'elle donne ces jours-ci avec une grande magnificence. Les marionnettes représentent le siège de Douai, les fanfaronnades de M. de Villars et nomment tous nos officiers par leurs noms. Tout le monde les veut voir ; le maréchal de Villars lui-même y a été, entendant fort bien la raillerie. M°° la duchesse de Berry les a fait venir à Versailles. »

Au xviii° siècle donc, tout était permis aux poupées : Fuzélier, Le

Sage et d'Orneval ayant fait représenter, le 10 mars 1726, *la Grand' Mère amoureuse*, sur le théâtre de John Riner, au jeu de paume de la rue des Fossés-Monsieur-le-Prince, les auteurs firent prononcer à Polichinelle une harangue au public qui n'est autre chose qu'une critique vive et alerte des *Compliments* en usage sur les scènes du Théâtre français et du Théâtre italien.

Cette harangue reproduite par Magnin, qui l'a trouvée dans les riches portefeuilles de M. de Soleinne, est ainsi conçue :

« Monseigneur le public, puisque les comédiens de France et d'Italie, masculins, féminins et neutres, se sont mis sur le pied de vous haranguer, ne trouvez pas mauvais que Polichinelle, à l'exemple des grands chiens, vienne pisser contre les murs de vos attentions et les inonder des torrens de son éloquence. Si je me présente devant vous en qualité d'orateur des marionnettes, c'est pour vous dire que vous devez nous pardonner de vous étaler dans notre petite boutique, une seconde parodie d'*Atis*. En voici la raison : les beaux esprits se rencontrent, *ergò*, l'auteur de la comédie italienne et celui des marionnettes doivent se rencontrer. Au reste, Monseigneur le public, ne comptez pas de trouver ici l'exécution gracieuse de notre ami Arlequin ; vous compteriez sans votre hôte. Songez que nos acteurs n'ont pas les membres fort souples, et que souvent on croiroit qu'il sont de bois. Songez aussi que nous sommes les plus anciens polissons, les polissons privilégiés, les polissons les plus polissons de la foire ; songez enfin que nous sommes en droit, dans nos pièces, de n'avoir pas le sens commun, de les farcir de billevesées, de rogatons, de fariboles. Vous allez voir dans un moment avec quelle exactitude nous soutenons nos droits.

> Ici la licence
> Conduit nos sujets,
> Et l'extravagance
> En fournit les traits ;
> Si quelqu'un nous tance,
> J'avons bientôt répondu
> Lanturlu.

« Bonsoir, Monseigneur le public ; vous auriez eu une plus belle harangue, si j'étois mieux en fonds. Quand vous m'aurez rendu plus riche, je ferai travailler pour moi le faiseur de harangues de ma très honorée voisine, la Comédie françoise, et je viendrai vous débiter ma rhétorique empruntée avec le ton de Cinna et un justaucorps galonné comme un trompette. Venez donc en foule! je vous ouvrirai nos portes si vous m'ouvrez vos poches.

> Ah! Messieurs, je vous vois, je vous aime ;
> Ah! Messieurs, je vous aimerai tant,
> Si vous m'apportez votre argent.

Voltaire aussi aimait les marionnettes; il les aimait au point de les admettre dans son intimité, en présence de Mme du Châtelet. En 1738, l'auteur des *Lettres péruviennes*, Mme de Graffigny, séjournant à Cirey, rappelle dans les lettres qu'elle écrivait à son ami d'enfance Devaux, lecteur du roi Stanislas, le plaisir qu'elle y prenait :

« Ce jeudi matin, 11 décembre.

« .... Après souper, il nous donna la lanterne magique avec des propos à mourir de rire. Il y a fourré la coterie de M. le duc de Richelieu, l'histoire de l'abbé Desfontaines et toutes sortes de contes, toujours sur le ton savoyard. Non, il n'y avait rien de si drôle. Mais à force de tripoter le goupillon de sa lanterne qui était remplie d'esprit-de-vin, il le renverse sur sa main, le feu y prend et la voilà enflammée. Ah ! dame, il fallait voir comme elle était belle ! Mais ce qui n'est pas beau, c'est qu'elle est brûlée : cela troubla un peu le divertissement qu'il reconstitua un moment après. »

« A 8 heures du soir.

« On nous promet les marionnettes; il y en a ici près de très bonnes, qu'on a tant qu'on veut. »

« 16 décembre.

« Je sors des marionnettes qui m'ont beaucoup diverti; elles sont très bonnes. On a joué la pièce où la femme de Polichinelle croit faire mourir son mari en chantant *fagnana ! fagnana !* C'était un plaisir ravissant que d'entendre Voltaire dire sérieusement que la pièce est très bonne ; il est vrai qu'elle l'est autant qu'elle peut l'être pour de tels gens. Cela est fou de rire pour de pareilles fadaises, n'est-ce pas ? Eh bien ! j'ai ri. Le théâtre est fort joli, mais la salle est petite. Un théâtre et une salle de marionnettes à Cirey ! Oh ! c'est drôle ! Mais qu'y a-t-il d'étonnant ? Voltaire est aussi aimable enfant que sage philosophe.

« Le fond de la salle n'est qu'une loge peinte, garnie comme un sofa, et le bord sur lequel on s'appuie est garni aussi. Les décorations sont en colonnades, avec des pots d'orangers entre les colonnes... »

« 17 décembre.

« Aujourd'hui comme hier, je sors des marionnettes qui m'ont fait mourir de rire. On a joué l'*Enfant prodigue*. Voltaire disait qu'il en était jaloux. Le crois-tu ? Je trouve qu'il y a bien de l'esprit à Voltaire de rire de cela et de le trouver bon... »

L'illustre écrivain ne se contentait pas de voir et d'entendre les marionnettes ; il les jugeait dignes d'une attention plus soutenue. En 1746 il composa pour elles deux couplets chantés par Polichinelle au comte d'Eu, grand-maître de l'artillerie, qui les avait conduites sur le petit théâtre de la duchesse du Maine, à Sceaux :

> Polichinelle, de grand cœur,
>   Prince, vous remercie :
> En me fesant beaucoup d'honneur
>   Vous faites mon envie ;
> Vous possédez tous les talents,
>   Je n'ai qu'un caractère ;
> J'amuse pour quelques moments,
>   Vous savez toujours plaire.
>
> On sait que vous faites mouvoir
>   De plus belles machines ;
> Vous fîtes sentir leur pouvoir
>   A Bruxelle, à Malines :
> Les Anglais se virent traiter
>   En vrais polichinelles ;
> Et vous avez de quoi dompter
>   Les remparts et les belles.

La Cour et la ville avaient suivi ce mouvement singulier ; on sait que Mlle Pélicier, célèbre actrice de l'Opéra, se faisait donner chaque jour, pour elle et pour ceux de ses amis qu'elle invitait, deux parades par un joueur de marionnettes qu'elle rétribuait largement. Probablement, ce joueur était Bienfait, de la foire Saint-Germain, qui faisait insérer, le 20 février 1749, dans les *Affiches de Boudet*, l'avis suivant :

« La nouvelle troupe des petits comédiens du sieur Bienfait représente sur son nouveau théâtre le *Mariage d'Arlequin avec Colombine*, par Jupiter, pantomime nouvelle, ornée de spectacles brillans, précédée des *Amusemens comiques de Polichinelle*. Sa loge est au bout des rues Mercière et de la Lingerie. Il a toujours son ancien jeu, en entrant par la porte de Tournon, à main gauche. *Il va jouer en ville en avertissant un jour devant.* »

Nous n'étions pas seuls à être atteints par cette folie des pantins animés ; elle avait gagné jusqu'aux Cours étrangères.

On lit dans les Mémoires de Catherine II : « Le grand-duc passait son temps en enfantillages inouïs pour son âge. Il fit dresser un théâtre de marionnettes dans sa chambre ; c'était la chose du monde la plus insipide. »

Le grand-duc, c'est Pierre-Ulrich de Holstein, fils d'une fille de Pierre le Grand. Proclamé héritier du trône de Russie par Elisabeth, en 1742, il épousa en 1745 Sophie d'Anhalt-Zerbst et régna sous le nom de Pierre III. Sa femme fut Catherine la Grande.

Dans son livre intitulé : *le Roman d'une Impératrice* (Catherine II), M. Waliszewski rappelle le fait suivant :

« De temps en temps, le grand-duc revenait encore à ses marionnettes. Une fois, Catherine le trouva en grand uniforme, botté, éperonné et l'épée au clair, devant un rat pendu au milieu de la chambre. Renseignements pris, il s'agissait d'une exécution militaire ! Le malheureux rat s'étant avisé de dévorer une sentinelle d'amidon placée devant une forteresse en carton, un conseil de guerre, régulièrement réuni, l'avait condamné à la peine de mort. »

De nos jours, en Russie encore, les marionnettes ont au moins un ami fidèle qui leur confie de hautes et sévères missions.

Le *Journal des Débats* du 12 février 1898 rapporte qu'un grand seigneur russe vient de se donner un divertissement qui n'est pas à la portée de tout le monde. Admirateur de la musique de Verdi, passionné surtout de *Rigoletto*, qu'il considère comme le chef-d'œuvre du maître, ce grand seigneur a fait construire un joli théâtre machiné dont les acteurs sont des marionnettes délicieusement parées. Les mouvements de ces marionnettes et leurs gestes sont réglés de manière à reproduire le jeu des artistes les plus célèbres qui ont interprété ou interprètent tous les rôles de l'œuvre du grand compositeur italien. L'orchestration et le chant de ces petits acteurs sont fournis par des phonographes perfectionnés.

Rien n'a coûté au riche mélomane pour atteindre la perfection la plus absolue. Il a plusieurs troupes de diverses nationalités; ses phonographes les lui font entendre, suivant sa fantaisie, dans leur ensemble, soit pour l'orchestre, soit pour le chant. Il lui suffit de presser le bouton spécial à chacune d'elles.

Pour ce qui concerne les changements de décors de ce théâtre probablement unique au monde, ils s'opèrent automatiquement avec la plus grande précision et ces décors sont peints par des artistes de haute valeur qui y ont apporté tous leurs soins.

N'y a-t-il point quelque relation secrète et intime entre les marionnettes phonographiques dont il s'agit ici et les marionnettes lyriques de G.-L. Duprez, le grand chanteur, qui firent un certain bruit en 1864 ?

A Valmondois, existait, à cette époque, une délicieuse colonie d'artistes où se retrouvaient Corot, Daumier, Geoffroy-Dechaume, Jules Dupré, Boulard, Daubigny et bien d'autres encore. G.-L. Duprez était maire de la localité; il avait installé chez lui un petit théâtre de marionnettes qu'il appelait son *Guignol* et qui devint vite célèbre à Valmondois, à l'Isle-Adam, à Auvers et dans les environs. Les marionnettes qui s'y faisaient voir étaient un peu comme toutes les marionnettes, mais les chanteurs qui leur prêtaient leurs voix n'étaient pas sans quelque notoriété : c'étaient Duprez, son fils Léon Duprez, sa fille Mme Caroline Vandenheuvel et quelques amis profondément musiciens. Toute cette « troupe » parodiait, avec un art exquis, les scènes les plus populaires de nos opéras ou de nos opéras-comiques.

Il faut croire que les chanteurs du *Guignol* de Duprez s'entendaient jusqu'à Paris, car, le 9 mars 1864, l'impératrice Eugénie voulut les voir de près et les fit pénétrer aux Tuileries, à l'issue d'une grande réception officielle. L'empereur était présent, ainsi qu'en témoigne un dessin publié par le *Monde illustré* du 19 mars. Mme Vandenheuvel y chanta l'air de la *Traviata* et son père, le *Gastibelza*.

Comme on le pense bien, Duprez reçut, le lendemain de cette audition, des propositions brillantes, mais il les écarta toutes, sauf, cependant, celle de la *Société nationale des Beaux-Arts*, du boulevard des Italiens. Là, avec son fils et Mlle Brunetti, il se fit entendre de nouveau, le 15 mars, au milieu d'une société d'élite qui se retira absolument émerveillée.

Le Guignol de Dupré eut un sort envié : il mourut jeune et couvert de gloire.

Il eût été intéressant de connaître son répertoire ; de savoir quels furent, surtout à Valmondois, tous ses auditeurs ordinaires. Malheureusement, les deux seuls journaux qui se soient occupés des représentations dont j'évoque le souvenir : le *Ménestrel* et le *Monde illustré*, ne donnent pas de renseignements à ce sujet. Comment étaient conçues les parodies dont on parle, avaient-elles un livret ? Je suppose qu'il s'agissait de morceaux isolés où la fantaisie jouait sans doute son rôle, mais où la musique seule intervenait ; il eût été difficile qu'il en fût autrement avec de pareils exécutants.

Les marionnettes valmondoises, comme on les appelait, étaient donc sûrement un régal de délicats ; elles me paraissent être le premier Guignol musical français — car il ne faut point oublier les petits Opéras de Haydn — dont on puisse saluer l'existence ; le théâtre de marionnettes russes me semble s'être inspiré de celui-là, et il était difficile de prendre un meilleur modèle.

Il faut remarquer, d'ailleurs, que le choix fait par Duprez de marionnettes, soit à fils, soit à mains, était excellent. Pour le chant, en effet, les gestes étant plus sobres et plus réfléchis, paraissent beaucoup plus faciles à régler que pour les manifestations théâtrales du drame ou du vaudeville.

Les forains, les cabarets montmartrois, se trouvant chaque jour en communication directe avec le public, l'ont bien compris, quand, il y a quelques années, faisant revivre les poupées de bois, ils leur ont demandé des chansonnettes ou des romances qui étaient loin d'être sans valeur.

A la foire de Neuilly, il y a deux ans, sur un théâtre dont le nom m'échappe, j'ai vu et entendu des marionnettes chantantes, notamment un Kam-Hill et une Yvette Guilbert qui étaient d'une grande justesse de gestes et d'une originalité remarquable.

VI

SÉRAPHIN

Les fastes ou *les usages de l'année*, par Lemierre. — Le boulevard du Temple succède aux foires. — Les marionnettes s'y transportent. — La belle société se rend au Palais-Royal. — Les marionnettes l'y suivent. — Dulaure et le *Théâtre des petits comédiens du comte de Beaujolais*. — Séraphin s'établit à Versailles. — Il donne des représentations à la Cour. — Son affiche. — Séraphin transporte ses *ombres chinoises* au Palais-Royal, à Paris. — Ouverture de son spectacle en 1784. — Ce qu'en dit Thiéry dans le *Guide* des amateurs et des étrangers voyageurs à Paris. — Le *Tableau du Palais-Royal*. — Adrien Moreau succède à Séraphin en 1790. — Séraphin reprend son théâtre l'année suivante. — Les succès de Dorvigny et de Guillemain. — Les marionnettes sur le théâtre de Séraphin. — *Polichinelle* les présente au public. — *Pot-pourri* de Guillemain. — *Gobemouche*. — Affiches et prospectus de Séraphin. — Sa mort, en 1800. — Les successeurs de Séraphin. — Ses auteurs ordinaires. — *Le Pont cassé*, par Dorvigny. — *La Perruque de Cassandre*, par M⁽ᵐᵉ⁾ Pauline Séraphin.

On l'a vu, les marionnettes, sous leurs différentes formes, avaient conquis Paris. Lemierre retrace dans le livre III de son meilleur ouvrage: *les Fastes ou les Usages de l'année*, le riant tableau de leurs exploits à la foire Saint-Germain:

> Pour fixer en ce lieu la troupe vagabonde
> Qui s'écoule sans cesse et qui sans cesse abonde,
> Vingt théâtres dressés dans des réduits étroits,
> Entre des ais mal joints sont couverts à la fois.
> Il en est un surtout, à ridicule scène,
> Fondé par Brioché, haut de trois pieds à peine;
> Pour trente margotins, constans dans leurs emplois,
> Petits acteurs charmans que l'on taille en plein bois,
> Trottant, gesticulant, le tout par artifices,
> Tirant leur jeu d'un fil et leur voix des coulisses,
> Point soufflés, point sifflés, de douces mœurs; entr'eux
> Aucune jalousie, aucuns débats fâcheux.
> Cinq ou six fois par jour ils sortent de leur niche,
> Ouvrent leur jeu: jamais de rhume sur l'affiche.
> Grand concours; on s'y presse, et ces petits acteurs,
> Fêtés, courus, claqués par petits spectateurs,
> Ont pour premier soutien de leurs scènes bouffonnes
> Le suffrage éclatant des enfants et des bonnes.

Les années aidant, les foires, sans être absolument abandonnées par les parisiens, devinrent pourtant moins suivies. Le boulevard du Temple allait leur porter un coup dont elles ne devaient point se relever ; à partir de 1760, ce mouvement s'accentua.

Ce sont encore les marionnettes qui, les premières, indiquèrent aux grands théâtres la voie qu'il fallait suivre. En 1751, Pierre-Toussaint Martin installait rue Saintonge son *Théâtre des petits Comédiens du Marais*; en 1758, André Petit montait un jeu de marionnettes sur le boulevard même; Restier suivait, en 1760, avec son *Théâtre des grands danseurs*, où brillait déjà Nicollet; puis Audinot en 1767 avec l'*Ambigu Comique*; puis bien d'autres: les *Fantoccini chinois*; les *Grands danseurs du roi*, où Nicolet, devenu propriétaire, appelait et retenait la foule avec son singe et ses exercices curieux; les *Fantoccini françois* de Pierre-Simon Caron, etc. Tout ce monde s'évertuait à se montrer « de plus fort en plus fort, comme chez Nicolet ».

Gravement atteintes déjà, les foires allaient voir leur ruine consommée par le Palais-Royal, où se rendait déjà la belle société parisienne. En 1784, s'ouvrait là, le *Théâtre des petits Comédiens de S. A. S. Mgr le comte de Beaujolais*, marionnettes de trois pieds et demi, pour lequel Dulaure, dans sa *Nouvelle description des curiosités de Paris*, est loin d'être tendre :

« ... Leur théâtre est dans les nouveaux bâtiments du Palais-Royal. Quand on va voir jouer des marionnettes, on ne doit pas s'attendre à jouir d'une illusion parfaite; on doit y arriver avec une bonne provision d'indulgence. Malheur à celui qui ne s'est pas prémuni l'esprit comme il le doit: il verra la barre de fer qui sort de la tête de l'acteur de bois et qui le soutient, il verra les fils qui font mouvoir ses membres, il verra... qu'il se sera ennuyé. »

En cette même année, paraissait également au Palais-Royal un homme qui devait nous faire connaître les *Ombres chinoises* et donner aux marionnettes une perfection qu'elles n'avaient pas eue avant lui. Cet homme s'appelait Dominique Séraphin FRANÇOIS, dit SÉRAPHIN.

L'année suivante, en 1785, Caron transportait au Palais-Royal les *Pygmées françois*; en 1789, Castagna y créait un théâtre nouveau qu'il appelait le *Spectacle des vrais fantoccini italiens*.

Le boulevard du Temple et le Palais-Royal absorbaient définitivement l'attention, et les foires avaient vécu.

Séraphin était né à Longwy, le 15 février 1747. Ses débuts avaient

Séraphin

été difficiles; entré, pour ainsi dire, dès son enfance, dans une troupe de comédiens ambulants qui visitait l'Allemagne et l'Italie, il quitta bientôt ses camarades de rencontre et vint à Paris où, pendant quelques temps, il joua du violon dans les cabarets de Belleville et aux Porcherons.

C'est à l'âge de vingt-trois ans, en 1770, qu'il imagina son *Théâtre d'ombres chinoises* et l'établit tout d'abord à Versailles, dans le jardin de Lannion, propriété portant actuellement le n° 25 de la rue de Satory, et dont le principal corps de logis était occupé par une auberge. Son succès fut prompt et décisif; il fut appelé à la Cour, y donna des représentations et obtint, en 1781, l'autorisation de prendre, pour son établissement, le titre de *Spectacle des enfants de France*.

Son affiche, dit Le Roi, dans son *Histoire de Versailles*, était ainsi conçue :

> Venez, garçon, venez, fillette,
> Voir Momus à la silhouette.
> Oui, chez Séraphin, venez voir
> La belle humeur en habit noir.
> Tandis que ma salle est bien sombre
> Et que mon acteur n'est que l'ombre,
> Puisse, Messieurs, votre gaîté
> Devenir la réalité.

L'entrée des *Ombres* à la Cour, le titre envié qu'elles avaient obtenu, les succès qui leur avaient été jusque-là réservés dans la ville du grand roi, auraient pu suffire à des pantins moins dévorés d'ambition, mais, que se passa-t-il dans l'esprit de leur directeur ?

L'histoire est muette à cet égard ; ce qu'on sait, c'est que, en 1784, Séraphin, abandonnant le lieu de ses premiers exploits, venait à Paris, au Palais-Royal, transportant avec lui son matériel. Là, dans une salle bien aménagée, les *Ombres*, joyeusement accueillies par des spectateurs nouveaux, réussissaient sans effort à intéresser, même à émouvoir les Parisiens, comme elles avaient ému et intéressé les Versaillais. Séraphin avait conquis le droit de cité.

Thiéry, dans le *Guide des amateurs et des étrangers voyageurs à Paris*, donne les renseignements suivants au sujet du théâtre de Séraphin qui fut ouvert le 12 septembre 1784, à six heures et demie :

« Ce spectacle est situé au premier étage des bâtiments neufs du Palais-Royal et a son entrée par l'arcade n° 121. L'on y voit des feux arabesques d'un nouveau genre et des tableaux où se passent des scènes nouvelles et amusantes. Les ombres chinoises, produites par différentes combinaisons de lumières et d'ombres, y représentent au naturel toutes les attitudes de l'homme et y exécutent des danses de corde et de caractère avec une précision étonnante. Des animaux de toute espèce y passent en revue et font tous les mouvements qui leur sont propres sans qu'on aperçoive ni fil ni cordon pour les soutenir et les diriger. Le spectacle, plaisant, agréable et varié, commence tous les jours à 6 heures du soir. Il y a deux représentations les dimanches et fêtes, l'une à 5 heures et l'autre à 6 heures et demie. Premières places : 1 livre 4 sols et 12 sols les secondes. »

De son côté, le *Tableau du Palais-Royal*, publié alors en un opuscule difficile à retrouver, est tout aussi louangeur :

« Le monde s'est porté en foule, dit l'auteur, à ce genre de spectacle; on y donne tous les jours une représentation à six heures du soir, et les dimanches et fêtes, deux représentations: la première, à cinq heures, et la seconde, à sept heures. Ce que l'on appelle le petit peuple ne va pas souvent aux *Ombres chinoises*; mais, en revanche, le bon bourgeois, la bonne compagnie même, se donnent ce plaisir. J'entrai, et je fus fort bien placé pour mes vingt-quatre sols, dans un salon proprement arrangé et suffisamment éclairé. Il n'y a point d'orchestre. Un clavecin, assez bien touché par M. Mozin l'aîné, suffit pour remplir les intervalles des scènes qu'on y représente. Toutes ces petites scènes sont faites avec intelligence; on y rit beaucoup et cela suffit. »

LE PETIT GAS
personnage du « *Pont Cassé* »
(Imagerie de Metz).

Six années plus tard, Séraphin s'étant assuré une clientèle sérieuse et fidèle, pensait avoir quelque droit au repos. En 1790, le 5 septembre, il cédait l'exploitation de son entreprise à Adrien Moreau, qui avait été acteur chez Audinot, de l'Ambigu-Comique. Moins habile que son prédécesseur, Moreau ne parvint pas à fixer le public, au contraire; il se retira sagement à la fin de la même année, convaincu de son impuissance.

Respectueux de l'œuvre à laquelle il avait gardé sa tendresse, Séraphin ne voulut point la voir péricliter et reprit la direction de ses

Ombres. Il y rappela la foule avec le *Pont cassé*, *Orphée aux enfers*, *Arlequin corsaire*, de Dorvigny; avec la *Chasse aux Canards*, le *Magicien Rothomago*, l'*Embarras du Ménage*, de Guillemain. Malheureusement, atteintes, comme tous les théâtres, par les événements qui s'accomplissaient, les *Ombres* subirent bientôt une crise redoutable. Séraphin sentit le danger et le 17 thermidor an V (4 août 1797), sachant bien quelles étaient les ressources de la publicité, il faisait insérer dans les *Petites Affiches* l'avis suivant:

« Séraphin, auteur et inventeur des *Ombres chinoises*, prévient le public qu'il n'a pas cessé de représenter en son spectacle, Palais Egalité, galerie de pierre, n° 121, du côté de la rue des Bons-Enfants, et que c'est à tort qu'on a fait courir le bruit qu'il joue dans les *Feux aériens*.

« A la sollicitude (*sic*) des pères et mères de famille, il a augmenté son spectacle d'un joli jeu de marionnettes. »

A l'occasion de l'apparition de ces marionnettes sur le théâtre de Séraphin, Guillemain composa le pot pourri suivant que chantait Polichinelle en se présentant au public:

> Messieurs, si par mon badinage,
> Je puis vous faire rire un instant,
> Pour moi c'est un grand avantage
> Dont je me trouverai content.
> Mon seul désir est de vous plaire,
> De vous amuser par mes jeux,
> Et mon vœu le plus précieux
> Est toujours de vous satisfaire.
>
> La nature avec tant d'attraits
>   A formé ma personne
> Que tout l'monde, quand j'parais
>   Me regarde et s'étonne.
> Je trouve qu'ils ont bien raison,
>   Car ma mine est gentille...
> Je suis le plus joli garçon
>   De toute ma famille.
>
> De tant d'orateurs assommants
>   Dédaignant la recette,
> Je ne veux pas d'longs compliments
>   Vous étourdir la tête:
>   Les petits, tourlourirette,
>   Valent bien les grands.

Il fallait du nouveau ! En 1799, Séraphin, satisfait déjà des services que lui rendait Polichinelle, introduisit chez lui un petit chien noir qu'il appelait Gobemouche ; ce toutou bien stylé se jetait avec fureur sur le diable, au moment précis où celui-ci voulait entraîner Polichinelle aux enfers.

Ce fut un incontestable succès, Séraphin en profita pour publier un placard surmonté de son portrait qui lui assura de nouveaux admirateurs :

« Un moment ! arrêtez-vous et lisez-moi.... Des changements à vue, des décorations d'un joli goût, embellissent mes ombres chinoises ; j'ai des marionnettes, mais des marionnettes qu'on prendrait pour de charmants petits enfants... Il faut les voir, ainsi que la scène de Gobemouche. Voulez-vous vous délasser ? Venez voir mes ombres chinoises. Toujours jaloux de mériter votre suffrage, chaque jour nous changeons de pièce. »

C'est encore à cette époque que Séraphin distribuait lui-même, soit à ses visiteurs, soit aux nombreux promeneurs qui fréquentaient le Palais-Royal, un Prospectus-programme où il répondait victorieusement aux questions d'un lecteur supposé ; ce prospectus montre que nous n'avons rien innové en matière de réclame. Le voici :

LE VOYAGEUR
personnage du « *Pont Cassé* »
(Imagerie de Metz).

SÉRAPHIN

Air : *On compterait les diamants.*

Stt ! Stt ! en passant lisez-moi ;
Je vous offre encore une affiche,
Et d'abord, voici le pourquoi...
C'est pour empêcher qu'on vous triche.
Alors, mes confrères en vain
Voudront me chercher quelque noise,
Et vous diront que Séraphin
Tient chez eux ses ombres chinoises.

LE LECTEUR

Dans le fait, on rencontre partout des ombres chinoises.

SÉRAPHIN

Air : *Femmes, voulez-vous éprouver.*

Mes ombres ne sont pas partout,
C'est mon nom seul que l'on prononce.
Si ce genre est de votre goût,
Venez où mon portrait m'annonce,
Au Palais de l'Egalité
Je fais toujours ma résidence ;
Là, le public a la bonté
De m'accorder la préférence.

LE LECTEUR

Il me semble que votre spectacle ne peut amuser que les enfants.

SÉRAPHIN

Air : *de Calpigi.*

Il faut que je vous désabuse,
Chez moi tout le monde s'amuse ;
En offrant différents objets,
Grands et petits sont satisfaits.
Après Melpomène et Thalie,
On peut avec économie
Venir se délasser enfin
Au spectacle de Séraphin.

LE LECTEUR

Fort bien ! mais, est-ce que vous ne savez parler qu'en vaudevilles ?

SÉRAPHIN

Air : *Des portraits à la mode.*

On voit tant d'annonces à présent
Qu'on n'en lit pas moitié souvent
Et qu'on doit cesser prudemment
De suivre l'ancienne méthode.
Lors, je pensai devoir à mon tour,
En me mettant à l'ordre du jour,
Faire ici le petit troubadour :
Le vaudeville est à la mode.

LE LECTEUR

Alors, si cela continue, je ne désespère pas que toutes les affaires se fassent en chantant.

Air : *Mon père était pot.*

Il serait, ma foi, très plaisant
Qu'aux tribunaux on chante ;

Et que dans la rue, en marchant
Chacun dans son ton chante.
    Quoique ruiné
    Comme fortuné,
Il faudrait que l'on chante ;
Pour bonjour, bonsoir,
Pour dire au revoir,
Il faudrait que l'on chante

    SÉRAPHIN

Ah ! ah ! la réflexion est tout à fait drôle.

    LE LECTEUR

Çà, ne voit-on que des ombres chinoises chez vous !

    SÉRAPHIN

    Air: *L'homme est une marionnette.*

D'abord, j'ai des marionnettes
Avec des costumes brillants ;
Puis, j'ai des feux intéressants
Et des pièces à chansonnettes.
Puis des ombres et des tableaux,
Que sincèrement on admire ;
Enfin, qui me connaît peut dire
Que je n'annonce rien de faux.

    Air: *De la parole.*

Sachez que l'artiste Mozin
Préside à toutes mes séances ;
Il y touche du clavecin
Et chante aussi de ses romances.
J'ai, de plus, un petit toutou,
Dont on peut dire qu'on raffole ;
A mon théâtre il fait joujou...
Que lui manque-t-il ?... La parole.

    LE LECTEUR

Pour le coup, vous piquez ma curiosité ; je verrai votre spectacle.

    SÉRAPHIN

Dans ce cas, je vous préviens que je donne une représentation tous les jours ; deux les dimanche et décadi, la première à cinq heures, la seconde à sept heures.

    LE LECTEUR

Bon ! vous aurez ma pratique.

    SÉRAPHIN

Salut, mon lecteur. A l'avantage de vous voir.

C'est donc seulement en 1797, ainsi qu'on l'a vu, que les marionnettes apparurent avec Polichinelle, sur le théâtre de Séraphin ; son fondateur touchait au terme de sa carrière. Il mourut, en effet, le 5 décembre 1800, laissant à son neveu Joseph-François une situation devenue difficile.

La physionomie de Séraphin, fondateur et directeur des *Ombres chinoises*, serait restée particulièrement sympathique, s'il n'avait trop légèrement oublié tout ce qu'il devait à la cour qui avait assuré longtemps sa fortune.

Dès 1789, il se laissa gagner par les idées du jour et chargea ses auteurs et ses bonshommes de les propager. A cette époque, introduisant la politique sur son théâtre, il célébrait dans *l'Apothicaire patriote*, de Caron, le courage et le civisme des femmes qui s'étaient rendues à Versailles pour ramener aux Tuileries la famille royale ; il représentait aussi *Arlequin corsaire patriote*, de Dorvigny, qui l'année précédente s'appelait *Arlequin corsaire* ; l'année suivante, en 1790, il donnait la *Démonseigneurisation*, de Guillemain ; en 1793, la *Fédération nationale*, de Maillé de Marencourt ; en 1794 enfin, *la Pomme à la plus belle ou la Chute du trône*, de Benoît.

Les Canards
figurant dans le « Pont Cassé » (Imagerie de Metz).

C'est là, sans y insister davantage, une tache regrettable dans la vie si unie, si sincèrement artistique de Séraphin. On aimerait mieux ne point l'y voir.

Le théâtre de Séraphin, dirigé tour à tour par Séraphin lui-même ; par Adrien Moreau qui se retira ; par Joseph-François qui mourut en 1844 ; par Paul Royer, gendre de Joseph-François, qui mourut en 1859 ; enfin par la veuve Royer, disparut définitivement en 1870, après avoir été transporté, le 8 septembre 1858, du Palais-Royal au boulevard Montmartre où nous l'avons tous connu. Il avait vécu bien près d'un siècle, laissant derrière lui des souvenirs qui ne s'effaceront pas.

Son histoire a été retracée d'une manière attachante, presque filiale, dans deux ouvrages anonymes : l'un est une brochure imprimée par Perrin et Marinet, de Lyon, et éditée par Rouquette, à Paris, en 1872, sous le titre : *Feu le théâtre de Séraphin, depuis son origine jusqu'à sa disparition*, 1776-1870 ; l'autre est un ouvrage plus étendu, édité par Scheuring, de Lyon, en 1875, sous le titre : *Feu Séraphin. Histoire de ce spectacle depuis son origine jusqu'à sa disparition*, 1776-1870. Dans cet ouvrage, dont la brochure de 1872 forme le début, se trouve un portrait gravé de Séraphin.

L'auteur de ces deux études, avec une modestie qu'il faut regretter, ne se nomme pas ; il termine sa notice historique de la manière suivante :

LE PETIT GAS
personnage du « *Pont Cassé* »
(Imagerie de Metz).

« Plusieurs écrivains, connus dans le monde des lettres, n'ont pas dédaigné de consacrer leur plume à cette modeste scène. Dorvigny, Gabiot de Salins, Maillé de Marencourt, Guillemain qui fut son fournisseur le plus actif, le savant Capperonnier (tout conservateur qu'il fût à la Bibliothèque nationale), Armand Gouffé, Dumersan le numismate distingué et l'auteur de tant de vaudevilles, Duvert, Lausanne, Edouard Plouvier, et, s'il ose se compter après tant de notabilités littéraires, l'obscur reporter de cette notice, ont contribué par leurs ouvrages à la variété de son répertoire. N'oublions pas de mentionner encore un membre de la famille du fondateur, Mlle Pauline Séraphin, au nombre de ses fournisseurs les plus féconds et les plus heureux. »

Le répertoire du théâtre de Séraphin est aujourd'hui oublié. Il plongerait dans la stupéfaction la plus grande, nos directeurs actuels. Le *Théâtre libre* le traiterait avec le plus souverain mépris ; nos auteurs dramatiques, dont la fortune s'échafaude quelquefois sur une seule œuvre, ne regarderaient pas sans une douloureuse commisération, leurs confrères de jadis, qui pourtant ont remué des idées et souvent les leur ont gratuitement fournies.

Qu'ils lisent les *Mémoires de Mademoiselle Flore*, de Dumersan ; ils apprendront au sujet de Guillemain notamment, qu'il faisait le matin pour les ombres chinoises « de petites pièces dans lesquelles il y avait toujours une idée comique, qu'on lui payait douze francs, qu'on jouait cinq cents fois et qu'on joue encore. Le soir il en composait pour les *Jeunes Artistes*, le *Vaudeville*, les *Variétés amusantes*, etc. ; elles étaient plus littéraires et cependant elles ne l'ont point immortalisé comme sa *Chasse aux canards* ».

Guillemain est mort en 1799, après avoir donné vingt et une piécettes à Séraphin ; Dorvigny lui en avait fourni quinze.

Je me reprocherais de ne point montrer ici, le caractère des œuvres représentées sur la scène de Séraphin. A titre de document, je veux donc reproduire tout d'abord, le célèbre *Pont cassé* qui fut donné en 1784, dès l'ouverture du théâtre à Paris ; je le ferai suivre de *La perruque de Cassandre*, une pièce-féerie de Mlle Pauline Séraphin, dont la première représentation eut lieu le 2 août 1846. Le lecteur pourra se faire ainsi une idée précise des spectacles qu'aimaient nos grands pères... quand ils étaient tout petits.

LE PONT CASSÉ

Le tableau transparent représente un paysage traversé par une rivière, sur laquelle est jeté un pont dont une arche est brisée. Sur la droite et dans un plan reculé, on aperçoit une maison avec une enseigne. Au début de la scène, un petit bonhomme arrive en chantant et se met à piocher le tablier du pont.

Le petit Gas. — *Tralalalalaire, tirelirelaire...* Ah! ah! il est encore de bonne heure et l'on n'aperçoit pas un chat dans la campagne ; je suis le premier levé. Allons, mettons-nous vite à l'ouvrage et, pour faire passer le temps plus vite, en avant la petite chanson. *Tralalalalaire...*

(*Tandis qu'il pioche avec ardeur, arrive précipitamment, à l'extrémité opposée du pont, un voyageur qui s'arrête subitement en voyant que le pont est rompu.*)

Le Voyageur. — J'allais faire une belle affaire avec ma précipitation ; un peu plus et j'étais lancé dans la rivière. On m'avait pourtant dit que c'était le chemin le plus court pour aller à la ville voisine ; mais on ne m'avait pas dit que le pont était en ruines et que je ne pourrais passer dessus. *Cap de*

Dious ! cela me retarde bien et je ne sais à qui m'adresser... Oh ! mais j'aperçois, de l'autre côté du pont, un jeune garçon : je vais m'adresser à lui. (*Il l'appelle.*) Ohé ! l'ami !

Le petit Gas, *qui avait toujours pioché jusque-là, levant la tête*. — Qui m'appelle ? (*Il se remet à piocher.*)

Le Voyageur. — Hé donc ! C'est moi, mon petit bonhomme. Pourrais-tu me dire si la rivière est profonde ?

Le petit Gas.

> Les cailloux touchent à la terre,
> Lire lire laire ! (*Bis.*)
> Les cailloux touchent à la terre,
> Lire lon pha !

Le Voyageur. — Eh ! *troun de l'air*, je le sais bien, et tu ne m'apprends là rien de nouveau ! Mais, dis-moi, l'ami ?

Le petit Gas. — Hé ! Monsieur ?

Le Voyageur. — Dis-moi donc, mon petit, si je pourrais passer l'eau ?

Le petit Gas. — Tiens, cette bêtise ! Pourquoi ne la passeriez-vous pas ?

> Les canards l'ont bien passée,
> Lire lire laire, etc.

Le Voyageur. — Hé ! dis-donc là-bas, monsieur le mal-appris, est-ce que tu me prends pour un canard ?

Le petit Gas, *sautant et riant.* — Oh ! que nenni ! Vous me faites plutôt l'effet d'un gros dindon.

Le Voyageur. — Voyez un peu l'impertinent ! Mais c'est jeune et cela veut rire... Hé ! l'ami !

Le petit Gas. — Hé ! Monsieur ?

Le Voyageur. — Pourrais-tu me dire à qui appartient cette belle maison que je vois là-bas ?

Le petit Gas. — A qui elle appartient ? Pardine, faut pas être malin pour ça :

> Elle appartient à son maître,
> Lire lire laire ! etc.

Le Voyageur. — Lire lon pha !... Lire lon pha !... Hé ! l'ami !

Le petit Gas. — Hé ! Monsieur ?

Le Voyageur. — Y vend-on du vin, au moins, dans cette maison ?

Le petit Gas. — Si on y vend du vin ?

> On en vend plus qu'on n'en donne,
> Lire lire laire ! etc.

Le Voyageur. — Bagasse ! Je voudrais savoir s'il est bon !

Le petit Gas.
Si bon qu'il se laisse boire,
Lire lire laire! etc.

Le Voyageur. — Je commence à croire, décidément, que le pétit drôle se moque de moi. Il faut que je sache son nom, afin de me plaindre aux autorités. Hé! l'ami!

Le petit Gas. — Plaît-il, mon bon Monsieur?

Le Voyageur. — Dis-moi, mon joli pétit, comment est-ce que tu te nommes?

Le petit Gas. — Tiens! vous voulez savoir mon nom? Et qu'est-ce que vous en voulez faire, de mon nom?

Le Voyageur. — Hé! dis toujours, tu le verras.

Le petit Gas. — Eh bien! Monsieur,
Je m'appelle comme mon père,
Lire lire laire! etc.

Le Voyageur. — Ah! tu t'appelles comme ton père, bagasse, pétit farceur! Eh bien! tu crois être bien malin, mais je vais t'y prendre. Hé! l'ami?

Le petit Gas. — Plaît-il, Monsieur.

Le Voyageur. — Dis-moi donc, mon *pichoun*, comment s'appelle ton père? Hé donc! te voilà pris; comment te tireras-tu de celle-là?

Le petit Gas. — Vous voulez savoir comment s'appelle mon père? Vous croyez me tenir, pas vrai?

Le Voyageur. — Eh oui! sans doute que je te tiens.

Le petit Gas. — Pardine, mon bon Monsieur... Le nom de mon père,
C'est le secret de ma mère,
Lire lire laire! etc.

Le Voyageur. — Oh! le pétit drôle! Mais je m'aperçois que je perds mon temps et je n'arriverai jamais à mon rendez-vous; la journée s'avance. (*Tirant sa montre.*) Troun de l'air! ma montre elle est arrêtée... Oh! mais ce pétit bonhomme ne refusera pas de me dire l'heure qu'il est. Hé! l'ami?

Le petit Gas. — Quoi que vous me voulez, monsieur?

Le Voyageur. — Dis-moi, mon pétit, ma montre ne marche pas et je voudrais bien savoir l'heure: peux-tu me la dire?

Le petit Gas. — Oh! je crois bien, Monsieur, j'ai une excellente montre, et à répétition encore.

Le Voyageur. — Ah! tu as une montre à répétition?

Le petit Gas. — Oui, Monsieur... Tenez, regardez. (*Il se retourne et lui montre le derrière.*)
Voilà mon cadran solaire,
Lire lire laire! etc.

Le Voyageur. — Voyez-vous le polisson ! Attends, attends, pétit insolent, je vais t'en donner d'une drôle de façon de ton cadran solaire. Mais j'aperçois un batelier... (Il appelle.) Holà, hé, du bateau ! Veux-tu me faire passer l'eau, mon ami ?

Le Batelier. — Tout de même. Descendez par ici, not'bourgeois.
(On voit passer le bateau dans lequel est le voyageur.)

Le Voyageur. — Dites-moi donc, mon cher, qu'est-ce donc qu'un pétit polisson qui travaille à l'autre bout du pont et qui, à toutes les questions qu'on lui fait, ne répond que par des *lire lire laire, lire lon pha ?*

Le Batelier. — Oh ! pardine, not'bourgeois, c'est un méchant gas, qu'il n'en faudrait pas beaucoup de cette graine-là.
(Au moment où le bateau arrive au-dessous de l'arche démolie, on entend le gamin dire en jetant des pierres avec sa pioche : Gare l'eau ! Gare l'eau !

Le Batelier, hors du tableau. — Voyez-vous, le mauvais garnement ? Mais nous voilà abordés, not'bourgeois.

Le Voyageur, de même. — Tiens, mon ami, je suis content de toi ; voilà deux sous pour ta peine.

Le Batelier. — V'là-t-il pas une belle régalade ?

Le Voyageur. — Eh ! de quoi te plains-tu ? Si j'avais su, je n'aurais pas été si généreux.
(Le petit Gas, qui n'a pas cessé de piocher, s'arrête et jette les yeux de l'autre côté du pont.)

Le petit Gas. — Tiens, où donc est-il passé ? Je ne le vois plus, ce monsieur. C'est dommage ; il m'amusait.

Le Voyageur, arrivant sur lui, la canne levée. — Ah ! je t'amusais, drôle ? Je vais t'en donner de l'amusement sur lequel tu ne comptais pas. (Il s'avance et lui applique plusieurs coups de canne.) Tiens ! Tiens ! En veux-tu ? en voilà. Voici, mon pétit, pour t'apprendre à me chanter *lire lon pha C'est le secret de ma mère.* Tiens encore... Pan, pan...

Le petit Gas, criant et se défendant avec sa pioche. — Veux-tu bien finir ? Grand lâche, qui bat un enfant.

Le Voyageur. — J'ai cassé le verre de ta montre à répétition, sans doute ? C'est fâcheux, mais tu te souviendras de la leçon. (Il sort.)

Le petit Gas, courant après lui. — Oh ! si je t'attrape, tu auras à faire à moi. (Il sort.)

LA PERRUQUE DE CASSANDRE

Personnages : Cassandre, Arlequin, Pierrot, un Notaire, Colombine, la Fée Carabosse, la Fée Blanchette, un Lion, un Renard, un Perroquet, un Singe, une Pie.

ACTE I

SCÈNE PREMIÈRE

Le théâtre représente une chambre rustique.

Cassandre, Arlequin, Colombine.

Cassandre. — Ah çà ! aurez-vous bientôt fini vos jérémiades et vos lamentations, tous les deux ? En vérité, voilà des figures bien gaies pour un jour de noce.

Arlequin. — Eh ! n'avons-nous pas sujet de nous désoler ? Nous nous aimons, Colombine et moi, depuis notre enfance et au lieu de nous marier ensemble, vous la donnez à Pierrot, un imbécile qui a une quantité innombrable de défauts.

Cassandre. — Dis donc, tu arranges bien mon neveu.

Arlequin. — Et moi aussi, je suis votre neveu, puisque j'étais celui de votre femme. Ainsi nos droits étaient pareils ; pourquoi l'avez-vous choisi ?

Colombine. — Il a raison, pourquoi l'avez-vous choisi ?

Cassandre. — Voulez-vous bien vous taire, mademoiselle. En donnant la préférence à Pierrot, j'ai agi dans votre intérêt, car il est le meilleur pâtissier du pays et c'est un état avec lequel on gagnera toujours de l'argent, car on fera toujours des brioches.

Arlequin. — Le fait est qu'il est très fort sur les brioches.

Cassandre. — Ensuite, étant le filleul de la fée Carabosse, il peut prétendre à tout.

Arlequin. — Est-il heureux, ce maudit Pierrot, d'avoir une fée pour marraine !

Cassandre. — Tu vois bien que, franchement, je ne pouvais pas te préférer à lui, toi qui n'es qu'un pauvre garçon perruquier.

Arlequin. — Je ne suis qu'un pauvre garçon perruquier, c'est vrai, mais j'ai du talent dans mon état et puis je suis un chimiste très distingué.

Cassandre. — Eh bien ! à la bonne heure, tu ne te dis pas de sottises.

Arlequin. — Ah ! c'est que je suis enchanté de ma nouvelle invention.

Cassandre. — Quelle invention ?

Arlequin. — Eh bien ! ma pommade miraculeuse, qui a la vertu de faire pousser les cheveux ; je n'attends plus, pour la livrer au public, que de lui avoir trouvé un beau nom.

Cassandre. — Laisse-nous donc tranquilles, avec ta pommade.

Arlequin. — Ah! vous doutez de sa vertu, mon oncle. Eh bien! voulez-vous en essayer?

Théatre royal des marionnettes.
(Extrait de la *Caricature*, 1834.)

Cassandre. — Je m'en garderais bien.

Arlequin. — Je me charge de faire repousser vos cheveux, cela vaudra mieux que votre grosse vilaine perruque.

Cassandre. — Mais, tu ne sais pas combien elle m'est précieuse? Apprends qu'autrefois j'avais une très mauvaise santé, j'étais toujours malade, enfin j'étais l'homme le plus enrhumé, le plus goutteux, le plus douloureux de toute l'Italie, lorsque, le jour du baptême de Pierrot, la fée Carabosse, touchée de mes souffrances, me donna cette perruque merveilleuse. A peine l'eut-elle posée sur ma tête, que tous mes maux cessèrent comme par enchantement, et, depuis, je n'ai pas ressenti la plus légère souffrance, aussi ne la donnerai-je pas pour tout l'or du monde.

Pierrot, *dans la coulisse*. — Mon oncle ! mon oncle !

Cassandre. — Mais j'entends Pierrot.

SCÈNE II

Les Précédents, Pierrot, un Notaire.

Pierrot. — Oui, mon oncle, c'est moi ; j'amène le notaire pour la signature du contrat. (*S'approchant de Colombine*.) Ma jolie cousine, je viens vous exprimer le... les... enfin... je... bientôt...

Arlequin. — Allons, tu n'en sortiras pas, tu ferais mieux de te taire.

Pierrot. — Veux-tu me laisser tranquille, vilain moricaud ; de quoi te mêles-tu.

Arlequin. — Est-ce que tu crois m'imposer silence, visage de farine ?

Cassandre. — Ah ça ! Est-ce que vous n'allez pas vous taire ! Ces deux êtres-là sont insupportables pour se quereller sans cesse ; ils n'ont jamais pu se souffrir.

Arlequin. — Il est vrai que, quoique étant tous deux vos neveux, nous ne sommes guère cousins ensemble.

Cassandre. — Arlequin, tu commences à m'échauffer les oreilles ; si tu dis encore un mot, je te mets à la porte... par la fenêtre... Mais, les témoins ne sont pas encore arrivés ; en les attendant, je vais déjeuner ; d'ailleurs, j'ai pour habitude de ne jamais parler affaires avant le repas ; avec cela qu'aujourd'hui j'ai un mets extraordinaire, je suis sûr que personne n'en a encore mangé.

Pierrot. — Oh ! qu'est-ce que c'est donc mon oncle ?

Colombine. — Le vilain gourmand !

Cassandre. — C'est un œuf de Rock que j'ai eu l'adresse de dénicher ce matin.

Arlequin. — Savez-vous, mon oncle, que c'est très imprudent ce que vous avez fait là.

Cassandre. — Je le sais bien, car le Rock est l'oiseau le plus fort et le plus féroce ; mais enfin, il ne m'a pas vu, et j'en profite... Pierrot, va me chercher mon œuf et surtout prends garde de le laisser tomber. (*Pierrot sort.*) J'ai commandé qu'on le fasse cuire à la coque pour le voir entier le plus longtemps possible.

Pierrot, *rentrant avec l'œuf.* — Le voilà, mon oncle. Dieu ! quel œuf ! j'en ai ma charge ; il y a de quoi faire une omelette pour vingt personnes. Vous m'en donnerez, n'est-ce pas, mon oncle ?

Cassandre. — Oui, et je vais... (*Au moment où il commence à casser l'œuf, un petit oiseau en sort.*) Ah ! quel prodige ! (*Le Rock paraît et enlève la perruque de Cassandre.*)

Tout le monde. — Ah ! le Rock ! le Rock !

Cassandre. — Mais, il m'enlève ma perruque. Au secours ! Je suis perdu, je sens tous mes maux qui reviennent. (*Il tousse.*) Aïe ! aïe ! aïe ! mon catarrhe. (*Il veut se relever.*) Aïe ! aïe ! aïe ! ma goutte, je ne puis plus marcher.

Arlequin. — Mon pauvre oncle !

Pierrot. — Comme c'est contrariant pour la noce !

Cassandre. — Va-t'en au diable, toi, avec ta noce ! Est-ce que je peux marier ma fille dans un état pareil ? Le mariage n'aura lieu que lorsque j'aurai retrouvé ma perruque.

Pierrot. — Ah ! mon Dieu ! que dit-il là ?

Cassandre. — Partez tous, je ne donnerai ma fille qu'à celui qui me la rapportera... ma perruque.

Arlequin. — Je vais me mettre en route sur-le-champ. Tout espoir n'est pas encore perdu, ma petite Colombine.

Pierrot. — Mais, mon oncle...

Cassandre. — C'est mon dernier mot ; invoque ta marraine, elle est puissante et te donnera, sans doute, le moyen de la retrouver. Allons, conduisez-moi dans ma chambre, car je ne peux plus bouger. (*Il sort avec Pierrot et Colombine.*)

SCÈNE III

Arlequin, *seul.*

Arlequin. — C'est vrai, il a sa marraine qui le fera réussir, tandis que moi je n'ai personne pour me protéger.

SCÈNE IV

La Fée Blanchette, Arlequin.

La Fée, *sortant d'un bahut.* — Tu te trompes, Arlequin.

Arlequin. — Que vois-je ?

La Fée. — La Fée Blanchette. Je suis touchée de ton amour pour Colombine et je viens à ton secours. Malheureusement je suis reçue depuis peu de temps à la cour des Fées et je n'ai pas autant de pouvoir que la Fée Carabosse qui en est la doyenne ; cependant j'espère t'être utile plus tard ; mais, pour le moment, je t'engage à ne pas quitter Pierrot un seul instant.

Arlequin. — Je vous obéirai, madame la Fée, quoique cela doive m'être peu agréable.

La Fée. — Il le faut... Mais je l'aperçois, il va venir invoquer sa marraine ; cache-toi ; adieu, du courage !

SCÈNE V
Arlequin, seul.

Arlequin. — Je ne reviens pas de ma surprise. Mais, voilà Pierrot, cachons-nous, comme Mme Blanchette me l'a dit.

SCÈNE VI
Arlequin caché, Pierrot.

Pierrot. — Il n'y a pas moyen de faire entendre raison à mon oncle. Ah ! s'il n'était pas si riche, comme je le laisserais là, lui, sa fille et sa perruque. Voyons, invoquons ma marraine. Puissante Fée Carabosse, venez à mon secours.

SCÈNE VII
Pierrot, la Fée Carabosse. (*Elle descend sur un manche à balai.*)

La Fée Carabosse. — Me voici, mon garçon ; je sais ce dont il s'agit ; ainsi ne perdons pas de temps en paroles inutiles. La perruque de Cassandre est maintenant dans l'île des Bêtes ; je te donnerai le moyen d'y pénétrer, mais ce ne sera pas sans de grandes difficultés, car le Rock est tout-puissant et il en veut mortellement à ton oncle de lui avoir enlevé son œuf.

Pierrot. — Oui, j'ai entendu dire que le Rock avait le cœur très dur. Mais, dites-donc, marraine, j'ai peur d'être dévoré, dans l'île des Bêtes.

La Fée. — J'espère que tu y seras bien reçu, mais il faut d'abord sortir d'ici ; viens te placer à côté de moi.

Pierrot. — Sur votre manche à balai ?

La Fée. — Sans doute.

Pierrot. — Mais, dites-donc, marraine, c'est bien étroit, je vais tomber.

La Fée. — Ne crains rien.

Pierrot. — Vous me donnerez la main, n'est-ce pas ?

La Fée. — Sois tranquille.

(*Pierrot se place près de la fée Carabosse. Au moment où ils s'enlèvent, Arlequin saisit la jambe de Pierrot et dit :*)

Arlequin. — Maintenant, je ne te quitte plus.

Pierrot, *criant*. — Aïe ! Aïe ! Aïe ! Qui est-ce qui me tire la jambe comme cela ?

(*La toile tombe.*)

ACTE II.

Le théâtre représente le bord de la mer.

SCÈNE PREMIÈRE

Pierrot, Arlequin.

Pierrot. — Ouf! il était temps que ma marraine me fasse prendre pied ici, car le siège sur lequel elle voyage est terriblement dur ; je suis bien fatigué.

Arlequin. — Et moi aussi.

Pierrot. — Je te conseille de te plaindre, tu m'as presque brisé la jambe, en t'accrochant après moi.

Arlequin. — Il m'eût été difficile de te suivre autrement.

Pierrot. — Je me serais bien passé de toi, car je connais ton projet ; tu espères profiter de la protection de ma marraine pour retrouver la perruque de mon oncle, mais tu n'y parviendras pas, car si la Fée Carabosse n'a pu t'empêcher de me suivre jusqu'ici, je saurai bien me débarrasser de toi.

Arlequin, *à part*. — C'est ce que nous verrons.
(*Pendant la tirade de Pierrot, il a marché de long en large et Arlequin l'a suivi pas à pas.*)

Pierrot, *se retournant brusquement*. — Ah çà ! veux-tu me laisser tranquille ?

Arlequin. — Mais je te laisse parfaitement tranquille.

Pierrot, *à part*. — Et dire que ma marraine m'a prévenu en route qu'elle ne pouvait l'empêcher de me suivre ! Si je pouvais cependant, avec adresse... Essayons... Dis-donc, Arlequin ?

Arlequin. — Qu'est-ce que tu veux ?

Pierrot. — Je pense que, puisque tu ne veux pas me quitter et que nous devons voyager ensemble, il vaut mieux être bons amis.

Arlequin. — Je ne demande pas mieux.

Pierrot. — Faisons la paix.

Arlequin. — Je le veux bien. (*A part.*) Il est trop aimable, tenons-nous sur nos gardes.

Pierrot. — Ne trouves-tu pas que c'est charmant ici ?

Arlequin. — Oui, c'est très joli, très joli.

Pierrot. — Avant de nous remettre en route, je vais aller visiter les environs. Attends-moi un instant, je reviens tout de suite. (*Il sort en courant.*)

SCÈNE II

ARLEQUIN, seul.

ARLEQUIN. — Ah ! tu n'es pas adroit, cher ami ; tu crois pouvoir me laisser là, mais je suis plus habile que toi à la course ; tu as beau courir, je t'aurai bien vite rattrapé. (*Il va pour sortir.*)

PIERROT, *dans la coulisse.* — Au secours ! Au secours !

ARLEQUIN. — Mais, que vois-je ! Il est dévoré par un crocodile. Diable ! je n'ai pourtant pas envie de le suivre jusque-là.

SCÈNE III.

(*Le crocodile paraît, tenant Pierrot dans sa gueule.*)

PIERROT. — Au secours ! Arlequin, sauve-moi.

ARLEQUIN. — Et comment veux-tu que je fasse ?

PIERROT. — J'étouffe, dépêche-toi.

ARLEQUIN. — Dépêche-toi, dépêche-toi, c'est bien aisé à dire. En vérité, il est si méchant que j'ai bien envie de laisser le crocodile le digérer tranquillement. Mais il faut être meilleur que lui ; d'ailleurs, lui seul peut me faire arriver dans l'île des Bêtes ; mais comment faire pour le sortir de là ?

PIERROT. — J'étouffe.

ARLEQUIN. — Tâche de sortir par où tu es entré.

PIERROT. — Je ne peux pas, l'animal a les dents serrées.

ARLEQUIN. — Tâche de trouver une porte de derrière. Sangodémi ! C'est qu'il n'y a pas de temps à perdre. Ah ! il me vient une idée. (*Il saute sur le crocodile et piétine dessus.*) Je vais peut-être l'étouffer tout à fait, mais, ma foi, je risque le tout pour le tout. (*Pierrot commence à sortir.*) Ah ! je l'aperçois. Attends, je vais te donner la main. (*Il va dans la coulisse et tire Pierrot qui sort du crocodile, long et mince.*) Sangodémi ! comme il a grandi dans le corps de ce poisson ! J'ai beau tirer, je n'en vois pas la fin. Je crois, cependant, que c'est fini, mais le malheureux n'a plus forme humaine.

SCÈNE IV.

PIERROT, ARLEQUIN. (*Pierrot reparaît sous sa forme naturelle.*)

ARLEQUIN. — Tiens ! tu n'es pas plus grand ! Ah ça ! es-tu bien rajusté ?

PIERROT. — Je crois que oui, mais j'ai eu bien peur.

ARLEQUIN. — Cela t'apprendra à vouloir me quitter.

PIERROT. — C'est étonnant comme mon passage dans cet animal m'a creusé l'estomac, je voudrais pouvoir me restaurer. (*Une table servie paraît.*) Ah ! quel bonheur !

Arlequin. — Oui, c'est heureux, car j'ai bien faim aussi.

Pierrot. — Mais, dis-donc, cette table est envoyée par ma marraine, bien sûr, et je ne veux pas que tu y touches.

Arlequin. — Gourmand, va ! Décidément, Pierrot, ça me fait de la peine pour toi, mais tu as tous les défauts... Comment, tu refuses de me laisser partager ton repas, quand je viens de te sauver la vie !

Pierrot. — Tiens ! il n'y en a pas trop pour moi, et je vais... (*Au moment où il va manger, sa tête se retourne*).

Arlequin, *riant*. — C'est pour te punir de ta gourmandise. (*Arlequin mange*).

Pierrot. — Est-ce que je vais rester comme cela ? (*Sa tête se remet.*) A la bonne heure ! Voyons, mangeons. (*Sa tête se retourne.*) Décidément, ça commence à m'inquiéter. (*Sa tête tourne très vite.*) Ah ! ma tête qui tourne comme un tonton, à présent. Arlequin ! Mon cher Arlequin !

Arlequin. — C'est cela, tu as recours à moi dans les moments difficiles, et quand je t'ai tiré d'embarras, tu me maltraites ; ma foi, que ta tête tourne si elle veut, pendant ce temps, je vais finir le macaroni. (*Il mange et boit.*) Là ! j'ai fini ; tu disais bien, Pierrot, il n'y en avait pas de trop pour une personne. (*La table disparaît.*)

Pierrot. — Enfin, ma tête reste en place ! Mais j'ai l'estomac encore plus creux qu'auparavant.

Arlequin. — Tu vois bien que tu es puni de tes mauvais procédés envers moi. Mais il faut songer à sortir d'ici. (*Un bateau paraît.*)

Pierrot. — Justement voilà un bateau.

Arlequin. — Pour arriver à une île, c'est de première nécessité.
(*Ils sautent tous les deux dans le bateau, s'asseyant de côté opposé et rament chacun de leur côté.*)

Pierrot. — C'est de mon côté qu'il faut ramer.

Arlequin. — Non ; d'après notre première direction, ce doit être du mien.

Pierrot. — Je suis sûr que non.

Arlequin. — Je suis sûr que si.

Pierrot. — Mais si nous ramons toujours du côté opposé, nous n'arriverons jamais.

Arlequin. — Pourquoi ne veux-tu pas m'écouter ?

Pierrot. — Parce que c'est moi qui ai raison.

Arlequin. — Et moi, je suis sûr du contraire. (*Le bateau se sépare en deux.*)

Pierrot. — Pour le coup nous voilà séparés.

Arlequin. — Et moi qui ne devais pas le quitter !

(*La toile tombe.*)

ACTE III

Le théâtre représente l'île des Bêtes. — Chaque personnage doit avoir la tête et les pattes de l'animal dont il porte le nom.

SCÈNE PREMIÈRE

Le Renard, Le Perroquet.

Le Perroquet. — Avez-vous remarqué, Seigneur Renard, comme le Roi est triste depuis quelque temps ?

Le Renard. — Oui, Seigneur Perroquet, et Sa Majesté a bien sujet de s'affliger, car sa crinière, qui était citée pour sa beauté, diminue tous les jours ; aussi, y a-t-il une forte récompense promise à celui de ses sujets qui pourra remédier à cet inconvénient en lui procurant une perruque.

Une voix dans la coulisse : Le Roi.
(*Le Renard et le Perroquet s'inclinent.*)

SCÈNE II

Le Lion, Le Renard, Le Perroquet.

Le Lion. — Bonjour, mes fidèles ministres. Eh bien ! pendant mon absence, a-t-on apporté l'objet que j'ai fait demander ?

Le Perroquet. — Votre perruque ?... Non, Sire !

Le Lion. — Ne prononcez pas ce nom, Seigneur Perroquet, car mon cœur se brise à l'idée d'employer ce subterfuge, moi qui avais la plus belle crinière de tout mon royaume.

Le Renard. — Je vous assure, Sire, que votre crinière était trop grosse autrefois et que les traits si nobles et si beaux de Votre Majesté gagnent à ce qu'elle soit légèrement diminuée.

Le Lion. — Ministre Renard, vous êtes un flatteur, mais je sais à quoi m'en tenir ; je réussis beaucoup moins auprès des lionnes et des panthères et le Seigneur Perroquet me disait encore ce matin que ma crinière était le sujet de toutes les conversations.

Le Perroquet. — Sire, mon opinion...

Le Lion. — Eh ! mon cher Perroquet, je ne vous demande pas votre opinion, car je sais que vous n'en avez pas ; vous ne parlez que d'après les autres et voilà pourquoi je m'en rapporte à vous pour savoir ce qui se passe. Mais je commence à être très inquiet, car malgré la récompense promise, peut-être ne pourrai-je obtenir cet objet tant désiré. Mais, que nous veut notre Grand Chambellan ?

SCÈNE III

Les Précédents, Le Singe.

Le Singe. — Sire, l'Ambassadrice de votre illustre cousin, le Grand-Duc Le Rock, désire parler à Votre Majesté à l'instant même.
Le Lion. — Faites entrer.
Une voix dans la coulisse. — Mme la comtesse la Pie.

SCÈNE IV

Les Précédents, La Pie.

La Pie. — (*Elle parle très vite.*) Pardonnez-moi, Sire, de me présenter si brusquement devant Votre Majesté ; mais l'affaire qui m'amène étant de la plus haute importance, ne pouvait souffrir de retard.
Le Lion. — Je vous écoute, Madame.
La Pie. — Je vais vous expliquer en peu de mots, le motif de mon ambassade : Le Grand-Duc, Mgr Le Rock, ayant appris que vous désiriez une perruque, m'a chargé de vous apporter celle-ci ; il l'a enlevée à un nommé Cassandre, pour le punir d'avoir eu l'audace de lui prendre un de ses œufs.
Le Lion — Je vous prie, Madame, d'exprimer ma sincère reconnaissance à mon cher cousin et de lui dire que je tâcherai de reconnaître un si grand service.
La Pie. — Mgr Le Rock sait que les deux neveux de Cassandre sont en route pour venir demander cette perruque à Votre Majesté et il désire, pour toute récompense, que vous vengiez sur eux l'outrage que leur oncle lui a fait.
Le Lion. — Il sera obéi.

SCÈNE V

Les Précédents, Le Singe.

Le Singe. — Sire, deux voyageurs qui viennent d'arriver dans votre île, l'un au nord, l'autre au midi, réclament l'honneur de vous être présentés.
Le Lion. — Ce sont sans doute ceux que nous attendons. Faites entrer. (*Le Singe sort.*)

SCÈNE VI

Les Précédents, Pierrot, Arlequin.

Pierrot. — Sire, je viens...

Arlequin, *l'interrompant.* — Sire, le sujet qui m'amène...

Pierrot, *de même.* — Je demande pardon à Votre Majesté...

Arlequin, *de même.* — Je supplie Votre Majesté de me pardonner...

Le Lion. — Voulez-vous bien vous taire, Messieurs. Je connais le but de votre voyage ; vous venez me demander la perruque de votre oncle, mais vous ne l'aurez pas, d'abord, parce que mon cher cousin, le Grand-Duc Le Rock qui vient de me l'envoyer, veut venger sur vous la témérité de votre oncle et ensuite parce que je veux la garder pour mon usage. Maintenant, Messieurs, je veux bien vous accorder la faveur de choisir vous-mêmes celui de mes sujets par lequel vous préférez être dévorés.

Pierrot, *à part.* — Ah ! que dit-il ? Je sens mes jambes qui fléchissent sous moi.

Arlequin, *à part.* — Diable ! Il ne plaisante pas. Comment sortir de là ?

Le Lion. — Eh bien ! Messieurs, avez-vous fait votre choix ?

Arlequin. — Pardon, Sire, mais je suis un peu curieux et avant de mourir, je voudrais bien savoir en quoi cette perruque peut vous être utile.

Le Lion. — Vous êtes bien hardi de m'adresser une pareille question. Cependant, comme c'est la dernière, je veux bien y répondre. Je compte me servir de cette perruque pour suppléer à ma crinière qui diminue tous les jours.

Arlequin. — Eh bien ! Sire, au lieu de vous affubler de cette perruque, qui vous enlaidirait, je vous offre de faire repousser votre crinière aussi belle que possible, avec une pommade miraculeuse que j'ai composée.

Le Lion. — Ah ! cela serait merveilleux.

Arlequin. — Je ne demande que quelques heures pour la préparer.

Le Lion. — Eh bien, on ajournera ta mort jusque-là. Mais ce sursis ne concerne pas ton compagnon.

Pierrot. — Sire, ne l'écoutez pas, il vous en impose avec sa pommade.

Arlequin. — Ah ! si je pouvais en avoir de suite, je prouverais à Votre Majesté... (*Un pot de pommade paraît sur une table.*) Justement en voici.

Pierrot. — Je vous répète, Sire, que c'est un imposteur, et qu'au contraire sa pommade est nuisible.

Le Lion. — En ce cas, je veux qu'on en fasse l'essai sur toi. (*Arlequin frotte la tête de Pierrot, dont le serre-tête disparaît et qui paraît avec une chevelure qui lui cache la figure et tombe presque jusqu'à terre.*)

Tous. — Ah ! quel prodige !

Le Lion. — C'est miraculeux ! Arlequin, non seulement je t'accorde la perruque de ton oncle, mais je veux breveter ta pommade en lui donnant mon nom.

POLICHINELLE VAINQUEUR
par Cham. — (Extrait du *Charivari*, 1850.)

Arlequin. — Ah! Sire, que de bontés! Ma petite Colombine, je te reverrai enfin.

SCÈNE VII ET DERNIÈRE.

Les Précédents, La Fée Blanchette, Cassandre, Colombine
(*Ils arrivent dans un nuage.*)

La Fée. — Nous venons te féliciter, Arlequin.

Arlequin. — Combien je vous remercie, Madame la Fée! C'est [à votre] protection que je dois mon bonheur. Eh bien! mon oncle?

Cassandre. — Eh bien, je suis prêt à tenir ma promesse.

Arlequin. — Vous ne nierez plus, j'espère, l'efficacité de mes inv[entions] et la pommade du Lion fera ma fortune.

Le Lion. — Madame l'ambassadrice, vous direz, je vous prie, à m[on] cousin que j'espère qu'il voudra bien pardonner à Cassandre, en fav[eur du] service que son neveu m'a rendu. (*La Fée s'envole.*)

Pierrot. — Et moi, est-ce que je vais rester comme cela?

La Fée. — Oui, car en voyant ton mauvais caractère, ta marra[ine a] retiré sa protection.

Arlequin. — C'est cela, tu seras mon enseigne vivante.

Pierrot. — Oh! Arlequin, je t'en prie...

Arlequin. — Le fait est que tu es si laid comme cela, que tu me fai[s] peine. Allons, console-toi, si tu te comportes bien, je composerai un[e] pommade pour te faire tomber tes cheveux.

COUPLET FINAL.

Air : *de Partie et Revanche.*

Arlequin, *au public.*

Nos acteurs sont les vrais modèles
De ces vertus qu'on cherche à l'Opéra,
Chez nous, ni souci, ni querelles,
Cabale, envie, *et cætera*...
Nous ne connaissons pas cela.
Aucun travail ne nous rebute;
Jamais de fièvre ou d'enrouement.
Nous ne redoutons qu'une chute,
Car nous nous cassons en tombant.

La Comédie Ambulante ou le Plaisir Inattendu. 1824.

VII

LES MARIONNETTES A LA PLANCHETTE ET LES CONTINUATEURS DE SÉRAPHIN

Les montreurs de marionnettes à la planchette, à Paris, vers 1820. — *South Wark fair*, de Hogarth, en 1733. — Gavarni et Jules Dupré. — *Les jolis Pantins*, chanson de 1860. — Les théâtres transportables, vers 1810. — Théâtres de marionnettes, dans les sous-sols ou les rez-de-chaussée parisiens. — L'aboyeur. — Guignol dans les jardins publics. — Anatole Cressigny, dit Anatole. — Il devient propriétaire du *Vrai Guignol*. — Ses représentations aux Tuileries et à l'Élysée. — Les *Castellets* actuels.

Les Parisiens qui touchent à la soixantaine, peuvent se rappeler encore que lors de leurs jeunes années, nos carrefours si sages et si recueillis aujourd'hui, si vivants et si turbulents alors, où se donnaient rendez-vous, comme au XVIII° siècle, chanteurs et batteleurs, hercules et dresseurs de chiens savants, étaient quelquefois égayés, le soir, par de jeunes piémontais ou de jeunes calabrais, montreurs de marionnettes à la planchette, qui s'accompagnaient d'un tambourin et d'un fifre aux sons criards. Quand la place publique ne paraissait pas devoir leur assurer un nombre suffisant de spectateurs, les marionnettistes, presque des enfants, pénétraient, suivis de gamins et de flâneurs, dans les cours ou sous les portes cochères et donnaient, au pied levé, c'est le cas de le dire, des représentations toujours bien accueillies, mais rarement productives.

Leurs marionnettes, retenues par le milieu du corps, à un fil noué au genou du montreur, reposaient à peine sur une planchette et, obéissant aux mouvements qui leur étaient imprimés, se livraient à des danses désordonnées, sans grâce, réglées par le hasard, mais souvent bien drôles et toujours inattendues.

William Hogarth, le grand artiste anglais, les a connues. En 1733, il a gravé l'une de ses admirables estampes où, réunissant les merveilles qui se pouvaient voir à *South Wark fair*, il a montré un joueur de musette qui, accompagné d'un singe bizarrement accoutré, fait danser deux poupées avec le pied. Dans cette même estampe, on trouve aussi un *puppet-show*, sur lequel est écrit : *Punch's Opéra*. On y remarque encore deux toiles peintes servant d'enseigne et représentant : l'une, Adam, Ève et le Serpent, c'est le *Paradis perdu;* l'autre, Polichinelle à cheval ; sa bête, bien dressée, vide les poches d'Arlequin. Hogarth a également

LA FOIRE DE SOUTH WARK
par W. Hogarth. 1733.

placé dans sa composition, une femme, la vieille sur le dos, montrant la lanterne magique à un enfant.

Les marionnettes à la planchette sont donc anciennes. Un voyageur, Daniel Clarke, a constaté leur présence, en 1812, chez les cosaques du Don ; elles ont disparu aujourd'hui, mais d'assez nombreuses estampes signalent leur passage en France, à partir de l'année 1820. Gavarni, qui aimait les pantins, en a fixé le souvenir dans l'un de ses dessins publiés par le *Magasin pittoresque;* Jules Dupré a fait de même dans une toile de valeur, reproduite par la *Revue des peintres*, en 1832, je crois.

Vers 1860, on pouvait entendre dans nos concerts parisiens, puis dans les rues de Paris, une chanson à laquelle on fit bon accueil, chacun s'appliquant à y trouver quelque allusion politique; elle me paraît bonne à citer, non qu'elle soit un chef-d'œuvre, mais parce qu'elle retrace assez fidèlement ce qu'était le joueur de marionnettes dont je rappelle à la fois l'existence et la disparition.

> Près de Chambéry, dans notre village,
> Ma mère, en pleurant, un matin, me dit :
> Mon enfant, vois-tu, nous manquons d'ouvrage,
> Il faut nous quitter, mon pauvre petit.
> Prends ce tambourin, ce fifre de pâtre,
> Et vas à Paris; vers ces lieux lointains,
> La planche de bois sera ton théâtre
> Pour faire danser tes jolis pantins.
>
> Pantins que vous êtes,
> Dansez, mes amours.
> De vos pirouettes
> L'on rira toujours.
>
> Savez-vous comment sont faits mes artistes ?
> Je leur mets d'abord des habits de choix,
> Bourgeois ou docteurs, banquiers ou banquistes
> Ont riche parure et tête de bois.
> Tous pour quelques sous dansent sur ma corde,
> Tant que le public est en belle humeur !
> Mais, je suis aussi sans miséricorde
> Sitôt que l'un d'eux tombe en défaveur.
>
> Pantins... etc.,

Vers 1840, c'est Charlet qui en témoigne, il existait aussi, mais surtout dans les campagnes avoisinant la ville, de petits théâtres transportables faits de toiles et de piquets, dans l'intérieur desquels se tenait, à genoux, un jeune italien qui montrait, pour deux liards, la comédie aux enfants émerveillés; ces théâtres ont regagné leur lieu d'origine depuis de longues années, suivant l'exemple qui leur avait été donné par les marionnettes piémontaises et calabraises.

Séraphin et son théâtre, les marionnettes à la planchette, les théâtres transportables, nous conduisent à une époque rapprochée de la nôtre, celle pendant laquelle les scènes de marionnettes à mains, moins nombreuses, mais toujours suivies par la plus impressionnable des clientèles : la clientèle enfantine, se réfugient un peu partout, dans les sous-sols ou les rez-de-chaussée des quartiers populeux.

DANSE DES MARIONNETTES.

Danse des marionnettes
par Baptiste, 1829.

C'est l'époque du théâtre peu coûteux, d'où le luxe est banni et où le personnel est réduit à sa plus simple expression. A la porte basse et noire, qu'un quinquet fumeux ou une simple chandelle de suif éclaire, se tient tristement un homme au visage maigre et aux vêtements gras, c'est « l'aboyeur ». Par lui, les promeneurs curieux, les gamins amassés, vont connaître l'alléchant programme du spectacle auquel on les convie. L'un de ces petits théâtres m'est resté en mémoire : il était encore, en 1845, rue Jean-de-Beauvais, à la hauteur de la rue des Écoles.

Il y en avait bien d'autres à Paris, mais tous ont disparu. Guignol s'est réfugié dans les jardins publics : aux Tuileries, au Luxembourg, aux Buttes-Chaumont, aux Champs-Elysées surtout, où les enfants, fidèles aux poupées de nos premiers ans, suivaient il y a seulement quelques années, au milieu d'un décor unique au monde, les représentations données par ANATOLE CRESIGNY, ou plus simplement ANATOLE,

VALENTIN INDUSTRIEL PITTORESQUE ET DRAMATIQUE
par Charlet. 1842.

dont la supériorité comme marionnettiste était alors incontestable.

Né à Vernon, dans l'Eure, en 1842, et venu de très bonne heure à Paris, Anatole s'était épris des marionnettes à mains; tout enfant, il suivait leurs ébats et leurs luttes avec passion. Son rêve était d'obtenir au *Castellet* qu'il avait choisi, celui de Pierre Dumont, fondé en 1836, une petite place modeste et peu rétribuée. Il réalisa ce rêve, se perfectionna peu à peu, sans même qu'on s'en aperçut autour de lui et, plus tard, de serviteur qu'il était, devint maître du *Vrai Guignol*. Dans cette situation nouvelle, Anatole se révéla artiste de sérieuse valeur, non seulement comme exécutant, car il prétendait disposer de vingt voix différentes, mais aussi comme auteur. C'est lui qui composait ses pièces ou plutôt leur canevas; il en a laissé plus de quarante qui sont

La Comédie du Chat. Derrière la toile
par Jules David, 1830. (Collection de M. O. Grousset.)

entre les mains de sa veuve. C'est lui aussi qui sculptait les têtes de ses personnages, laissant à sa femme, une collaboratrice précieuse, le soin de les vêtir.

Anatole, qui encaissait, dans les dernières années de l'Empire, des recettes journalières de cent francs, est mort en 1893. Il avait été admis au Palais des Tuileries, sous Napoléon III, et au Palais de l'Elysée sous la présidence du maréchal de Mac-Mahon.

La Comédie de chat. Devant la toile
par Jules David. 1850. (Collection de M. O. Grousset.)

Les théâtres de nos jardins publics sont la reproduction exacte de nos anciens *Castellets*; ils n'ont guère plus de deux mètres carrés et renferment l'ensemble de leur personnel et de leur matériel, poupées et décors. Sous la scène même, ou plutôt sous *la table de travail* sont suspendus les personnages, à une place qui est toujours la même, cette disposition permettant leur immédiate entrée en scène. Ils sont au nombre de douze ou quatorze, et leur répertoire se modifie sans cesse, au gré de l'opérateur, sans avoir à craindre l'intervention de la censure. Chacune de leurs scènes nécessite la présence de deux ou trois *ouvriers*.

Combien, en ce moment, y a-t-il de théâtres de marionnettes établis à demeure, à Paris? J'avoue ne pas le savoir. Ce qui semble certain, c'est que leur nombre a sensiblement diminué; il aurait plutôt augmenté en province. Toute grande ville qui se respecte a ses marionnettes. A Amiens, ce sont *les Cabotins*, où Lafleur fait la joie des Picards et répond volontiers aux questions qui lui sont posées sur les faits locaux à l'ordre du jour; à Lyon, c'est Guignol, le grand Guignol dont la gloire a illuminé la France entière, à ce point qu'on ne dit plus : « Un théâtre de marionnettes » mais bien : « Un Guignol » et cela est justice; à Saint-Etienne, à Bordeaux, c'est encore Guignol; à Lille, c'est Jacques.

VIII

LES MARIONNETTES DE THOMAS HOLDEN

Thomas Holden explique ses procédés. — Ce qu'en pense Ed. de Goncourt. — A. Hovaroff et son petit théâtre des *Pantagonia*. — Le jugement porté par Lemercier de Neuville sur les fantoches de Holden.

Dans une brochure non datée, qu'il a fait imprimer chez Appel, vers 1887, lors de son dernier séjour à Paris, Thomas Holden prend le soin de ne rien divulguer des procédés qu'il emploie et qu'il complique volontairement; ces procédés étaient, à cette époque, peu répandus. J'extrais de la brochure de Holden illustrée par Draner les lignes suivantes qui me paraissent présenter quelque intérêt :

« ... C'est que ma besogne derrière la toile n'est pas une sinécure, tant s'en faut; et pour mettre tous ces petits bonshommes en mouvement, j'ai souvent mouillé plus d'une chemise. Passer de la machine hydraulique à la pile électrique, et de l'appareil pneumatique au magnétisme, on arrive souvent au rhumatisme, surtout dans certains théâtres où les courants d'air semblent avoir élu domicile; tout cela ne constitue pas tout à fait une besogne des plus agréables. Sans compter les poids à soulever, les fils à tirer, tantôt debout, tantôt à genoux, le plus souvent couché à plat ventre dans des positions souvent périlleuses, mais toujours fort incommodes, tantôt suspendu par un pied ou accroché par un bras à une barre de fer, allant de droite à gauche, de haut en bas, chantant, parlant, criant selon le besoin du moment, n'ayant pas même le temps de respirer, changeant le timbre de ma voix selon le personnage présenté au public et toujours transpirant comme dans un bain russe, voilà un des secrets les plus importants de ma profession.

« Dans une entreprise comme la mienne, il est rare qu'il n'arrive pas d'accidents à mes bonshommes, tantôt c'est un bras qui se démanche, ou un pied qui ne va plus, et tant d'autres; pour ne rien oublier et afin de réparer tout cela pour la représentation du lendemain, un carnet est soigneusement et régulièrement tenu, sur lequel on peut lire des annotations comme celles-ci :

« Enseigne du barbier cassée;

« Clouer la perruque à Cassandre;

« Faire une queue neuve au taureau;

« Bande d'air à abaisser;

« Fond de mer à relever;

« Chien à rempailler;

« Huile pour les machines;

« Charbon, esprit de vin, fil de fer, platine, cire vierge;

« Laver les chaussettes du clown;

« Faire un nez au policemen, etc., etc.

Thomas Holden manœuvrant ses fantoches par Drauer. (Extrait de : *Thomas Holden, original progrès, mystères*.)

« Mais en voilà assez, je ne dévoilerai aucun autre secret de ma profession. Je laisse au spectateur le soin d'en débrouiller les innombrables ficelles; et s'il lui prenait fantaisie de me faire concurrence, je l'engagerais à se munir immédiatement des objets suivants et à commencer la besogne :

« Quelques centaines de mètres de toile et une machine Singer pour les coudre; vingt kilogrammes de couleurs variées et pinceaux et brosses, avec des hommes sachant s'en servir; pas mal de bûches pour

AFFICHE AMÉRICAINE DE THOMAS HOLDEN.

en faire des fantoches ayant un semblant d'intelligence ; cinq cents vieilles roues de montres et de pendules; une centaine de ressorts de montres; sept kilogrammes de cheveux; cent cinquante paires d'yeux artificiels en miniature; un métier à fabriquer des bas de soie; deux petites machines à vapeur; une chaudière, un outillage complet de menuiserie, quelques centaines de kilogrammes de fil de fer de toutes dimensions, pompes, baquets, couverts, verres, bouteilles et une foule d'autres accessoires dont la nomenclature tiendrait dix pages de cette brochure ; sans parler des costumes, étoffes pour leur confection, et des nombreux bras pour fabriquer et maintenir tout cela dans les conditions voulues. »

Edmond de Goncourt avait été frappé dès le début, des succès obtenus par Holden. Dans son *Journal* de l'année 1879, il leur consacre quelques lignes :

« *Samedi 5 avril.* — Les marionnettes de Holden ! Ces gens de bois sont un peu inquiétants. Il y a une danseuse, tournant sur ses pointes dans un clair de lune, de laquelle pourrait s'éprendre un personnage d'Hoffmann, et encore un clown qui se couche, cherche sa position sur un lit et s'endort avec des poses et des gestes d'une humanité de chair et d'os. »

Si incomplètes qu'aient été les « révélations » de Thomas Holden, elles ont peut-être suffi pour instruire quelques marionnettistes en éveil. Aujourd'hui, à peu d'exceptions près, ses trucs sont connus; un modeste exécutant, A. Hovaroff, dans son petit théâtre des *Pantagonia*, du carré Marigny, les montre chaque jour aux enfants; il a notamment un petit gymnaste dont l'adresse est prodigieuse; le fameux squelette dont les membres se détachent et se rejoignent avec une précision mathématique y paraît également pour la plus grande stupéfaction des spectateurs.

Holden, retiré après fortune faite, était plutôt un illusionniste qu'un marionnettiste. Ses fantoches étaient suspendus à une barre transversale sur laquelle venaient se fixer, sans pouvoir se confondre, les nombreux fils qui les faisaient agir. Afin de rendre ces fils moins apparents, Holden avait eu l'ingénieuse idée de garnir les fonds de sa scène, de l'étoffe connue sous le nom de *reps*, dont la fabrication repose sur de longues lignes verticales côtelées; les fils de l'étoffe se confondaient ainsi, à distance, avec ceux des poupées qui devenaient alors invisibles.

Holden faisait peu marcher ses personnages, la marche étant com-

AFFICHE BELGE DE THOMAS HOLDEN.

posée de mouvements difficiles à obtenir. Il avait le soin de les placer très près du fond de son théâtre et les faisait mouvoir dès leur apparition.

« Les fantoches de Thomas Holden, dit M. Lemercier de Neuville, étaient certainement des merveilles de précision et je suis loin d'en nier la valeur, mais ils s'adressaient aux yeux et non à l'esprit. Leur perfection même est une faute. On les admirait, on n'en riait pas, ils étonnaient et ne charmaient pas. Ils étaient muets d'ailleurs, défaut auquel on aurait pu remédier, mais quel dialogue vif et animé aurait-on pu mettre dans la bouche de ces pantins dont les gestes étaient réglés et qui manquaient de physionomie. »

Cette dernière observation n'est pas restée d'une justesse absolue. Thomas Holden a souvent fait parler ou chanter ses pantins, mais ils restaient froids et guindés malgré la vive intelligence et le savoir incontestable de leur maître.

IX

LES MARIONNETTES DE DICKSONN

Le prestidigitateur Dicksonn. — Mode de suspension de ses marionnettes. — Construction d'une marionnette nue.

Dicksonn, ou, si vous le préférez, M. Alfred de Saint-Genois, est évidemment l'un de nos plus avisés prestidigitateurs. Toutes ses expériences qu'il a lui-même fait connaître dans un volume intitulé : *Mes Trucs*, sont célèbres; doué d'une merveilleuse adresse, il obtient dans ce genre de spectacles des résultats étonnants qui, s'il n'avait pas la joie de vivre de notre temps, lui auraient jadis attiré bien des ennuis.

M. A. de Saint-Genois est un fanatique de marionnettes; il les a étudiées toutes et, incomplètement satisfait des moyens mis en usage par ses prédécesseurs ou par ses concurrents, il a créé pour elles un système fort ingénieux.

Ses marionnettes sont muettes. Les scènes mouvementées où plusieurs personnages sont nécessaires ne le tentent pas, il lui suffit de faire paraître une seule poupée à la fois, mais à cette poupée, il donne les apparences de la vie.

Son système offre cette particularité que la marionnette est suspendue par un appareil fixé au corps du manipulateur, de façon à lui permettre d'avoir les deux mains libres pour conduire les fils d'action.

Cet appareil n'est pas très compliqué : il se compose d'un dos de cuirasse fixé avec des bretelles; à ce dos de cuirasse qui ne gêne aucun mouvement, une longue tige de fer, portant à sa base une vis d'arrêt permettant son élévation ou son abaissement, est adaptée; elle se recourbe au-dessus de la tête de l'opérateur, avance de trente-cinq à quarante centimètres et se termine par un crochet à mouvement fou. C'est à ce crochet que se fixe par un piton, la tringle horizontale qui porte, munie de tous ses fils, la marionnette ainsi suspendue dans l'espace, sous les yeux même de celui qui la fait agir.

Affiche de Dicksonn (Alfred de Saint-Genois).

M. de Saint-Genois explique de la manière suivante, le mouvement et l'utilisation des fils dont il se sert :

Deux fils A servent à suspendre le fantoche par les épaules, ce sont les principaux, ceux qui supportent tout le poids; aussi demandent-ils à être souvent vérifiés. Deux autres fils B, fixés aux oreilles, suspendent la tête et se terminent en haut par deux caoutchoucs qui sont reliés par une barre en fil de fer, ce qui permet, en appuyant dessus, d'obtenir par l'élasticité un abaissement des deux fils en même temps pour faire incliner la tête et dire *oui*. En appuyant sur la tringle plus fort d'un côté que de l'autre, on obtient une inclinaison de la tête, et en faisant obliquer la tringle pour la mettre presque en travers, on obtient le *non*.

Il suffit donc d'un simple mouvement des doigts pour avoir trois fonctions distinctes.

Au bas du dos de la marionnette, au-dessous de l'articulation de la taille, se trouve fixé un fil C; en tenant ce fil à la main à une hauteur invariable et en baissant un peu son corps, l'opérateur obtient un ploiement de la partie supérieure de l'automate qui rend

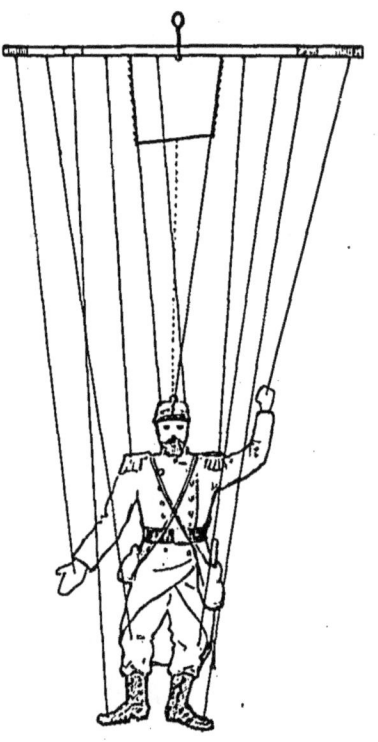

APPAREIL DE DICKSONN
pour la manœuvre de ses marionnettes.

des salutations. Une seule main étant occupée, l'autre peut conduire un mouvement de jambe, même un mouvement de jambe et de bras, en saisissant ensemble les deux fils E F.

Le fil D actionne la bouche et se fixe après la barre qui relie les caoutchoucs, pour éviter l'encombrement en haut.

Les fils E se trouvent fixés aux jambes et les fils F aux bras.

Pour éviter toute confusion dans ces fils, la tringle de suspension est peinte de couleur différente, le rouge correspondant aux jambes, le bleu aux bras, le blanc à la tête, etc.

MARIONNETTE NUE DE DICKSONN.

D'autres fils supplémentaires peuvent être ajoutés au gré de l'opérateur pour des fonctions diverses. Un seul fil partant de la tringle de suspension peut également se diviser en plusieurs fils fixés à différentes parties de la marionnette et donner par un seul tirage plusieurs effets.

Aux mains de Dicksonn, ces marionnettes sont vraiment curieuses, il n'y a point de mouvement qu'il ne puisse leur faire exécuter.

Elles sont construites de pièces et de morceaux. La tête dont la mâchoire est animée, se fixe au torse par un double piton; le torse et le bassin, faits d'une simple planchette, sont reliés entre eux par une bande de cuir épais; les jambes, liées au bassin par deux languettes de cuir, sont à charnières de bois pour les genoux et pour les pieds; enfin, les bras coudés par des pitons entrelacés sont reliés par le même moyen aux omoplates.

Ainsi conçus, ces petits personnages ont une élasticité parfaite.

AFFICHE DE JOHN HEWELT (CHARLES DE SAINT-GENOIS).

X

LE THÉATRE MÉCANIQUE DE JOHN HEWELT

Comment John Hewelt construit ses marionnettes. — Fantoches chantant ou parlant. — Orchestre mécanique ; instrumentistes animés. — Le rideau peint par M. Jules Chéret pour le Théâtre du Musée Grévin.

Aujourd'hui, une marionnette n'est plus une poupée rudimentaire dont les attitudes sont laissées au talent de son maître, c'est un instrument de précision, pour lequel on a tout prévu et à qui tout est permis ; c'est, si on le préfère, un instrument à cordes que la virtuosité d'un artiste fait vibrer, et qui produit, sous l'influence d'un doigté habile, des gestes bien réglés dont l'absolue vérité n'est pas sans captiver l'esprit et sans charmer les yeux

Dans nos théâtres actuels, aussi bien que dans les anciens d'ailleurs, le nombre des marionnettes agissantes est nécessairement restreint, puisque chacune d'elles nécessite un opérateur ; mais si, par des procédés mécaniques qu'il est possible d'imaginer, cet opérateur met en mouvement, auprès des principaux personnages, plusieurs poupées de second plan, il obtient, sans trop de peine, un ensemble vivant et qui peut être d'un aspect juste.

C'est ainsi que procédait Thomas Holden. C'est de même que procède John Hewelt ou plutôt M. Charles de Saint-Genois, frère de Dicksonn ; mais son système, plus complet, diffère de celui de son prédécesseur, en ce que les fils aériens de ses poupées se complètent d'un réseau de fils indépendants placés au-dessous de chacune d'elles. Les bras, les jambes et la tête de ses personnages levés ou actionnés par les fils aériens ne retombent pas d'eux-mêmes ; ils sont ramenés à leur position naturelle par les fils de rappel. Cette disposition nouvelle permet d'arrondir les mouvements et de donner aux gestes une grande souplesse.

John Hewelt a également modifié les articulations de ses fantoches.

Là, où Thomas Holden se contentait, pour relier les membres au corps, de les fixer par deux pitons entrelacés, John Hewelt ajuste bras et jambes avec des billes pivotantes dont la disposition fait penser à celle des mannequins employés dans les ateliers de peinture. Ses fantoches

Marionnettes de John Hewelt.

ont la bouche articulée ; ils parlent ou plutôt des artistes invisibles parlent ou chantent pour eux. Leur geste accompagne la parole ou le chant et l'illusion est complète. Elle l'est d'autant plus que tous les personnages, selon le plan qu'ils doivent occuper sur la scène, sont de grandeurs différentes. Dès que les yeux se sont familiarisés avec cette scène minuscule et qui semble profonde, on oublie qu'on se trouve en présence de marionnettes obéissantes et on ne voit devant soi que des acteurs bien stylés.

Sur le théâtre de John Hewelt, au premier plan, des musiciens exécutent une ouverture. Le chef d'orchestre bat la mesure comme le

Marionnettes de John Hewelt.

ferait un maître et surveille ses instrumentistes; ceux-ci accomplissent chacun leur mission avec régularité. Sur les côtés du théâtre, dans des loges, des spectateurs causent, lorgnent ou applaudissent; des dames s'éventent ou parcourent le programme. Tous ces personnages ont l'animation de la vie réelle. Les musiciens du premier plan sont plus grands que les spectateurs placés sur un second plan peu éloigné. Ce petit monde est mû, non par des fils, mais bien mécaniquement, le mécanisme de chaque poupée correspondant à un tableau à portée de la main de l'inventeur qui peut à volonté ralentir, accentuer, varier ou faire cesser tout mouvement.

Sur la scène, les poupées agissantes pénètrent par les coulisses, se présentent, saluent, chantent ou dansent; elles accomplissent ces actes différents avec la plus grande aisance.

Le répertoire des artistes lilliputiens de John Hewelt est bien choisi : Yvette Guilbert, la belle Otero, les sœurs Barrisson, Eugénie Fougère, la belle Fatma vivent là, en parfait accord, avec Polin, Fragson et Little Tich. Pour réaliser ces merveilles, trois exécutants suffisent : M. et Mme de Saint-Genois et leur fils. M. de Saint-Genois sculpte lui-même tous ses personnages, laissant à sa collaboratrice le soin de leurs ajustements.

Le théâtre de John Hewelt est certainement une œuvre d'art. Ses fantoches ont bien les gestes maniérés, la parole étudiée et un tant soit peu prétentieuse des comédiens de profession; son Yvette Guilbert est charmante, sa belle Otero est parfaitement jolie, son Polin est aussi b...ien que l'autre. Mais, faut-il le dire, tout en les admirant sans réserve, à ces perfections réunies qui ne laissent rien à l'imprévu et font involontairement penser aux tableaux mouvants, je préfère, — c'est une opinion toute personnelle, — la physionomie simple et naïve des marionnettes à mains de nos pères, dont le geste heurté, les mouvements saccadés, précipités et maladroits, laissent l'impression d'une vie moins compliquée et par cela même plus aimable et plus souriante.

Les marionnettes de John Hewelt sont maintenant installées au Musée Grévin. Le délicieux théâtre de ce musée, reconstruit sur les indications de M. Thomas, et pour lequel le maître Jules Chéret vient de peindre un rideau qui est une œuvre adorable de goût, de lumière et de fraîcheur, leur a donné un asile attrayant.

XI

L'ARMÉE ET GUIGNOL

Les marionnettes du commandant V..., à Cherbourg et à Arras. — Un Guignol à bord pendant la traversée de Marseille à Sébastopol, en 1856. — Funérailles d'un chat. — Les *ombres* à l'École polytechnique. — Le Cod'X. — *Ne t'arrête pas devant Guignol.* — Bonaparte demande des marchands de marionnettes pour le Caire.

Derrière le conscrit le plus soucieux de ses devoirs, le plus conscient de sa force, on retrouve sans peine l'enfant. Les impressions saines des premières années sont restées là encore fraîches et vives; entre le jeune homme et les spectacles naïfs où se plaisait son ignorance de la vie, existe encore un lien étroit qui n'a pas été atteint.

Un officier de grand mérite, M. le commandant du génie V..., qui traitait ses soldats comme il eût traité ses proches, partageait ces sentiments. Il aimait les marionnettes, — cela est permis à tout le monde, — il croyait même qu'on pouvait leur demander d'honnêtes et utiles récréations. Par ses soins, à Cherbourg, puis à Arras, il installa, avec l'aide de quelques-uns de ses hommes, un théâtre sur lequel je n'ai malheureusement pas de renseignements spéciaux. Je sais cependant que les marionnettes du commandant V... gênaient les opérations commerciales des cabaretiers de Cherbourg et d'Arras! C'est déjà quelque chose!

Lors de la campagne de Crimée, zouaves et grenadiers de la garde impériale faisaient la traversée de Marseille à Sébastopol.

Rien n'avait été négligé par eux pour donner quelque attrait à ce voyage que le mal de mer devait rendre douloureux pour plusieurs. Dans un *box*, quelques loustics parisiens ou lyonnais avaient eu la pensée heureuse d'installer un théâtre de marionnettes dont les accessoires et les costumes avaient été exécutés, dès que l'on avait quitté terre, par des artistes de bonne volonté.

Polichinelle n'avait point été oublié. Il y en avait un superbe, taillé au canif dans une bûche résistante, doré sur toutes les coutures à l'aide de galons hors d'usage. C'était lui qui faisait l'annonce ; quelquefois il prenait part aux représentations.

Le répertoire habituel du théâtre abandonné à la verve gauloise de

Danse, petit Polichinelle, au son de mon gai tambourin
par Charlet 1815.

nombreux improvisateurs, n'était point écrit pour les demoiselles qui d'ailleurs faisaient défaut; il n'a pas été conservé. On sait seulement de lui, qu'il a diverti nos soldats et que pour cela, ses auteurs mériteraient d'être connus et remerciés.

Rien ne manquait à l'installation pourtant sommaire du théâtre. Le chat du bord, une jolie bête qui portait les armes et faisait le beau, avait été dressé à prendre place près de Polichinelle, avec lequel il entrait parfois en lutte. L'histoire rapporte que la carrière dramatique de ce chat, commencée sous de brillants auspices, fut de courte durée : il disparut un jour, à l'issue d'une représentation, détourné de ses devoirs

UN THÉÂTRE DE MARIONNETTES A BORD, EN 1855.
(Extrait de l'Illustration. 1855.)

par un zouave dont l'ordinaire ne suffisait point à calmer les tiraillements d'estomac. Aidée du cuisinier, l'escouade du zouave lui prépara et lui fit de somptueuses funérailles.

Le pauvre chat fut remplacé par un horrible barbet qui, ne courant pas les mêmes dangers, fit le voyage dans des conditions de tranquillité relative.

C'est le journal l'*Illustration* qui rapporte ce fait attesté d'ailleurs

Théâtre de Guignol aux Champs-Élysées
par E. Guérard, 1855.

par de vieux troupiers. L'*Illustration* a donné, dans son numéro du 15 décembre 1855, un dessin du Guignol militaire encore célèbre parmi les survivants de la campagne de Crimée.

J'éprouve quelque hésitation à parler ici de l'École polytechnique : les marionnettes n'y sont point en honneur.

On n'y connaît guère que Polichinelle, encore ne le fête-t-on qu'incidemment et dans une circonstance spéciale. Tous les ans, à la rentrée, les premiers et seconds *majors*, anciens et nouveaux, ne se connaissant pas encore, rompent la glace et entrent en relations e dansant *la Polichinelle* pendant que l'École tout entière, formée en cercle, chante le refrain :

Pan ! Pan ! Qu'est-ce qu'est là ? etc.

Ainsi le veut la tradition.

L'École polytechnique, et c'est ce qui me la gâte, semble avoir pour les poupées de bois, un mépris immérité. Dans le *Cod'X*, qui n'est autre chose qu'une sorte de règlement établi par les élèves eux-mêmes et qui a pour unique but de conserver pures de tout alliage, les traditions de l'École, on trouve un paragraphe ainsi conçu :

« N'achète ni marrons, ni œufs rouges, ni sucre d'orge ; si tu es curieux de savoir combien tu pèses, va ailleurs qu'aux Champs-Élysées. *Ne t'arrête pas devant Guignol*. Ne tire ni à l'arbalète ni aux macarons. Evite les montagnes russes, les chevaux de bois, les mâts de cocagne. Ne te fais jamais décrotter sur la voie publique, ni tondre sur le Pont-Neuf. Les cafés-concerts des Champs-Elysées te sont permis. Les seuls bals autorisés sont : Mabille, Château-des-Fleurs, Asnières et le Ranelagh. Il t'est toujours défendu d'y danser. »

Tout cela me paraît dicté par Minerve elle-même. Mais, pourquoi cette interdiction : *Ne t'arrête pas devant Guignol ?* Combien je la trouve injuste et peu réfléchie. Bonaparte qui, après tout, n'était pas le premier venu, ne partageait pas ces idées bourgeoises et semblait loin de les prévoir. Dans la *Vie des Comédiens*, M. Émile Deschanel rappelle très justement une note autographe du général, datée du Caire et dans laquelle il demande, outre des fournitures d'artillerie dont on devine l'emploi projeté :

1° Une troupe de comédiens ;

2° Une troupe de ballerines ;

3° Des marchands de Marionnettes pour le peuple, au moins trois ou quatre ;

4° Une centaine de femmes françaises.

Guignol ne vaut donc pas, pour « la Poule aux œufs d'or » de Napoléon, les *Ombres* qui, tous les ans, à pareille époque, vers février, sont l'objet, à l'École Polytechnique même d'une fête célèbre, dont l'origine remonte à 1818.

Cette cérémonie à laquelle les élèves se préparent longuement en recueillant pendant les cours, soit à l'aide du crayon, soit à l'aide de la plume, tous les documents pouvant apporter à la *Séance des Ombres* quelque trait de franche gaieté, a lieu dans le grand amphithéâtre de physique ; elle a toujours conservé un caractère de stricte intimité.

Le général commandant l'École, les autorités militaires, les professeurs, l'administration, les *anciens* et les *conscrits* y assistent dans une secouée de rire.

Là, défilent en ombres chinoises articulées, habilement dessinées et toujours reconnaissables, les silhouettes des officiers ou des professeurs, ainsi que celles du personnel de l'Ecole. Tous ces personnages dont les gestes ou les tics sont fidèlement reproduits, se trouvent projetés par un puissant appareil électrique sur un vaste drap blanc et viennent successivement se montrer aux spectateurs. A tour de rôle, ils prononcent un discours dans lequel réapparaissent, sous une forme vive, burlesque ou gauloise, les termes préférés des professeurs, leur mode d'interrogation et les mille riens qui caractérisent une physionomie et la fixent.

La séance des ombres dure plusieurs heures. Jamais on n'y a entendu de murmures désapprobateurs. Les officiers généraux, les professeurs, les répétiteurs, tout le personnel d'ailleurs, n'ont pas oublié que jadis, alors qu'ils étaient élèves eux-mêmes, ils ont collaboré à des fêtes semblables où chacun d'eux ne s'est pas fait faute de caricaturer les *grands anciens* sans que le respect qu'ils professaient pour eux en ait jamais subi la plus légère atteinte.

XII

SCULPTEURS ET HABILLEURS DE MARIONNETTES

Le type de *Guillaume*, à Paris. — Les têtes sculptées, par Ch. Ferry. — Les ateliers de fabrication et d'habillage de Ed. Fruit. — Ses têtes en carton moulé. — Les sculpteurs et les habilleurs lyonnais.

L'exécution des marionnettes n'est point une fabrication, c'est un art véritable; art naïf et enfantin, sans doute, mais toujours agréable et n'excluant pas une certaine recherche d'originalité.

Abstraction faite de Thomas Holden, de Anatole Cressigny, de M. Lemercier de Neuville, de John Hewelt, qui ont longtemps fait eux-mêmes leurs poupées, au point de vue commercial, deux hommes, à Paris, sont les seuls représentants autorisés de cet art. L'un était M. Ch. Ferry, sculpteur sur bois, mort depuis peu de mois. Dans son atelier, une petite mansarde de trois mètres carrés, éclairée par un simple vasistas, il taillait avec esprit, sans autre loi que son inspiration, dans des bûches de tilleul le plus souvent, quelquefois dans le noyer, les têtes du Guignol parisien, du gendarme Griponneau, du juge, du commissaire, de la mariée, de Polichinelle, de Guillaume enfin.

Bizarre création que celle de ce Guillaume, qui a pris naissance à Paris! C'est le gamin qui se permet tout ou à qui tout est permis; qui emploie pour la satisfaction de ses instincts rigoleurs, tous les moyens, surtout les plus répréhensibles. Il a en horreur le patron, le juge, le gendarme ou le commissaire, ne reconnaît aucune autorité, ne professe aucun respect et use son bâton sur les épaules de ceux qui n'ont d'autre prétention que celle de contrecarrer ses frasques.

Toujours expressives et bien construites, les têtes de Ch. Ferry, appelées à se heurter dans des combats surhumains, n'ont, accentuées par la couleur, que les reliefs indispensables à l'effet qu'elles doivent produire. C'est Ch. Ferry qui a exécuté une partie des marionnettes de Thomas Holden, portées par lui dans le monde entier ; aussi celles de A. Howaroff.

POLICHINELLE
Marionnette de Ferry et Ed. Fruit.

Les marionnettes de Ferry, j'entends celles qui ont bras et jambes, diffèrent de grandeur selon la scène où elles doivent agir ; elles ont quarante-huit, cinquante-deux ou soixante-dix centimètres de haut et coûtent de trente-cinq à quarante francs. Les têtes seules, qui ont huit, dix ou treize centimètres, valent de trois à quatre francs; ce n'est pas là de quoi assurer la fortune à leur auteur.

Avec toute son habileté, et elle était vraiment extraordinaire, Ferry

Le Guignol parisien.
Marionnette de Ferry et Ed. Fruit.

ne pouvait terminer une tête munie de ses yeux d'émail en moins de trois quarts de journée. Quelques-unes d'entre elles, destinées aux poupées à fils, ont la mâchoire inférieure mobile; mise en mouvement par un fil qui lui est spécial, une petite boule de plomb renfermée dans le bois, force cette mâchoire à retomber d'elle-même. C'est ainsi que l'opérateur obtient l'illusion de la parole ou du chant. Ce n'est pas chose nouvelle et j'en ai parlé déjà.

Le Gendarme.
Marionnette de Ferry et Ed. Fruit.

Une fois achevées, poupées ou têtes sortent des mains du sculpteur et sont expédiées à M. Ed. Fruit, dont les ateliers, admirablement installés, sont curieux à parcourir. Tout un monde bien dressé est là, prêt à les recevoir, soit pour la peinture des têtes qui est confiée à des artistes expérimentés, soit pour l'habillement complet des personnages. Dans ces ateliers se voient en un ordre parfait les étoffes les plus riches, les ors les plus éclatants; c'est une joie pour les yeux. Classées

LA MÈRE GIGOGNE.
Marionnette de Ferry et Ed. Fruit.

avec méthode dans des cartons qui occupent des chambres entières, les poupées non articulées, c'est-à-dire les marionnettes à mains, sont là par centaines, coiffées, gantées, prêtes à paraître en public au milieu de leurs plus beaux atours.

Les moins chères de ces poupées, celles dont les têtes ont huit centimètres, coûtent, en gros, cinquante francs la douzaine; les autres coûtent soixante-dix et cent huit francs. J'ai vu là des Polichinelles su-

Le Médecin.
Marionnette de Ferry et Ed. Fruit.

perbes et des Mariées idéales qui m'ont troublé l'esprit. Ce qui se dépense de goût et d'ingéniosité chez M. Fruit est à peine croyable; en citant son nom dans ce livre, il me semble que j'accomplis un acte de justice.

La mort de Ch. Ferry a jeté le trouble chez les marionnettistes ; il ne s'est point trouvé encore d'artiste suffisamment préparé pour lui succéder, mais M. Fruit renonçant, pour ce qui le concerne, aux têtes

Le Juge.
Marionnette de Ferry et Ed. Fruit.

de bois sculpté, s'est mis personnellement à l'œuvre et a eu recours au carton. Ses personnages sont parfaits ; il modifie leur physionomie en apportant aux moules des changements faciles qui lui permettent de faire d'une tête d'homme, une tête de femme et réciproquement.

A Lyon, il y a deux sculpteurs de têtes, habilleurs des poupées des théâtres guignols. L'un, celui qui a exécuté les acteurs de Pierre Roussel, est M. Piégay, horloger; l'autre est M. Bonneaux. Ici, il faut noter que l'art proprement dit n'intervient que pour une faible part dans l'exécution des personnages : les Lyonnais, en effet, restent fidèles à la tradition et celle-ci veut que les têtes soient largement taillées en plein bois, à coups de serpe pour ainsi dire. Tout le charme, toute l'illusion résident dans le jeu des marionnettes et non dans le fini de leur exécution ou dans la richesse des vêtements qui les couvrent.

XIII

GUIGNOL

L'opinion de M. Onofrio sur le Guignol lyonnais. — Laurent Mourguet et son ami le canut. — Création du type de *Guignol*. — Son caractère. — Son costume. — Le premier théâtre de Mourguet. — Les pièces qui y étaient représentées. — Les descendants de Mourguet. — Laurent Josserand et Vuillerme Dunand. — Un fragment des *Valets à la porte*. — Un fragment du *Déménagement*. — Pierre Rousset. — Son théâtre quitte la rue du Port-du-Temple pour le quai Saint-Antoine. — Ce que dit M. Paul Bertnay de ce transfert. — Pierre Rousset et ses œuvres. — Ses parodies. — Fragments de la *Lucie*, de la *Favorite*, de *Robert le Diable*. — G. Randon et l'Exposition de Lyon. — Invocation de *Guignol* à sa muse. — *Guignol*, modèle des domestiques.

On ne trouve aucune trace de l'existence de *Guignol* avant la fin du XVIIIe siècle. Avec *Lafleur*, le paysan picard, il est le plus jeune de ces types bizarres, pour lesquels la recherche de la paternité semble interdite et qui mourront dans le pays où ils sont nés. Leur histoire, écrite au hasard des événements, reste, malgré tout, difficile à reconstituer.

Quoi qu'on en puisse penser, Guignol est purement lyonnais ; il est, comme son ancêtre Polichinelle, une de nos gloires françaises. Je sais bien que nous en avons d'autres, mais en pareille matière, il n'y a point de quantité négligeable, et je ne vois pas pourquoi on tenterait de nous enlever cette illustration au profit d'un peuple voisin qui peut se contenter des siennes.

Un ancien magistrat de Lyon, M. Onofrio, sous le voile de l'anonymat, a publié, en 1865 et 1870, deux beaux volumes intitulés : *Le Théâtre lyonnais de Guignol*. Dans cet ouvrage, l'auteur n'est point éloigné d'attribuer à la marionnette lyonnaise une origine italienne ; les raisons qu'il donne de son opinion ne sont point probantes, il le reconnaît lui-même.

« ... Il y a, dit-il, en Lombardie, une petite ville nommée *Chignolo*, et je me suis souvent demandé s'il n'avait pas existé jadis, à Lyon, un artisan, un ouvrier en soie peut-être, originaire de cette ville lombarde, qui se serait rendu célèbre par son caractère, par sa gaieté, par ses saillies et qu'on aurait nommé ordinairement du nom de son pays, comme il est d'usage en France et en Italie, où les ouvriers s'appellent souvent entre eux Parisien, Bourguignon, Piémontais, au lieu d'employer le nom de famille. Ce qui me rendrait cette conjecture plus probable encore, c'est que dans les anciennes pièces de son répertoire, les camarades de notre héros, tout en l'appelant *Guignol*, ce qui est conforme à la prononciation italienne de *Chignolo*, l'appellent souvent aussi *Chignol*, ce qui est conforme à l'apparence écrite du même mot pour un français. Toutefois, ce n'est là qu'une conjecture. »

Je préfère qu'il en soit ainsi et qu'aucun document ne soit venu jusqu'ici appuyer l'opinion de M. Onofrio; cela confirme la mienne; d'ailleurs, la venue en ce monde de Guignol ne se perd pas dans la nuit des temps, et il n'est pas impossible de remonter à ses jeunes années.

VUILLERME DUNAND.

C'est à Laurent Mourguet, un lyonnais, né en 1745, qui avait tout d'abord créé un théâtre de marionnettes protégé par Polichinelle, comme tous les théâtres de marionnettes à mains de ce temps, que Guignol doit sa réputation universelle. Mourguet, paraît-il, était un homme d'infiniment d'esprit et de finesse, qui composait lui-même, comme l'ont fait plusieurs de ses successeurs, les pièces qu'il offrait au public.

Au moment de ses débuts, dont la date est incertaine, Mourguet avait pour ami un *canut* très rieur et très gai, dans lequel il avait pleine confiance et auquel il faisait connaître ses productions. Quand celles-ci donnaient à l'ami pleine satisfaction : *C'est guignolant*, disait ce dernier, comme nous dirions aujourd'hui : *c'est tordant*. Ce mot de *guignolant* ayant frappé Mourguet, il l'introduisit dans la bouche de l'un de ses petits personnages, qui fut immédiatement baptisé par les auditeurs du nom de *Guignol*. Le nom lui est resté. Cette histoire est simple et doit être vraie; elle est, dans tous les cas, parfaitement vraisemblable.

Enhardi par le succès, Mourguet développa le type qu'il avait ainsi créé ; il lui garda toujours son costume primitif du canut lyonnais, son accent si particulier qui, de nos jours, subit malheureusement quelque altération ; il lui conserva sa bonne et franche humeur, son caractère bon enfant et gouailleur, sa gaieté bruyante et sa physionomie satirique exempte de méchanceté.

« Le caractère de ce personnage, dit M. Onofrio qui le connaissait bien, est celui d'un homme du peuple : bon cœur assez enclin à la bamboche ; n'ayant pas trop de scrupules, mais toujours prêt à rendre service aux amis ; ignorant, mais fin et de bon sens ; qui ne s'étonne pas facilement ; qu'on dupe sans beaucoup d'effort en flattant ses penchants, mais qui parvient presque toujours à se tirer d'affaires. »

Le Guignol de Mourguet portait et porte encore un costume qui lui est bien personnel.

Le Bailly.
Théâtre de Pierre Rousset.

Sa tête est coiffée d'un bonnet ou plutôt d'une sorte de chapeau à cornes, déformé, aplati par l'usage et laissant voir une perruque à queue : c'est

GUIGNOL.

cette queue que Guignol nomme son *sarsifis*. Le torse droit est vêtu d'une jaquette de couleur. Guignol est armé d'une *trique* qu'il laisse souvent tomber sur les épaules de son propriétaire ; c'est là son seul défaut. L'homme n'est pas parfait ! Pourquoi Guignol le serait-il ?

Le premier théâtre de Mourguet a été établi à Lyon, dans la rue Noire, puis dans la rue des Prêtres, dans la rue Juiverie et enfin aux Brotteaux, dans la Grande-Allée, aujourd'hui le cours Morand. C'est dans ces divers lieux qu'il a représenté toutes ses pièces qui sont restées célèbres et que M. Onofrio a retrouvées et reproduites : *les Concerts volés*, — *le Pot de confitures*, — *les Frères Coq*, — *le Portrait de l'oncle*, — *le Duel*, — *le Marchand de veaux*, — *un Dentiste*, — *le Marchand de picarlats*, — *les Valets à la porte*, — *le Déménagement*, — *le Testament*, — *le Marchand d'anguilles*, — *les Voleurs volés*, — *Tu chanteras, tu ne chanteras pas*, — *l'Enrôlement*, — *la Racine merveilleuse*, — *le Château mystérieux*, — *les Conscrits de 1809*, — *Ma Porte d'allée*, — *les Souterrains du vieux château*.

LAURENT JOSSERAND.

Laurent Mourguet est mort à Vienne, dans l'Isère, à l'âge de quatre-vingt-dix-neuf ans, en 1844 ; il avait laissé depuis longtemps son théâtre à son fils Jacques.

Ses pièces, dont je viens de citer les titres, ont fait sa fortune et celle de toute sa famille dont quelques membres existent encore à Lyon. Cette famille est connue. Mourguet avait eu pour enfants Jacques et Rosalie.

Jacques Mourguet, qui avait directement succédé à son père et donnait des représentations au café du Caveau, place des Célestins, eut lui-même un fils qui, désireux de s'instruire et de voir du pays, transporta Guignol en Algérie.

Rosalie Mourguet avait épousé Louis Josserand, celui-là même qui, à Paris, sur le boulevard du Temple, après 1793, jouait, non sans succès, au fameux théâtre des Pantagoniens du sieur Maffay ; elle en eut deux fils, Louis et Laurent.

Louis Josserand a longtemps tenu un théâtre de marionnettes à Lyon, mais ne paraît pas avoir été remarqué ; Laurent Josserand créa un autre théâtre ; il épousa la fille de Vuillerme Dunand et s'associa à son beau-père qui, pour sa part contributive, disent quelques historiens, aurait apporté à l'exploitation le type de Gnafron, presque aussi répandu aujourd'hui que Guignol lui-même.

De cette collaboration du beau-père et du gendre sont nés d'étourdissants succès dont les Lyonnais conservent précieusement la mémoire. Au café Condamin, rue Port-du-Temple (autrefois rue Ecorche-bœuf), Vuillerme Dunand s'était réservé Guignol ; Louis Josserand tenait Gnafron. Il paraît que tous deux étaient étincelants de verve dans *le Déménagement, un Dentiste, les Frères Coq ;* le vieux père Mourguet devait en tressauter dans sa tombe.

Vuillerme Dunand est mort en 1876, au théâtre de la rue Port-du-Temple ; Laurent Josserand est mort en 1892, au théâtre de la petite galerie de l'Argue, qui a aujourd'hui pour directeur M. Lamadon.

Dunand et Josserand avaient quelque peu rajeuni le répertoire de Mourguet ; ils lui avaient apporté leur esprit personnel et fait subir des additions et des retranchements dont il est tenu compte aujourd'hui. La langue qu'ils employaient était toujours celle du canut lyonnais dont M. Nizier du Puitspelu a, autant qu'il était en lui, assuré la perpétuité, en publiant : *le Littré de la Grand'Côte, à l'usage de ceux qui veulent parler et écrire correctement.*

Les pièces du vieux Mourguet, aussi bien d'ailleurs que celles qui ont été plus ou moins arrangées par Laurent Josserand et Vuillerme Dunand, sont fines et amusantes ; elles supportent aisément la lecture, et c'est le meilleur éloge qu'on en puisse faire.

Les Couverts volés semblent avoir été empruntés en partie à un théâtre de marionnettes allemandes ; *le Pot de confitures,* dont la donnée principale, évoque le souvenir du célèbre *Désespoir de Jocrisse,* de Dorvigny, paraît contemporain de cette dernière pièce, parue à peu près en 1796 ; pour *les Frères Coq,* considérés à juste titre comme le chef-d'œuvre du répertoire de Guignol, une tradition constante les réserve à Mourguet père. Gnafron y tient un rôle et cela tendrait à montrer que c'est par suite d'une erreur qu'on attribue à Vuillerme Dunand la création de ce curieux personnage de caractère bien lyonnais. *Les Frères Coq* rappellent *l'Habitant de la Guadeloupe*, de Mercier, qui semble dater de 1784 ; *un Dentiste* est également du vieux Mourguet. C'est une œuvre charmante qui fait ressortir l'ingéniosité de son auteur et la diversité de ses conceptions.

Les Valets à la porte sont désopilants. C'est dans cette pièce que se trouve la fameuse discussion du compte de Gnafron entre lui et l'Intendant.

. . . .

L'Intendant. — Puisque tu veux le montant de tes gages, je vais te régler. Combien t'est-il dû ?

Gnafron. — Il m'est dû trois ans à 445 francs.

L'Intendant. — Eh bien ! Voyons : trois ans à 445 francs (*Il écrit sur la bande*), 445 par 3 : 3 fois 5 font 15, je pose 5 et je retiens 1.

Gnafron. — Qu'est-ce que vous retenez ? Est-ce que vous avez quèque chose à retenir ?... Est-ce que ce n'est pas tout à moi ?

L'Intendant. — Fais ton compte toi-même, si tu n'as pas confiance en moi.

Gnafron. — Je vais le faire... Mais il me faut un crayon pour cette calculance.

L'Intendant. — En voilà un.

Gnafron. — On peut pas calculer trois ans de mémoire comme ça... Y a longtemps que j'ai pas fait un si gros compte... Avec le cabaretier, je compte plus, parce que je le paie pas... Voyons, 445 francs pendant trois ans... Je pose 445. Ah ! sapristi, je me souviens pas bien comment on fait les 4.

L'Intendant. — Pour te prouver que je ne suis pas aussi méchant que tu le dis, je vais te montrer comment on fait un 4. (*Il imite sur la barre la forme d'un 4 par trois traits.*) Un, deux et trois.

Gnafron. — Comment ? Vous dites un, deux et trois ; et ça fait un 4 !

L'Intendant. — Oui.

Gnafron. — Ça n'était pas comme ça qu'on les faisait de mon temps... Voyons. (*Il écrit sur la rampe.*) 3 ans, ça fait 3 ans, 3 fois 3 font 9. Je pose 9 ; un 9, un 9 et un 9, ça fait trois 9. J'additionne le tout et je multiplie par 3 : 3 fois 9... Y a trop de 9.

L'Intendant. — Mais, mon pauvre Gnafron, je crois que tu te trompes. Sais-tu faire une multiplication ?

Gnafron. — Otez-vous de là... Laissez-moi faire... Je suis pas fort, mais je suis juste. J'ai t'été pendant quatorze ans à l'école... et j'y ai rien appris ; y a fallu me refaire mon éducance à moi seul. Les maîtres d'aujourd'hui n'apprennent rien aux enfants. Mon père a mangé un bon bien pour me faire éduquer.

L'Intendant. — Vous êtes donc d'une bonne famille, père Gnafron?

Gnafron. — Pardi! mon père tenait un domaine de deux paires de bœufs... mais ils passaient par la chatière... Voyons! laissez-moi continuer mon arithmétoque : Qui de 9 paye 9 ne peut; j'emprunte 1 qui vaut 10; 10 et 9 font 19... qui de 19 paye 9 ne peut... j'emprunte 1... c'est assez commode d'emprunter... le mal, c'est que personne ne veut me prêter... Mais que je suis bête! Tous ces 9 m'appartiennent; il faut faire une addition... J'efface tous les zéros, parce que j'en veux pas... 99 et 99 font... Je sais pas s'il faut retenir 15 ou bien 12.

L'Intendant, *riant*. — Tu vois bien que tu retiens quelque chose.

Gnafron. — Mais c'est moi qui retiens, ce n'est pas vous; j'en ai le droit, puisque c'est mon compte.

L'Intendant. — As-tu bientôt fini? Voyons le total!

Gnafron. — Le voilà : unités, dizaines, centaines, mille, dizaines de mille, centaines de mille, millions, dizaines de millions, centaines de millions, billards... Je crois que je me blouse.

L'Intendant. — Eh bien?

Gnafron. — Ça fait dix-huit cents billards, neuf cent soixante-neuf millions, quatre cent soixante-quinze mille deux cent nonante un francs, neuf cent quatre-vingt-dix-neuf sous. Voilà mon compte.

L'Intendant. — Peste! je ne croyais pas qu'il te fût dû une si grosse somme... Il ne sera pas possible de te payer tout en espèces... Je te donnerai la moitié en argent et la moitié en marchandises.

Gnafron. — En quelles marchandises?

L'Intendant. — En bois.

Gnafron. — J'aimerais mieux en vin.

L'Intendant. — C'est impossible. Toutes les caves de monseigneur sont scellées.

Gnafron. — Scellées! Què que ça veut dire?

L'Intendant. — On a mis les sceaux sur le vin.

Gnafron. — Eh bien! nous mettrons le vin dans les seaux et nous l'emporterons.

L'Intendant. — Tu as la tête bien dure. La justice a mis les scellés sur le vin. Il est défendu d'y toucher.

Gnafron. — De quoi se mêle-t-elle la justice? Est-ce qu'on doit empêcher les honnêtes gens de boire? Y ne devrait pas être permis de saisir le vin.

L'Intendant. — Enfin, que tu le veuilles ou que tu ne le veuilles pas, c'est ainsi. Je ne puis te donner que du bois.

. . . .

Le Déménagement est encore une pièce traditionnelle. Il n'y a point de théâtre Guignol qui ne la représente ; elle appartient vraisemblablement à Mourguet père. La scène de reconnaissance entre Guignol, Canezou, le Bailli, le Brigadier et le Gendarme, qui semble avoir été complétée par Josserand et Vuillerme Dunand, est une critique vive et piquante des procédés dramatiques naguère en usage sur nos théâtres des boulevards où, au dernier acte, les personnages en scène constataient, non sans stupéfaction, qu'ils appartenaient tous à la même famille.

. . . .

Le Bailli. — Il ne sera pas dit qu'on se sera impunément joué de nous. Conduisez-le en prison.

Guignol. — En prison!... Un m'ment! Un m'ment. On ne mène pas en prison un gone comme moi qu'à Givors a tiré du canal trois hommes qui se noyaient.

Canezou. — A Givors?

Guignol. — Oui... Y a douze ans... Y avait un papa à perruque qui vendait de la mort aux rats...

Canezou. — Arrêtez! Ce jour-là, possédé de la passion de la pêche à la ligne, ce négociant avait jeté dans les flots du canal une ligne garnie d'un asticot dont les effets étaient irrésistibles... Tout à coup, le goujon biche... le pêcheur donne un coup sec... Mais, à ce moment, un limaçon perfide et jaloux dirigeait ses pas dans ces lieux... le pied du pêcheur glisse... il tombe dans le canal...

Guignol. — Vous le connaissez?

Canezou. — Le limaçon?

Guignol. — Non, le pêcheur?

Canezou. — C'était moi.

Guignol. — C'était vous! Ah!

Canezou. — Et mon sauveur?

Guignol. — C'était moi.

Canezou. — C'était vous! Ah! dans mes bras, mon sauveur! Dans mes bras. (*Ils s'embrassent.*)

Le Bailli. — Arrêtez!... A ce moment, un homme, tourmenté par des malheurs domestiques, se promenait le long du canal en donnant un libre cours à ses mélancoliques pensées. La journée était orageuse... Un vent glacial fouettait les feuilles des arbres et soulevait les ondes... Cet homme portait un parapluie feuille morte... Un coup de vent l'enlève et le fait tourbillonner dans les airs... Désolé de perdre ce compagnon de ses rêveries, cet homme s'élance et tombe dans le canal sur un pêcheur à la ligne qui s'était précipité à la recherche de sa proie.

GUIGNOL. — Vous connaissez cet homme?
LE BAILLI. — C'était moi.
GUIGNOL. — C'était vous! Ah!
CANEZOU. — Et le pêcheur, c'était moi!
LE BAILLI. — C'était vous! Et mon sauveur?
GUIGNOL. — C'était moi.
LE BAILLI. — C'était vous! Ah! dans mes bras, mon sauveur!
CANEZOU. — Dans nos bras, notre sauveur. (*Ils s'embrassent.*)
LE BRIGADIER. — Arrêtez!... Ce jour-là, un jeune habitant de Rive-de-Gier, trouvant que le maître d'école de l'endroit avait quelque chose de monotone et de fastidieux dans son enseignement, l'avait planté là pour aller goûter les délices du bain dans le canal...
TOUS. — Ah!
LE BRIGADIER. — Il se livrait à une coupe gracieuse, lorsqu'il sent un instrument contondant lui dégringoler sur la nuque du cou... C'était un parapluie feuille morte.
TOUS. — Ah!
LE BRIGADIER. — Il s'apprêtait à le saisir... lorsqu'il reçoit sur le dos un particulier qui s'élançait à la poursuite de ce riflard...
TOUS. — Ah!
LE BRIGADIER. — C'en était trop... il succombe... et bientôt le canal aurait tout dévoré, si un mortel généreux...
GUIGNOL. — Ce jeune habitant de Rive-de-Gier, vous le connaissez?
LE BRIGADIER. — C'était moi.
GUIGNOL. — C'était vous! Ah!
LE BAILLI. — Et le parapluie, c'était moi.
LE BRIGADIER. — C'était vous!... Et mon sauveur?
GUIGNOL. — C'était moi.
LE BRIGADIER. — C'était vous! Ah! dans mes bras, mon sauveur!
LE BAILLI ET CANEZOU. — Dans nos bras! notre sauveur! (*Ils s'embrassent.*)
LE GENDARME. — Arrêtez!... Moi je ne suis pas tombé dans le canal... mais je voudrais en avoir goûté l'onde amère, monsieur Guignol, pour avoir le droit de vous serrer dans mes bras. (*Ils s'embrassent tous.*)

. . . .

Récemment encore, le maître ès marionnettes lyonnaises était Pierre Roussel, né à la Croix-Rousse en 1816 et qui a débuté, sans préparation aucune, à l'âge de trente-neuf ans, au théâtre de la Galerie de l'Argue. La mort de Vuillerme Dunand ayant laissé libre le

PIERRE ROUSSET
présentant Guignol et Gnafron.

théâtre de la rue Port-du-Temple, Rousset le reprit jusqu'au jour où la Compagnie du gaz s'empara de son local pour y installer ses services. A ce moment, le marionnettiste transféra son établissement au quai Saint-Antoine.

C'est là où il est aujourd'hui, non plus sous son nom, car au mois de septembre 1897, il a cédé son théâtre à M. Mercier qui l'exploite actuellement. Ce fut un événement à Lyon que le transfert du Guignol de Rousset; M. Paul Bertnay, dans le *Courrier de Lyon*, lui a consacré toute une chronique bien curieuse.

« ... La Compagnie du gaz est une puissante personne qui se trouve trop à l'étroit dans son immeuble de la rue de Savoie. Elle s'est aperçue qu'en perçant un mur, elle entrerait de plain-pied dans la salle du Guignol de la rue Port-du-Temple et de ce moment le pauvre vieux théâtre était condamné. Rousset, l'excellent Rousset, l'inimitable Rousset ne pouvait lutter à coup de billets de banque contre un tel adversaire.

Le Phornétaine ou le Long nez.
Théâtre de Pierre Rousset.

« Il n'a plus qu'à se résigner et à déménager.

« Il emportera son petit mobilier, les décors de son castellet, ses accessoires, ses poupées et ses brochures et il ira planter sa tente dans quelque taverne hospitalière. Mais ce ne sera plus notre vieux Guignol

GNAFRON, AVEC SON CHAPEAU DES DIMANCHES
Théâtre de Pierre Rousset.
Dessin de Chanteau, d'après une photographie.

que nous retrouverons dans les peintures fraîches de sa future installation.

« Il lui manquera cet air ambiant, cette atmosphère enfumée, cet adorable étouffement qui lui apportaient tant d'original attrait.

« Quelle merveille de couleur locale que cette entrée par la rue Port-du-Temple, qui s'appelle aussi, entre vieux, rue Écorche-Bœuf, ce corridor qui descendait à la façon d'un couloir de cave, ce coude brusque et, de l'autre côté de la porte à double battant, cette salle incomparable, d'un spectacle unique.

« Elle avait pour spécialité de ne pas connaître le luxe nuisible de la moindre fenêtre ou du plus petit soupirail. Si un peu d'oxygène éprouvait l'envie d'y pénétrer, il pouvait passer par la porte du fond, on n'y voyait pas d'inconvénient, mais du diable, si on faisait rien pour l'appeler. Aussi, au bout d'une heure, quelle délicieuse étuve ! Quelle belle fabrique de fluxions de poitrine ! Quand on sortait de cette étuve, chauffée à quarante degrés et qu'on retrouvait, dans la rue et sur la place des Jacobins, le bon brouillard glacé des nuits d'hiver, il fallait, je vous en réponds, avoir les poumons chevillés dans le corps pour ne pas les voir se fondre, le lendemain, en bronchites, catharres et pleurésies.

« Mais le spectacle valait bien qu'on courût quelques risques. Dans ce caveau (car il n'y a pas à barguigner, c'était un caveau), luxueusement tapissé d'un papier rouge, où cinq ou six femmes découpées dans un autre papier gris, avaient la prétention mal justifiée de représenter les différentes parties du monde, on s'empilait avec délices. Et, ce qu'on était mal assis ! Il y avait là une collection de tabourets d'une telle exiguïté que si on y établissait une... assise, l'autre surplombait et donnait la sensation d'un équilibre aussi instable que fatigant. Et, Dieu sait, les exquises limonades trop gazeuses qu'on feignait d'y boire. »

Possesseur de la tradition la plus pure, digne successeur des Mourguet, des Josserand et des Dunand, Rousset composait lui-même ses pièces ; elles sont généralement en vers libres et le *Divorce inutile*, l'une des plus importantes, publiée par lui en un joli volume, chez Dizain et Richard, est loin d'être sans intérêt.

Comme ses prédécesseurs, Pierre Rousset représentait à tour de rôle, cela va de soi, et ainsi fera probablement son successeur, les œuvres classiques, c'est-à-dire celles de Laurent Mourguet, de Josserand et de Dunand, mais il avait une certaine prédilection pour les *Parodies*. Là, il laissait à son imagination jeune et bien vivante, la bride sur le cou et arrivait sans effort aux trouvailles les plus gaies. Il a parodié *la Lucie*, — *le Chalet*, — *la Favorite*, — *Ruy Blas*, — *Robert le Diable*, — *la Dame blanche*, — *Aïda*, — *Geneviève de Brabant*, — *Roméo et Juliette*, — *le Trouvère*, — *l'Africaine*, — *Guignol vendu par ses frères*, et bien d'autres encore.

Comme parodiste intelligent, comme homme du métier, Rousset se gardait bien de suivre exactement les textes originaux, mais on retrouve souvent dans ses livrets, des lambeaux de phrases, parfois des scènes qui permettent de les reconnaître. Toujours dans ces œuvres si personnelles, Guignol se montre sous ses aspects les plus séduisants : il y est jeune premier d'une correction parfaite, tantôt poétique et tendre, tantôt énergique et de prompte résolution ; son langage coloré garde cependant une certaine rudesse d'expression. C'est grâce à Guignol que les situations les plus inextricables sont dénouées sans peine ; d'ailleurs ses auditeurs ne permettraient pas qu'il en fût autrement.

Dans la *Lucie*, ses pensées sont lamentables ! il songe à la mort en même temps qu'aux moyens de lui fausser compagnie :

> ... Si ton frère, au lieu de s'adoucir
> En voyant notre amour, continue à s'aigrir,
> Je ne me retiens plus, je poursuis ma vengeance
> Pour que l'un de nous deux crève à l'autre la panse !

« Si c'est là le prix de ma tendresse, lui dit Lucie, je préfère la mort à ton amour ! »

> La mort ! que dis-tu là ? Si tu tournes de l'œil
> On pourra me cogner dans le même cercueil.
> Oui ! j'irais roupiller près de toi, dans ta bière ;
> Alors, on sera sûr que les deux font la paire.
> Seulement, j'aurais peur d'y rester trop longtemps,
> Et nous serons, je crois, mieux dehors que dedans.
> Je ne suis pas pressé d'habiter une tombe,
> Tu n'y tiens pas non plus, n'est-ce pas ma colombe ?

« Ma pensée te suivra jusqu'à mon dernier jour », soupire Lucie.

> Je peux t'en dire autant, ma pauvre tourterelle,
> Nous chantons tous les deux la même ritournelle ;
> Mon cœur est aplati, moulu par le chagrin.
> Notre amour est, je crois, dans un fameux pétrin !
> Loin de toi, nuit et jour, que je pionce ou je veille,
> Ton souvenir viendra chatouiller mon oreille.
> Mais, si mon pauvre cœur, n'y pouvant plus tenir,
> A force de pleurer, venait à se moisir,
> Si toute ma carcasse, un beau jour, se dessèche,
> Enfin, si je m'éteins faute d'huile et de mèche,
> Viens verser sur ma tombe une larme ou bien deux,
> Mais ne te force pas, verse-les si tu peux !
> Adieu, petit belin, adieu, ma chère idole,
> Je pars ; adieu ! je pars au loin traîner la grole !

UNE REPRÉSENTATION SUR LE THÉATRE DE PIERRE ROUSSET, A LYON.
Le décor représente : A gauche, le Gourguillon; en face, le café du *Soleil*; à droite, la rue Saint-Georges. Dessin de Chanteau, d'après une photographie

Documents manquants (pages, cahiers…)
NF Z 43-120-13

Exemplaire incomplet numérisé en l'état.

Manque les pages 239 à 256

semble résider dans l'opposition singulière du langage des personnages avec leur condition sociale et la richesse du costume qu'ils portent. Cela est ainsi, non seulement chez les marionnettes, mais encore dans certains théâtres forains où les rôles sont tenus par de vrais acteurs n'ayant guère souci de la haute mission qui leur est confiée.

J'ai le souvenir d'avoir assisté autrefois à une représentation de la *Dame de Montsoreau*, qui m'a bien diverti. Les costumes des artistes étaient, par miracle, presque neufs; la comtesse, une assez jolie fille aux formes opulentes, était vêtue d'une robe de velours bleu qui avait dû avoir des succès; pour en rejeter la traîne au loin, et ne point s'empêtrer dans ses larges plis, la grande dame avait un geste idéal.

Chamarré sur toutes les coutures, un domestique s'introduisait, et, d'une voix qui révélait l'usage immodéré de l'absinthe, disait:

— M'ame la Comtesse, y a un homme en bas, qui vous d'mande :
Nonchalamment, comme au grand siècle, la comtesse laissait échapper ces mots :

— Dis-y qu'i monte.

Cet homme, si je me le rappelle bien, était un des grands seigneurs de la Cour.

N'est-ce pas que le « Dis-y qu'i monte », de la comtesse est tout un poème ?

Il existe peu de documents sur les marionnettes de Lille, je dois cependant à M. Desrousseaux, chef de bureau à la préfecture du Nord, l'obligeante communication d'une note à laquelle j'attache un grand prix; elle a été publiée par son père Alexandre Desrousseaux, qui s'est fait une si grande réputation par ses chansons patoises; celui-là même qu'on appela le Désaugiers du prolétaire lillois.

La note a été insérée par M. A. Desrousseaux, dans son ouvrage intitulé : *Mœurs populaires de la Flandre française*. Elle est ainsi conçue:

« Les directeurs de théâtres sont d'honnêtes ouvriers, pères de famille, qui cherchent, en se donnant un surcroît de travail, à grossir leurs faibles ressources.

« Ils sont généralement aidés par leurs femmes et leurs enfants, pour habiller et faire jouer les marionnettes.

« Les représentations ont lieu en hiver, les dimanches et les lundis, dans la soirée, dans des caves ayant des issues sur la voie publique.

« Point de réclames. Un ou deux gamins parcourent quelques rues du quartier en agitant une sonnette et en faisant à haute voix cette annonce: « La comédie pour un sou! Au bureau, au bureau! » Quelquefois ils ajoutent ces mots: « Les premiers entrés sont les mieux placés. »

« Sauf de rares exceptions, le prix d'entrée est, en effet, de *un sou par personne*. Jamais il n'a été supérieur à deux sous et autrefois, on ne payait même qu'un liard ou deux.

« Le public ordinaire se compose de gamins et de gamines que leurs parents laissent aller seuls, de femmes qui veulent amuser leurs jeunes enfants, et de jeunes gens et de jeunes filles.

« Si l'on y voit parfois un militaire, c'est un lillois en permission ou en congé qui veut encore jouir d'un spectacle qui l'a tant diverti dans sa prime jeunesse.

« Les pièces dont voici les titres : *Joseph vendu par ses frères*, la *Tentation de saint Antoine*, *Alibaba ou les quarante Voleurs*, n'ont jamais cessé d'être au répertoire. On en joue beaucoup d'autres, mais il n'en est pas qui aient plus de succès que celles que nous venons de citer. D'ailleurs, ces pièces sont arrangées par le directeur qui les accommode au goût de son cher public, et en raison des accessoires dont il dispose.

« Ainsi, toujours ou presque toujours il y introduit *Polichinelle*, qu'on appelle *Jacques*, comme le sauveur, le domestique dévoué à son maître.

« *Jacques* est le personnage qui châtie le vice et récompense la vertu. C'est toujours au terrible bâton dont il est armé que le traître, le fourbe, l'hypocrite ont affaire, et ses coups, quoique accompagnés de lazzis, de plaisanteries qui provoquent constamment le rire, n'en sont pas moins formidables; ils tuent aussi sûrement que le pistolet ou le revolver.

« Aussi, comme il est aimé ce *Jacques!*

« Le directeur le sait si bien que c'est lui qu'il charge, au lever du rideau, d'annoncer la pièce que l'on va jouer : c'est par lui qu'il fait réclamer le silence qu'un autre n'obtiendrait peut-être pas; s'il désire augmenter quelque peu la recette, et prendre part aux friandises que l'on mange dans la salle, où, d'ailleurs, elles se vendent à son profit, c'est encore à Jacques qu'il a recours. Celui-ci fait lever le rideau, s'avance sur la scène, adresse au public ses meilleurs bons mots, fait forces gambades et danse au besoin la *Polichinelle*; puis, d'un ton câlin, et en avançant sa menotte qu'une ficelle agite, il sollicite des dons quels qu'ils soient. Alors c'est à qui lui jettera quelque chose : un sou, un centime, une pomme, une orange, un bâton de sucre d'orge, etc., etc. Et cela est fait de si bonne grâce que celui qui reçoit n'a certainement pas plus de plaisir que ceux qui donnent.

« Un ouvrier nommé François, a acquis, comme *montreur de marionnettes*, une célébrité locale incontestable, à Lille. Quand ce brave homme, devenu trop vieux pour gagner sa vie, a dû entrer à l'hospice, il a donné une représentation d'adieux, à laquelle ont assisté beaucoup de ses anciens clients qu'il avait amusés, et qui ont voulu lui donner une dernière marque de sympathie.

« Dans les fêtes populaires, avec « foires aux plaisirs », qu'on organise de temps à autre à Lille, il y a presque toujours un théâtre de marionnettes. »

XVI

LES MARIONNETTES BORDELAISES

M. Detcheverry et son *Histoire des théâtres de Bordeaux*. — Cortay, dit Bojolay, directeur du *Théâtre des Pantagoniens*.

Bordeaux n'a point de marionnettes qui lui soient spéciales; en leur absence, Guignol a pris la place laissée libre autrefois par la disparition d'un théâtre existant en l'an VI (1798), et qui a disparu en 1822. Sur l'existence de cet ancien théâtre, je trouve dans la *Gironde* du 15 juin 1897, une étude curieuse, signée : Argus, dont j'extrais les lignes suivantes :

« Dans le passé, en dehors, bien entendu, du « saint Antoine » de la foire et de ses succédanés, et sans parler non plus du Guignol pour les enfants, que l'on voyait et qu'on voit encore dressé sur les places publiques, le seul théâtre de marionnettes dont j'aie retrouvé la trace à Bordeaux fut le théâtre des Pantagoniens, installé par le citoyen Cortay, dit Bojolay, l'an VI de la République, sur une portion de l'emplacement du Château-Trompette, avec façade sur les allées de Tourny.

« S'il faut en croire un mémoire du temps, dit M. Detcheverry dans son Histoire un peu confuse mais très documentée, des théâtres de Bordeaux, le théâtre des Pantagoniens acquit une sorte de célébrité par le jeu presque intelligent de certaines figures automates dont Bojolay se trouvait le créateur, le souffleur et le directeur tout à la fois. Le prix d'entrée, cinquante centimes, était à la portée de toutes les bourses. Les ouvriers, les bonnes, les enfants, les papas, les mamans y accouraient de toutes les parties de la ville, chacun y venait rire ou s'intéresser à sa manière. Bojolay s'était fait des amis, car, dans un mémoire adressé au préfet de la Gironde, en 1803, il produit en sa faveur les certificats les plus honorables de trois mille citoyens de Bordeaux, appartenant pour la plupart aux fonctions publiques et à la classe la plus aisée. Ce théâtre ou baraque, qui était toute sa fortune, fut brûlé après quelques années d'existence. »

« Dans une note insérée à la fin du volume, M. Detcheverry reproduit une lettre dans laquelle le directeur du théâtre des Pantagoniens

Espectacle des Maris honnêtes. L'occasion fait le larron.
1826. (Collection de M. O. Grousset.)

demandait aux membres du Bureau central de lui appliquer avec un peu plus de douceur la taxe des pauvres.

« Voici cette lettre, qui est datée du 27 vendémiaire an VII. J'en respecte l'orthographe, comme a fait M. Detcheverry :

« Citoyen administrateurs,

« N'ayant pu plutôt commencer mes ouvrages à cause d'une maladie que je viens d'éprouver. Cependant je me propose à donner demain pour louverture *Le perruquier bouffon*, petite pièce très amusante qui sera suivie du *N'aufrage de Eléonore*, pièce en 5 acte. Ledit spectacle sera terminé par quantité de métamorphoses qui surprendront agréablement le spectateur.

« Lezposant prie les citoyen administrateur davoir egard à sa situation et de le traiter comme un père de famille dont la médiocrité de ses moyens le prive de pouvoir a peinne la faire subsister.

« En conséquence il vous supplie et il ose espérer que daprès les justes observations qui vous fait vous aurez la bonté de le remettre au 10me (*droit pour les pauvres*) comme il avait toujours été.

« Salut et fraternité.

« Jean-Baptiste Conray dit Bojolay. »

« Il ne paraît pas, d'après cette lettre, que Bojolay ait fait fortune avec ses comédiens de bois et de carton. Il ne fut guère plus heureux avec les acteurs en chair et en os. Il fut, en effet, à deux reprises, directeur du Grand-Théâtre de Bordeaux. Durant sa première direction, 1809-1814, il gagna quelque argent; mais à la seconde, 1821-1822, il fit faillite et finit par mourir à l'hôpital. »

XVII

LES CRÈCHES PROVENÇALES ET LES SANTONS DE MARSEILLE

Les fêtes de Noël dans les églises de Provence. — *L'adoration des bergers*. — *La crèche provençale*.— Les Pastorales sur les théâtres de société. — Les crèches parlantes. — Marionnettes mécanisées. — Procédés employés pour leur mise en mouvement. — Les *Santouns* de Marseille. — Leur mode de fabrication. — Les *Santouns* des XVIIe et XVIIIe siècles au musée du château Borély. — Le papa Pastourel et Léon Simon.

Sur ce qui se passe dans le midi de la France, j'ai eu la bonne fortune de recevoir de M. J.-H. Huot, architecte à Marseille, une note d'un grand intérêt dont je le remercie vivement et que je reproduis ici :

« Pour les fêtes de Noël, dans toutes les églises de Provence, on dresse sur un autel une sorte de petit théâtre représentant « l'adoration des bergers ». Dans un décor fait en grande partie de feuillages et de mousse, on place une étable où l'enfant Jésus est couché sur la paille; la Vierge et saint Joseph sont agenouillés auprès de lui, le bœuf et l'âne couchés à ses pieds; de nombreux personnages rustiques viennent lui offrir des présents : fruits, légumes, agneaux, volailles, etc.

« Le jour des Rois, on ajoute trois nouvelles figures : les Rois mages, brillamment costumés, accompagnés parfois de chameaux conduits par des négrillons et chargés de richesses.

« Tous les personnages composant cette scène sont en relief, sortes de poupées soigneusement ajustées, et portant des costumes locaux rappelant surtout les modes du XVIIIe siècle.

« Ce petit théâtre reste exposé quinze jours ou un mois.

« Dans chaque maison, dans les villages principalement, une réduction de cet ensemble orne la pièce où se réunit la famille.

« La scène, encadrée de feuillages, se compose des mêmes personnages, mais les figurines (*Santoun*) sont en argile grossièrement coloriée. Le soir, de petits cierges éclairent ce théâtre en miniature et les enfants le contemplent en chantant des noëls provençaux dont la naïve poésie est souvent rehaussée par des airs pleins de délicatesse et d'originalité.

« C'est ce qu'on appelle la *Crèche provençale*.

« Pendant la même période, on joue dans certains théâtres de société des « Pastorales » sur le même sujet. Les poèmes de ces pastorales, écrits en langue provençale (vers et prose) sont évidemment des réminiscences des « Mystères » du moyen âge; autour de la scène principale, qui est *la nativité*, se groupent des scènes de fantaisie, de petits tableaux de mœurs locales, où la chronique et même les cancans (*basarutagi*) trouvent leur place.

« Ce sont les airs des vieux noëls qui fournissent les motifs principaux à la musique de ces pastorales; mais chaque année quelque chanson récemment célèbre vient augmenter le fonds musical et fournir à quelque acteur ambitieux l'occasion d'un succès.

« A quelle époque s'avisa-t-on de remplacer les acteurs de ces pastorales par des poupées mécanisées ? Il serait difficile de la préciser. Les costumes traditionnels des personnages semblent indiquer que leur création date du xviii° siècle. Quoi qu'il en soit, la « crèche parlante » telle qu'on la voit encore tous les ans à Aix-en-Provence, était célèbre à Marseille dès le commencement du xix° siècle. On venait la voir de tous les pays environnants. C'est à l'imitation de la crèche marseillaise qu'un artiste aixois, M. Sylvi, mort en 1834, construisit son petit théâtre et confectionna des poupées vraiment charmantes et très intelligemment mécanisées que l'on peut voir encore aujourd'hui.

« Depuis un certain temps la crèche marseillaise n'est plus montrée; les nombreuses pastorales jouées par des acteurs peuvent expliquer cet abandon. Mais à Aix, ce spectacle est donné sans interruption, tous les ans, pendant les deux mois qui suivent les fêtes de Noël, et l'on peut se rendre compte, malgré les nombreux changements apportés depuis 1835, de ce qu'il fut à l'origine.

« Le théâtre, plus grand qu'un théâtre de marionnettes, est machiné; il comporte plusieurs décors. Les personnages — de grandeurs différentes, selon le plan où ils agissent — sont mécanisés avec une vraie perfection. Ils remuent les bras, les jambes, la tête, les *doigts*, les *yeux;* ils montent à l'échelle, gravissent les coteaux, entrent dans des barques, allument des réverbères !... etc.

« Dressés sur des socles que dissimulent les bandes du terrain, celui qui leur prête sa voix les fait glisser sur des planchettes suspendues sous le théâtre et les fait gesticuler à sa volonté. Des cordes à violon relient toutes les articulations à une sorte de clavier fixé au socle.

« Le petit poème provençal qui forme le *scénario* de la « crèche » a subi, comme les décors, de nombreuses variations; mais la division primitive subsiste et les tableaux essentiels sont restés à peu près intacts.

« La scène principale est toujours l'étable où les bergers viennent adorer Jésus.

« Le prologue se composait d'un rideau de nuages au milieu desquels un ange annonçait le mystère de la Nativité. Quand ce rideau se levait, l'intérieur de l'étable montrait la scène principale, semblable à celle qui est exposée dans les églises. Les personnages agissaient, parlaient, chantaient, séparément ou en chœur; des nouveaux, — les rois entre autres, — faisaient leur entrée successivement et présentaient leurs hommages.

« Lorsque le fond de l'étable s'ouvrait, on voyait, en arrière, dans un décor champêtre, se dérouler les scènes accessoires, comiques, rustiques, humoristiques; puis tout se résumait en un chœur d'actions de grâces.

« A cette donnée naïve sont venus s'ajouter des tableaux plus ou moins réussis. »

Cette note de M. J.-H. Huot, si intéressante et si précise, appelle l'attention sur les *Santons* de Marseille qui sont peu connus et sont recherchés des amateurs.

M. Elzéard Rougier a publié sur eux, dans la *Revue encyclopédique* du 25 décembre 1897, une étude curieuse accompagnée de reproductions d'une grande fidélité.

« Ces personnages, dit-il, coloriés avec une grâce à la fois naïve et charmante, sont l'œuvre de coroplastes très primitifs qui possèdent une quantité de moules transmis en héritage de père en fils et en créent chaque année de nouveaux suivant l'actualité touchante ou comique. Les santons se fabriquent et s'enluminent le soir en famille. Toute la nichée s'y occupe, jusqu'aux petits enfants. Les principaux types comprennent les Rémouleurs, les Aveugles, les Valets d'étables, les Poissonnières, les Pêcheurs, les saint Joseph, les sainte Vierge, les Enfant Jésus, les « Ravi » et les « Ravido », les Bohémiens, les Chasseurs, les Rois mages, les Vieux, les Vieilles, les Adorateurs. Ces innombrables figurants de la crèche reproduisent à peu près exactement les paysans et paysannes des environs de Marseille... »

Au XVIIe et au XVIIIe siècles, les santons des crèches provençales étaient en verre coloré et en porcelaine et affectaient des formes particulières : la Vierge Marie portait des jupes à paniers, saint Joseph ne reculait point devant les talons rouges; le Musée du château Borély conserve de précieux spécimens de ces petites statuettes qui peignent bien l'époque à laquelle elles appartiennent.

Aujourd'hui, cet art spécial au midi, s'est démocratisé; les santons sont en terre crue ou en terre cuite, et ils sont répandus plus peut-être qu'ils ne l'ont jamais été. Une foire porte leur nom; elle s'ouvrait naguère sur le cours de Belzunce et se tient de nos jours aux allées de Meilhan, du 10 décembre jusqu'à l'Epiphanie.

C'est là que la population marseillaise vient faire provision de santons et renouveler ceux qu'elle a perdus ou brisés dans le cours de l'année; c'est là que les jeunes époux forment la crèche qui doit orner leur intérieur familial.

Le prix des santons bizarrement enluminés varie suivant leur grandeur et leur perfection de cinq centimes à vingt francs. Les baraques de la foire les exposent par milliers; moyennant un franc, on peut en obtenir d'acceptables.

Les artistes qui fabriquent ces petites statuettes si étranges et si spirituelles d'aspect ne sont pas tous connus. M. Elzéard Rougier en distingue deux dont il semble faire grand cas : le premier est « le papa Pastourel » qu'on retrouve chaque année à la foire et dont les produits crus sont appréciés; ses statuettes les plus hautes ont vingt centimètres. Le second, fils d'un artiste de haute valeur, qui vivait en 1830, est Léon Simon, sculpteur bien connu à Marseille; il est le seul qui fabrique des santons en terre cuite, malheureusement il ne les livre pas au commerce et les réserve généreusement à ses amis ou aux collectionneurs qu'il affectionne. J'ai le vif regret de n'être pas de ceux-là.

Le théâtre de Nohant,
appartenant à M. Cadol.

V

LES MARIONNETTES LITTÉRAIRES

I

LE THEATRE DE NOHANT

Les admirateurs des marionnettes. — Le premier théâtre de marionnettes littéraires, à Nohant. — Son histoire publiée par George Sand, dans *Dernières pages*. — Une première tentative. — Un second théâtre. — Le monstre vert. — Un incendie. — Le *Théâtre des Amis*. — Nouveaux acteurs. — Le Répertoire en 1819. — Les collaborateurs de Maurice Sand. — La mise en scène. — Comment étaient présentées les marionnettes. — Les traverses à coulisses de Maurice Sand. — Ce que pense George Sand de la fabrication des marionnettes. — Le *Piton*. — Modification apportée dans l'exécution des personnages. — Les costumes sont recommencés. — Ce que dit George Sand du *Burattino*, dans l'*Homme de neige*, publié en 1859. — Installation du Théâtre de Nohant à Passy, en 1880. — Ce que renferme le *Théâtre des marionnettes*, de Maurice Sand, paru en 1890.

Que ce soit à Paris ou au loin, les marionnettes ont toujours gardé des admirateurs. Chez nous, elles avaient autrefois : Lesage, Piron, Voltaire, Charles Nodier, Théophile Gautier, Gérard de Nerval, Charles Magnin, George Sand, Duranty, Maurice Sand, Gounod, Edouard Cadol ; elles ont maintenant Lemercier de Neuville, Henri Signoret, Maurice Bouchor, Darthenay, Henri Rivière, Caran d'Ache, Willette, Vignola et par ces derniers, par leur collaboration active elles se sont affinées et ont pénétré dans les milieux les plus délicats et les plus élevés. Elles ont encore pour protecteur et c'est un titre qui leur comptera dans l'avenir, Anatole France qui, dans la *Vie littéraire*, à propos des représentations données par M. H. Signoret à la Galerie

Vivienne, a écrit sur elles quelques pages amoureusement ciselées.

Le type primitif de nos théâtres de marionnettes littéraires, le plus parfait, sans contredit, qui ait jamais existé, est le théâtre créé dans le salon de George Sand à Nohant. Il est à la fois célèbre par l'intérêt particulier que lui portait l'illustre écrivain et par les résultats vraiment extraordinaires qu'y obtint Maurice Sand, aidé d'une société de littérateurs et d'artistes reçus dans son hospitalière demeure.

George Sand.
(Extrait du Monde Illustré, 1861.)

Ce théâtre existe encore; il appartient avec un certain nombre de ses poupées à la famille du regretté Édouard Cadol, l'auteur tant applaudi des *Inutiles*, qui le conserve avec un pieux respect, comme un souvenir précieux à bien des titres. Dans le journal *le Temps* des 11, 12 et 13 mai 1876, George Sand en a retracé l'histoire qu'elle a publiée aussi dans l'un de ses livres intitulé : *Dernières Pages*.

De cette étude si merveilleusement écrite et que je voudrais pouvoir reproduire en son entier, il résulte qu'en 1847, deux artistes amis, Maurice Sand, l'auteur de *Masques et Bouffons*, et Eugène Lambert, le peintre des chats, conçurent l'idée d'un théâtre de marionnettes dont ils ne voulaient faire, à ce moment, qu'une simple distraction pour ceux qui leur étaient chers et pour eux-mêmes.

Au début, on ne savait guère quel était l'avenir réservé à cette création de famille; l'installation fut donc sommaire. On se contenta d'une chaise dont le dossier tourné vers les spectateurs soutenait un grand carton à dessin et une serviette dérobant aux regards les opérateurs forcément agenouillés. Derrière ce carton, inhabilement dirigées, s'agitaient, sans prétention aucune, deux bûchettes à peine dégrossies, emmaillotées de chiffons aux couleurs voyantes.

Marionnette du Théâtre de Nohant,
appartenant à M. Cadol.

Ce fut un succès cependant; George Sand et Victor Borie, seuls spectateurs, n'hésitèrent point à en proclamer l'éclat. Séance tenante, on résolut de pousser les choses plus avant, d'exécuter des figurines peintes et d'édifier une scène où elles pussent librement se mouvoir.

Ce nouveau théâtre fut composé d'un simple châssis garni d'indienne à ramages. Taillés dans une souche de tilleul, sept acteurs s'y montrèrent : Guignol, Pierrot, Purpurin, Combrillo, Isabelle, della Spada, capitan, Arbaïl, gendarme, et un Monstre vert.

« Je réclame, dit George Sand, la confection du monstre, dont la vaste gueule, destinée à engloutir Pierrot, fut formée d'une paire de pantoufles doublées de rouge, et le corps d'une manche de satin bleuâtre. Si bien que ce monstre, qui existe encore et qui n'a cessé de porter le nom de monstre vert, a toujours été bleu. Le public nombreux, qui depuis l'a vu fonctionner, ne s'en est jamais aperçu. »

Sur cette scène nouvelle, qui était loin d'avoir la perfection désirable puisqu'elle ne comportait qu'une paire de coulisses et une toile de fond, on joua néanmoins des féeries dont l'improvisation était abandonnée à l'imagination féconde de Maurice Sand et de Eugène Lambert; Victor Borie, voulant y représenter un incendie, brûla le théâtre. Ce fut encore un succès, mais il fallut tout reprendre sur nouveaux frais.

On construisit donc une autre scène dont les dimensions furent doublées, un vrai *Castellet*, cette fois, et on y représenta : *Pierrot libérateur*, *Serpentin vert*, *Olivia*, *Woodstock*, *le Moine*, *le Chevalier de Saint-Fargeau*, *le Réveil du lion*. C'est ce castellet qui a été conservé par Édouard Cadol.

L'année suivante, en 1848, on sentit le besoin impérieux de faire intervenir dans la troupe jusque-là constituée, un certain nombre de sujets nouveaux : Cromwel, Léon, Lacroix, Valsenestre, Cléanthe, Louise, Rose, Céleste, Ida et Daumont. L'élément féminin, un peu négligé jusque-là, reprenait ses avantages ; malheureusement les événements politiques interrompirent les représentations.

C'est à 1849 que remontent les succès suivis du théâtre de Nohant. A partir de cette époque, on joua, improvisés sur d'informes canevas, les drames les plus ténébreux : *Oswald l'Écossais*, — *l'Auberge du Haricot vert*, — *Sang, Sérénades et Bandits*, — *Robert le Maudit*, — *les Sangliers noirs*, — *une Femme et un sac de nuit*, — *les Filles brunes de Ferrare*, — *le Spectre chauve*, — *Pourpre et Sang*, — *les Lames de Tolède*, — *Roberto le bon Voleur*, — *l'Ermite de la marée montante*, — *Une Tempête dans un cœur de bronze*, — *le Cadavre récalcitrant*.

On le voit, on travaillait ferme à Nohant ; Maurice Sand, qui restait toujours l'âme de ces fêtes souvent renouvelées et avait, avec Eugène Lambert, le génie de la marionnette, ne suffisait plus au déploiement

Marionnette du Théâtre de Nohant,
appartenant à M. Cadol.

de la mise en scène ni au jeu des poupées devenues plus nombreuses et de caractères plus divers. C'est alors qu'on fit appel à d'autres collaborateurs amis : Thiron qui fit là ses premiers débuts, Alexandre Manceau, Sully Lévy, Édouard Cadol, Charles Marchal, Porel, Bocage, Planet, auxquels on laissa la bride sur le cou et qui furent étincelants de verve.

Ces réunions joyeuses où débordait l'esprit le plus français furent plus remarquables encore de 1854 à 1872, période pendant laquelle on donna plus de cent vingt œuvres différentes; on avait introduit dans le répertoire les parodies des pièces en vogue, notamment une *Dame aux Camélias*, qui n'était pas faite pour les demoiselles et que Dumas fils vint voir.

En 1872, la famille de George Sand se dispersa. Quelques-uns des familiers de la maison se marièrent, d'autres avaient été frappés par la mort; le théâtre de Nohant ne se trouva point atteint cependant par ces pénibles et inévitables séparations. Maurice Sand s'y attacha davantage au contraire et prépara seul avec plus de soins les représentations devenues plus rares; il rechercha, conseillé par sa mère, les moyens de les rendre plus parfaites. Des enfants étaient nés dans la famille et y avaient déjà grandi; pour eux les joyeuses pièces de jadis eussent été incompréhensibles ou de formes trop légères.

« Il fallait un théâtre plus châtié, dit George Sand, et dès lors une plus fidèle observation des lois de la scène. Ceci paraissait impossible, car on n'a que deux mains, et les pièces ainsi rendues par un seul opérant ne peuvent être qu'une suite de monologues ou de scènes à deux personnages. Avec un compère, on ne pouvait dépasser le nombre de quatre, et si on avait besoin de comparses, on plaçait au fond une sorte de rateau sur les longues dents duquel plusieurs marionnettes étaient fichées. Ce râteau, excellent pour les effets comiques, présentait une rangée de têtes immobiles sur des robes flasques, avec des bras pendants du plus piteux aspect. C'était comme une apparition de pendus. »

Pour les poupées, elles étaient l'objet de soins particuliers. Maurice Sand sculptait les têtes et sa mère se réservait les ajustements, elle avait, sur ce que doit être une marionnette, des idées extrêmement justes et précises :

« Elle doit être sculptée avec soin, disait-elle, mais assez largement; trop fine, elle devient insignifiante. Elle doit être peinte à l'huile sans aucun vernis, avoir de vrais cheveux et de vraie barbe. Les yeux peuvent être en émail comme ceux des poupées. Nous les préférons peints, avec un clou noir, rond et bombé comme prunelle. Ce clou verni reçoit la lumière à chaque mouvement de la tête et produit l'illusion complète du regard. ».

On soignait spécialement, à Nohant, le point lumineux de ces yeux, les jours de représentations carillonnées, on leur donnait un coup de lime qui remplaçait avantageusement le vernis parfois un peu éteint qui les recouvrait. La quincaillerie intervenait encore dans une circonstance grave : quand les pièces avaient cinq personnages, il était souvent nécessaire, n'ayant que deux opérateurs, d'asseoir l'une des marionnettes, mais on ne pouvait l'abandonner sans que sa tête fût fixée au siège qui la portait. On avait donc muni les sièges d'un crochet et les têtes d'un piton dissimulé par la chevelure. « Mais il fallait une grande adresse, dit George Sand, pour faire entrer vite le crochet, et quelquefois le personnage s'agitait convulsivement sur son siège sans parvenir à se fixer. L'improvisation tirait parti de tout. — Qu'avez-vous donc ? lui demandait une autre personne ; êtes-vous souffrant ? — Oui, répondait le patient condamné à s'accrocher. C'est une maladie grave qu'on appelle le *piton*. — Bah ! je connais ça, nous y sommes tous sujets. »

MAURICE SAND.
(Extrait du *Monde Illustré*, 1889.)

Mais, pour Maurice Sand, ce n'était pas l'idéal. Supprimer le *piton*, faire disparaître ce qu'en argot théâtral on appelle les *loups*, c'est-à-dire les moments où la scène reste vide par suite de l'entrée tardive d'un personnage ou de la préparation d'un *effet*, le préoccupait vivement. Il y parvint en établissant des traverses à coulisseaux glissant dans des rainures, les coulisseaux étant munis de trous destinés à recevoir les marionnettes muettes. Un fil de fer en spirale supportait ces marionnettes et permettait de leur imprimer des mouvements qui les faisaient paraître prendre part à l'action.

Un peu plus tard, il résolut de faire porter la tête des poupées, non plus par le costume lui-même, mais bien par des épaules et une poitrine en carton. Cette modification qui permettait de donner aux femmes des corsages ajustés et décolletés, fut une véritable révolution.

« Chargée depuis trente ans, dit George Sand, de faire leurs costumes et de les habiller pour la représentation, j'avais passé bien des soirées et quelquefois des nuits à ce minutieux travail. Avec le nouveau système, il fallait refaire tous les costumes, et il y en avait des caisses entières. J'avais même fait bon nombre d'uniformes militaires, des costumes renaissance ou moyen âge, enfin des habits de Cour Louis XV ou Louis XVI brodés *ad hoc* en soie, en chenille, en or et argent sur soie et velours. Je tirais aussi un juste orgueil de ma lingerie, car ces dames possédaient des chemises, des jupons, des collerettes de toute sorte. Il fallait tout recommencer. »

On recommença tout et on fit ainsi, à Nohant, un théâtre vraiment admirable et qui comptait cent vingt-cinq personnages sans les comparses et une quantité considérable d'accessoires supérieurement machinés, grâce aux traverses à coulisseaux de Maurice Sand.

George Sand avait, on le voit, pour les marionnettes, une vive tendresse. Dans *l'Homme de neige* qu'elle publia en 1859, faisant parler Cristiano, elle montre, en un langage admirable d'observation et de chaleur, ce qu'il faut penser du *burattino*, la seule poupée qui fût en usage chez elle.

« — Vous savez ce que c'est, M. Goefle, qu'un théâtre de marionnettes?... C'est un théâtre à deux *operanti*, soit quatre mains, c'est-à-dire quatre personnages en scène ; ce qui permet un assez nombreux personnel de *burattini*.

— Qu'est-ce que cela, *burattini* ?

— C'est la marionnette classique, primitive, et c'est la meilleure. Ce n'est pas le *fantoccio* de toutes pièces qui, pendu au plafond par des ficelles, marche sans raser la terre ou en faisant un bruit ridicule et invraisemblable. Ce mode plus savant et plus complet de la marionnette articulée arrive, avec de grands perfectionnements de mécanique, à simuler des gestes assez vrais et des poses assez gracieuses ; nul doute que l'on ne puisse en venir, au moyen d'autres perfectionnements, à imiter complètement la nature ; mais, en creusant la question, je me suis demandé où serait le but, et quel avantage l'art pourrait retirer d'un théâtre d'automates. Plus on les fera grands et semblables à des hommes, plus le spectacle de ces acteurs postiches sera un chose triste et même effrayante...

« ... Tenez, vous voyez cela : une guenille, un copeau qui vous semble à peine équarri. Mais voyez ma main s'introduire dans ce petit sac de peau, voyez mon index s'enfoncer dans la tête creuse, mon pouce et mon doigt du milieu remplir cette paire de manches et diriger ces petites mains de bois qui vous apparaissent courtes, informes, ni ouvertes ni fermées, et cela à dessein, pour escamoter à la vue leur inertie...

« Cette figure, largement ébauchée

Marionnette du Théâtre de Nohant,
appartenant à M. Cadol.

et peinte d'un ton mat et assez terne, prend peu à peu dans son mouvement, l'apparence de la vie. Si je vous montrais une belle marionnette allemande, vernie, enluminée, couverte de paillons et remuant avec des ressorts, vous ne pourriez pas oublier que c'est une poupée, un ouvrage mécanique, tandis que mon *burattino*, souple, obéissant à tous les mouvements de mes doigts, va, vient, tourne la tête, croise les bras, les élève au ciel, les agite en tous sens, salue, soufflette, frappe la muraille avec joie ou avec désespoir. Et vous croyez voir toutes ses émotions se peindre sur sa figure, n'est-il pas vrai? D'où

Marionnette du Théâtre de Nohant,
appartenant à M. Cadol.

vient ce prodige, qu'une tête si légèrement indiquée, si laide à voir de près, prenne tout à coup, dans le jeu de la lumière, une réalité d'expression qui vous en fait oublier la dimension réelle? Oui, je soutiens que, quand vous voyez le *burattino* dans la main d'un véritable artiste, sur un théâtre dont les décors bien entendus, la dimension, les plans et l'encadrement sont bien en proportion avec les personnages, vous oubliez complètement que vous n'êtes pas vous-même en proportion avec cette petite scène et ces petits êtres, vous oubliez même que la voix qui les fait parler n'est pas la leur. Ce

Marionnette du Théâtre de Nohant,
appartenant à M. Cadol.

mariage impossible en apparence, d'une tête grosse comme mon poing et d'une voix aussi forte que la mienne s'opère par une sorte d'ivresse mystérieuse où je sais vous faire entrer peu à peu, et tout le prodige vient... savez-vous d'où vient le prodige? Il vient de ce que ce *burattino* n'est pas un automate, de ce qu'il obéit à mon caprice, à mon inspiration, à mon entrain, de ce que tous ses mouvements sont la conséquence des idées qui me viennent et des paroles que je lui prête, de ce qu'il est *moi* enfin, c'est-à-dire un être et non pas une poupée. »

C'est, je crois, vers 1880, que le théâtre de Nohant quitta le Berry pour venir s'installer à Passy, chez Maurice Sand, où eurent lieu, pendant quelques années, des représentations extrêmement curieuses et suivies, dont la série n'a été close que par la mort du propriétaire, survenue le 4 septembre 1889.

Le théâtre, qui avait été transformé, était au second étage. La salle, dont le plafond voûté était peint à l'italienne, était coquette et pouvait contenir cinquante spectateurs. L'encadrement de la scène était simple et d'un goût fort artistique, le rideau formé d'une draperie rouge était soulevé au milieu par un Pierrot qui se penchait pour constater l'état de la salle. Dans la partie supérieure, se voyait un petit buste de Molière, en bronze doré ; en bas, le trou du souffleur, absolument inutile en pareil lieu, était remplacé par la date de fondation : 1847. A ce moment, la troupe au complet, dans tout son éclat, comptait plus de quatre cents acteurs, grands et petits.

Tout cela a disparu, le *Théâtre des Amis* n'existe plus, il ne reste de lui qu'un volume intitulé : *le Théâtre des Marionnettes*, publié en 1890 et dans lequel on a inséré les piécettes suivantes :

Le Flageolet, comédie en un acte, jouée pour la première fois à Nohant en 1863.

Nous dînons chez le colonel, pièce militaire salée, en trois tableaux, jouée pour la première fois à Nohant, le 27 janvier 1867.

La clémence de Titus, pièce antique imitée d'Aristophane et de Plaute, en deux actes, en vers mêlés de prose, avec un prologue, jouée pour la première fois à Nohant, le 20 novembre 1867.

Funeste oubli, comédie en un acte, jouée pour la première fois à Nohant, le 20 décembre 1868.

Jouets et mystères, fantaisie en un acte, jouée pour la première fois à Nohant, le 18 juin 1871.

Les Esprits frappeurs, impromptu en un acte, joué pour la première fois à Nohant, le 5 novembre 1871.

UNE REPRÉSENTATION DANS L'ATELIER DE MAURICE SAND, A PASSY.
Dessin de Maurice Sand. (Extrait de l'Illustration.)

Le candidat de Trépagny, comédie en un acte, jouée pour la première fois à Nohant, le 28 novembre 1874.

Le lundi de la Comtesse, comédie en un acte, jouée pour la première fois à Nohant, le 31 décembre 1874.

Une nuit à Châteauroux, comédie en un acte, jouée pour la première fois à Nohant, le 26 mars 1875.

La chambre bleue, comédie de famille mêlée de chiens et de bruits, en un acte, jouée pour la première fois à Nohant, le 4 avril 1875.

J'ai oublié mon panier, comédie en un acte, jouée pour la première fois à Nohant, le 10 avril 1875.

La rosière de Viremollet, pastorale d'après nature, en un acte, jouée pour la première fois à Nohant, le 18 octobre 1879.

Zut! ou la petite Chaussette bleue, à propos plein de saveur et de haut goût, en un acte. *Castigat ridendo mores*, joué pour la première fois à Paris, le 8 février 1884.

Balandard aux Enfers, mystère en quatre tableaux, avec un prologue, joué pour la première fois à Paris, le 19 avril 1886.

II

LE THÉATRE DE DURANTY

Un théâtre de marionnettes littéraires au Jardin des Tuileries, en 1861. — Fernand Desnoyers écrit pour lui un prologue d'ouverture. — Le *Théâtre des marionnettes* de Duranty, illustré par Coindre.

Au moment où le *Vrai Guignol* obtenait avec Anatole une série de triomphes, en 1861, un homme de lettres d'un talent aimable, Duranty, ouvrait par autorisation spéciale, dans le jardin des Tuileries un théâtre de marionnettes pour lequel il rêvait de hautes destinées.

Espérant assurer la réalisation de son projet, Duranty apportait des idées nouvelles: il voulait que son *Castellet* fût un peu plus large que ceux de ses concurrents; que ses personnages et ses décors fussent plus artistiques et d'aspect plus élégant; il voulait encore que les pièces qu'il devait représenter eussent une certaine portée philosophique et une valeur littéraire qui pût être appréciée. Sachant qu'on n'est jamais mieux servi que par soi-même, il résolut d'être son propre auteur et se mit résolument au travail.

Duranty a fait connaître, dans l'*Almanach parisien* de 1862, toutes les difficultés qu'il lui fallut vaincre pour mettre son théâtre sur pied. Ce n'est qu'après cinq mois de constants efforts qu'il y arriva. Pour l'exécution des têtes de ses personnages, il avait obtenu la collaboration du sculpteur Lebœuf et s'y était consacré lui-même.

Son personnel de poupées au complet, il s'était préoccupé de recruter dans tous les théâtres, des artistes en disponibilité, choisis avec soin et qui devaient devenir ses récitants. Ce n'était pas une petite affaire! Il y réussit cependant et les choses étant mises au point, il chargea Fernand Desnoyers d'écrire un prologue en vers auquel Polichinelle, qui en avait vu bien d'autres, prêta l'appui de son jeune talent.

Quel fut le succès du théâtre de Duranty, je l'ignore. Il n'a vécu que peu d'années. Son fondateur avait trop compté sur un public spécial qui certainement s'intéressait à l'œuvre entreprise, mais n'était pas assez nombreux pour lui assurer longue et douce vie.

D'ailleurs, on ne voit pas bien les grands arbres des Tuileries abritant la soutenance de thèses philosophiques. N'est-ce point abuser de l'innocence des marionnettes que leur imposer une aussi ingrate mission, alors que nous avons, sous de monumentales coupoles, des hommes qui peuvent la remplir avec plus d'autorité.

Les pièces de Duranty, fort bien écrites, intéressantes à la lecture, sont au nombre de vingt-quatre ; elles ont été réimprimées en 1880, en un

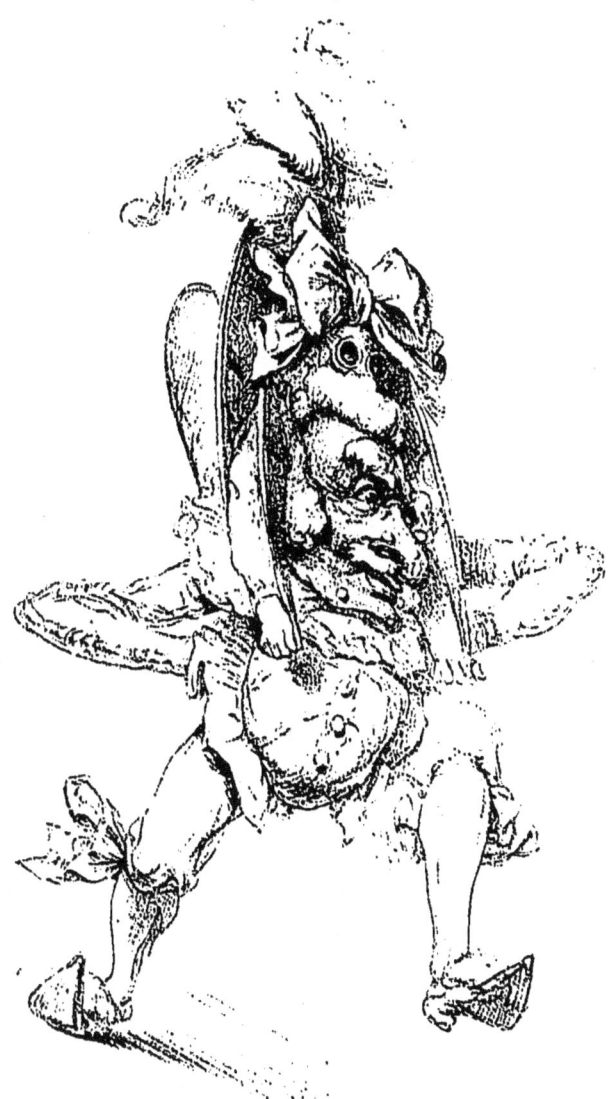

Costume de Polichinelle
Travestissement par Gavarni. (Extrait du *Charivari*, 1839.)

fort joli volume, avec des illustrations de Victor Coindre, sous le titre : *Théâtre des marionnettes*.

III

LE THÉATRE DE LA RUE DE LA SANTE

Une publication de Poulet-Malassis, illustrée par F. Rops. — Création du théâtre, rue de la Santé, aujourd'hui rue Saussure, en 1862. — Les fondateurs et leurs amis. — Comment était composée la Direction du théâtre. — La première représentation de *Signe d'argent*. — Un prologue par Jean du Boys. — Compte rendu de la représentation par Et. Carjat. — *Le dernier jour d'un condamné*, par Tisserand. — Comment se tenaient les opérateurs. — *Le suif de Venise ou la chandelle des dix*. — Les affiches de l'Erotikon Theatron. — Sans ordre on n'arrive à rien. — Première représentation de la 200ᵉ du *Bossu*. — La pièce.

Sur ce théâtre de marionnettes peu connu du public, il n'existe, à ma connaissance, qu'un petit ouvrage publié en Belgique, en 1866, par Poulet-Malassis, sous le titre : *Théâtre érotique de la rue de la Santé. Son histoire*. Félicien Rops l'a illustré de deux eaux fortes d'une grande liberté de composition.

Il m'a été difficile de me procurer ce *Théâtre* auquel M. Lemercier de Neuville, dans son *Histoire anecdotique des Marionnettes* à laquelle j'ai fait de si fréquents et de si utiles emprunts, a consacré plusieurs pages d'allure vive et amusante, qui montrent, de lui, tout ce qu'on en peut raisonnablement montrer.

C'est aux Batignolles, rue de la Santé, aujourd'hui rue Saussure, que l'Erotikon Theatron avait été établi.

Au nº 54 de cette rue, actuellement occupé par une pension de demoiselles, — quelle ironie ! — se trouvait en 1862, au fond d'un jardin ombragé de lilas, la demeure de quatre amis intimes : Amédée Rolland et Jean du Boys, qui eurent plusieurs œuvres représentées à l'Odéon, Edmond Wittersheim, le frère de l'imprimeur du *Journal officiel*, et Camille Weinscheinck, qui revenait du Japon et qu'on appelait dans l'intimité 4025.

Ces quatre amis en recevaient d'autres parmi lesquels on peut citer tout d'abord Lemercier de Neuville; Tisserand et Demarsy, tous deux acteurs de mérite; Henri Monnier, écrivain, caricaturiste et acteur; Théodore de Banville, le délicieux poète; Alcide Dusolier, devenu sénateur; Bizet, le maître compositeur; Carjat, Durandeau et Darjou, tous trois dessinateurs et illustrateurs du journal *le Boulevard*; Jules Noriac, l'auteur du 101ᵉ *régiment*; Pothey, l'auteur de *la Muette*; Poulet-Malassis,

AMÉDÉE ROLLAND ET JEAN DU BOYS
par Étienne Carjat. (Extrait du *Boulevard*.)

l'un des plus intelligents éditeurs parisiens; le commandant Lafont; Charles Monselet; Auguste de Chatillon, le poète auteur de *la Levrette en paletot*; Albert Glatigny; Champfleury, toujours en mal de quelque méchante plaisanterie; Debillemont; Duranty, l'écrivain marionnettiste; Charles Bataille; William Busnach, qui fit la fameuse revue

Bu... qui s'avance; Charles de La Rounat, mort directeur de l'Odéon; Alphonse de Launay; Jules Moineaux, l'auteur des *Tribunaux comiques*; Henri Delaage, qui s'occupait de sciences occultes; Paul Féval enfin, qui ne songeait point encore à sa conversion et publiait des romans où brillaient les personnages les plus titrés. Je me rappelle notamment une vicomtesse Le Brecq du Larz de Cramayeul-Engévéson-les-Fossés-sur-Papayoux, qui a longtemps fait ma joie.

A certains jours, au hasard des promenades et sans invitations, on se réunissait. Beaucoup de ces hommes avaient déjà connu le succès, d'autres, les plus jeunes, allaient l'atteindre; on s'entretenait d'art dramatique surtout et Amédée Rolland ayant fait construire un hall vitré devant sa maison, on résolut d'un commun accord, d'y établir un théâtre de marionnettes auquel chacun fut prié d'apporter sa part de collaboration artistique ou littéraire.

METIES BRANCART, DIT NAZ D'ARGENT.
Croquis de Lemercier de Neuville
pour *Le dernier jour d'un condamné*.

Darjou peignit la façade du théâtre, Jean du Boys se chargea de sa disposition intérieure et de sa machinerie qui permettait d'y représenter des pièces compliquées; Demarsy sculpta dans des bûches les têtes des personnages; les amies, car il y avait des amies, qui étaient : Eulalie, Estelle surnommée la Dinde, Georgette Ollivier, Mosé, Suzanne Lagier, apportèrent quelques chiffons dont elles firent de brillants costumes.

La direction était composée comme il suit :

« Bailleur de fonds et propriétaire : Amédée Rolland;

« Directeur privilégié : Lemercier de Neuville;

« Régisseur général : Jean du Boys;

« Lampiste, machiniste, en un mot toutes les fonctions viles : Camille Weinscheinck. »

Le théâtre ainsi constitué, dans le hall qui ne pouvait contenir plus de vingt et un invités, on installa un piano qui fut souvent tenu par Bizet. Sur les parois du hall, Lemercier de Neuville avait peint en charges, une galerie qui semblait occupée par des spectateurs amis de la maison.

L'inauguration du théâtre eut lieu le 27 mai 1862 avec une quinzaine de poupées, parmi lesquelles se trouvaient le Procureur du roi, Mlle Pimprenelle, Jean Coutaudier, le Président des assises, Mutius Brancart dit Naz d'argent, qui devaient figurer dans *le Dernier jour d'un condamné*, en répétition.

Pour cette première représentation, Claye imprima une carte d'invitation portant un timbre sec représentant un amour tenant d'une main un flambeau et de l'autre un masque. On donna, ce jour-là, une comédie en trois actes que Carjat a, par erreur, intitulée : *la Marquise*, et dont le véritable titre permet de sentir d'ici toute la saveur, cela s'appelait : *Signe d'argent*. Le spectacle avait été précédé d'un prologue en vers de Jean du Boys; je crois qu'on le retrouverait difficilement et je le reproduis ici. On n'a pas toujours entendu au théâtre de la rue de la Santé, des vers aussi aimables :

PROLOGUE

Personnage : PROLOGUS

I

Messieurs, salut ! salut, mesdames !
Vous, les grâces et vous les flammes,
Intelligences et beautés,
Le personnel de cette scène,
Ce soir, va faire son étrenne
Devant vos doubles majestés.

Il ne manquera pas de zèle,
Mais, ainsi que la demoiselle
Que l'on nomme Anna Bellangé,
Ce personnel assez folâtre
N'a paru sur aucun théâtre
Et désire être encouragé.

Cachez donc bien vos clés forées,
Point de clameurs exagérées
Où l'on imite exactement
Les mille bruits de la nature,
Depuis l'orage et son murmure
Jusqu'au chien et son aboiement.

Nous comptons sur votre sagesse
Pour que personne ne transgresse
Cet avertissement léger ;
Et même, dans notre service,
Nous avons omis la police
Crainte de vous désobliger.

II

Notre nouveau théâtre a fait des frais énormes ;
Veuillez vous assurer que tout est peint à neuf.
Arlequin suspendu fait admirer ses formes
Et Jourdain ses souliers brillants, cirés à l'œuf.
    Pierrot pendu fait la grimace
    Et de son œil écarquillé,
    Il contemple une contrebasse
    Auprès du pot qu'il a pillé.
La triste Melpomène et la folle Thalie
Changent enfin de robe après quatre cents ans.
L'une va chez Ricourt pour jouer Athalie,
L'autre rêve aux ducs Jobs passés, futurs, présents !
    Voyez s'enrouler sur leurs têtes
    La vigne mêlée au laurier,
    Rameaux sacrés que les poètes
    Aiment surtout à marier !
Tout au-dessous trois noms entourés d'immortelles ;
Trois noms remplis de rire et de folles chansons
Que la muse lascive a touchés de ses ailes
Et dont nous implorons vivement les leçons :
    Boccace qu'on relit encore
    Quand on est au dernier signet,
    Machiavel et la Mandragore,
    Piron et l'ode qu'on connaît.
Enfin, notre fronton resplendit et s'étoile
Du titre provoquant d'un livre merveilleux
Bible de l'érotisme où Mirabeau dévoile
Les mystères ardents de la couche des Dieux !

III

Du reste notre privilège
Admet tous les genres : ballets,
Pièce à femme avec son cortège
De jupons courts et de mollets.
Drame à canon, si vous voulez !

(*Changement à vue. — Le palais des gazes. — Apothéose de l'Empereur.*)

Regardez ! Ce palais magique
S'éclaire au soleil d'Austerlitz.

(*A Georges Bizet qui tenait le piano.*)

Holà ! Monsieur, de la musique...

(*Au public confidentiellement.*)

Le chef d'orchestre enfonce Litz.

(*Revient l'ancien décor.*)

Il ne me reste plus que deux mots à vous dire,
Pour vous plaire, Messieurs, rien ne fut épargné
Je vous prie, un éclat de rire !
Je vous l'assure allez... nous l'avons bien gagné,
Sinon de la gaîté, du moins de la clémence.
Imitez en ce point nos places à dix sous
Ou bien le Directeur s'élance
La tête la première au dixième dessous.

Quatre jours plus tard, dans *le Boulevard* du 1ᵉʳ juin, Carjat consacrait à cette « fête de l'esprit » un article élogieux :

« Encore un nouveau théâtre ! Un théâtre d'intimes ! Erotikon Theatron, ce qui veut dire Théâtre des marionnettes amoureuses. Rassurez-vous : tout s'y passe le plus convenablement du monde; les coups de bâton y sont toujours protecteurs de la morale et si la mère ne peut y conduire sa fille, en revanche, le plaisir y attire des peintres et des littérateurs de talent... Parlerons-nous de la pièce jouée : *la Marquise ?* Non; sachez seulement qu'elle est charmante et *morale*... oui, morale, car il s'agit de blâmer l'inconséquence des femmes et on la blâme très énergiquement, ma foi ! Nous avons remarqué quelques scènes hors-d'œuvre écrites évidemment pour le public spécial qui assistait à la représentation. La première est empruntée à l'une des pièces les plus célèbres d'Aristophane; la seconde est une préparation culinaire et *littéraire*.

« Le crayon de notre collaborateur Durandeau a photographié la scène au moment où le marquis plonge désespérément dans la casserole où vient de s'engouffrer toute la littérature contemporaine. Les épigrammes sont un peu vives parfois, mais qui s'en fâchera? On est en bonne compagnie dans cette casserole.

« Au total, une soirée originale, du rire à gorge déployée, un succès.

« A la fin du souper qui a suivi cette représentation, Monselet voulait à toute force danser le *Fandango*, et Champfleury, enthousiasmé, a porté un toast ainsi conçu :

« *A la mort du théâtre français ! A l'immortalité du théâtre des marionnettes !*

« Amédée Rolland s'est alors évanoui. »

MADEMOISELLE PIMPRENELLE.
Croquis de Lemercier de Neuville
pour *le Dernier jour d'un condamné*.

Un mois plus tard, on représenta *le Dernier jour d'un condamné*, par Tisserand, qui lisait le principal rôle; les marionnettes mues par les doigts, étaient tenues par Lemercier de Neuville et Jean du Boys.

J'ai dit plus haut que le théâtre avait été élevé au fond du hall vitré qui précédait, comme une veranda close, la maison d'Amédée Rolland et de ses amis. Ce hall n'était ni haut ni large, car étant assis, on n'y pouvait tenir que quatre de front et Wittersheim, qui était grand, touchait le plafond vitré en levant le bras. Aussi la scène était-elle si basse, qu'on ne pouvait jouer que replié sur soi-même. Le spectacle des coulisses était alors véritablement curieux : Lemercier de Neuville et Jean du Boys, assis sur des tabourets se tenaient au premier plan, leurs rôles piqués sur l'envers de la toile de la façade. Les autres récitants, livret en main, occupaient le fond du théâtre qui avait à peine un mètre cinquante centimètres de profondeur. Les décors étaient suspendus à l'aide de ficelles; cette machination avait été inventée et fabriquée par Jean du Boys.

Peu après, on monta un grand drame en cinq actes et dix-huit tableaux, intitulé : *Le Suif de Venise ou la Chandelle des dix*. Ce drame n'était pas écrit; les récitants étaient laissés libres d'y introduire toutes les folies qui leur passaient par la tête. Ce fut inénarrable.

Après un certain nombre de représentations, Lemercier de Neuville, trouvant qu'il était incommode de

LE PROCUREUR DU ROI.
Croquis de Lemercier de Neuville
pour *le Dernier jour d'un condamné*.

jouer assis, avait creusé une large fosse dans le sol afin de pouvoir jouer debout, mais elle ne servit jamais; les joyeux amis, pris par des occupations plus utiles et plus sérieuses s'étaient séparés.

L'Erotikon Theatron avait ses affiches, elles étaient manuscrites, cela s'entend, et leur rédacteur était laissé libre de les concevoir comme il le rêvait. M. Lemercier de Neuville a reproduit l'une d'elles : celle du *Dernier jour d'un condamné*. En voici deux autres qui me semblent bien curieuses :

JEAN COUTEAUDIER.
Croquis de Lemercier de Neuville
pour *le Dernier jour d'un condamné*.

PAR ORDRE
Puisque sans ordre on n'arrive à rien
SANS PERMISSION DE Mr LE MAIRE
REPRÉSENTATION EXre
Pour cette fois seulement et pour ce jour

EPOTIKON OEATPON
Prologue en vers
PROLOGUS sera joué par Mr LEKAIN

Intermède
BALLET DES GAZ

Napoléon Ier	TALMA	Moreau-Sainti
Hydrogène	Monjauze	P. Viardot-Agar (Persiani)
Petitpas	Cerrito	et tout le corps de Ballet

SIGNE D'ARGENT
Comédie en 3 Actes et en Prose, farcie de Couplets

Le Marquis — Frédéric LEMAITRE — La Marquise — Mlle MARS
Germain KEAN — Un truffard — LASSAGNE — Un colporteur — Dumollard

---

NOTA

l'Administration s'est ruinée en engagements ainsi qu'on peut s'en convaincre par l'Affiche

Musique de CIMAROSA
Décors de MICHEL ANGE
Machines de VAUCANSON
Statues de DAVID D'ANGERS
Architecture de GARNIER, Archte de l'Opéra

PAR ORDRE (1)
et pour la
CLOTURE DE L'ANNÉE THÉATRALE
REPRÉSENTATION EXTRAORDINAIRE
Avec le concours invisible de Mr
HENRY MONNIER
qui viendra en diligence

DÉBUTS
DE MADEMOISELLE X

Henry MONNIER
l'Etudiant et la Grisette — Etude de mœurs
Mr Henry MONNIER étudiera les mœurs

UN CAPRICE — Proverbe moral
d'Alfred de Musset. Mlle X. Urinette

Intermède par le Brigadier (ON NE SAIT PAS CE QUE CE SERA)

---

la DILIGENCE — étude Réaliste
Mlle X. 5e Roue. M Henry Monnier les quatr's autres

ON FINIRA par des SALUTATIONS EMPRESSÉES

---

(1) Car sans ordre on n'arrive à rien.

Il serait peut-être bon d'expliquer cette note qui précède l'une de ces affiches et termine l'autre : « Sans ordre on n'arrive à rien. » Jean du Boys et Amédée Rolland étaient le désordre même. Leurs vêtements, leurs livres et leurs manuscrits traînaient partout, et, quand on leur en faisait reproche, ils en convenaient volontiers et promettaient de se corriger car, disaient-ils, sans ordre on n'arrive à rien. Ils le dirent tant de fois et toujours avec la même sincérité, qu'on vint à leur en faire une scie, qui se traduisit sur les affiches du théâtre par la mention invariable : « Sans ordre on n'arrive à rien. »

LE PRÉSIDENT DES ASSISES.
Croquis de Lemercier de Neuville
pour le Dernier jour d'un condamné.

Jusqu'aux premiers mois de 1863, époque de sa disparition, le théâtre érotique ne donna qu'une dizaine de représentations. Ses pièces, on le pense bien, n'étaient pas destinées à l'impression, mais Poulet-Malassis en recueillit les copies ou les canevas, les arrangea et les publia sans autorisation et au grand regret des auteurs, dans le volume presque introuvable dont je rappelais le titre tout à l'heure. Il en négligea plusieurs, une surtout qui avait un intérêt particulier : c'est la parodie du *Bossu*, qui fut la dernière pièce représentée par l'Erotikon Théâtron, au théâtre de la Porte Saint-Martin, à l'occasion de la 200ᵉ représentation du *Bossu* de Paul Féval et Anicet Bourgeois.

Sur une petite scène improvisée, avec des décors en papier, sans aucune préparation, Lemercier de Neuville et Demarsy tinrent les poupées et jouèrent tous les rôles; il paraît que Demarsy imitait fort bien Mélingue.

LE THÉÂTRE DE LA RUE DE LA SANTÉ.
Croquis de Lemercier de Neuville pour *le Dernier Jour d'un condamné*.

L'affiche qui fut modifiée au dernier moment pour ce qui regardait la distribution des tableaux portait pour en-tête :

THÉÂTRE de CARTON
ACTEURS de BOIS
PREMIÈRE REPRÉSENTATION
de la 200ᵐᵉ du

BOSSU

Voici cette œuvre incohérente, à laquelle tout le monde collabora et qui eut un succès colossal.

LE BOSSU
PREMIER TABLEAU
L'auberge de la Pomme d'Adam

CHŒUR

Ah ! il a des bottes
Il a des bottes Nevers (*ter*).

PASSEPOIL

Eh ! bonjour madame l'hôtesse
Laissez-moi vous prendre un baiser
Pour m'amuser
Mon cœur est entouré de graisse
Mais il est gros, la graisse fondra
Vous verrez ça
Ne me donnez pas de calottes
Car cela me chiffonnerait...

(*Au public.*)

Bon, oui ! c'est à propos de bottes
Que je vous chante ce couplet.

Refrain.

Ah ! il a des bottes
Il a des bottes Nevers, etc.

(*Il s'approche de l'hôtesse.*)

MARTINE

Allons ! allons ! A Chaillot ! comme dirait la petite demoiselle du château voisin.

Musique sur l'air de Guillery, à l'entrée de Lagardère.

LAGARDÈRE

Je la tiens ! je la tiens ! cette botte fameuse ! la botte à revers de Nevers. A moi Lagardère !... Nombril du pape !... comme dirait Émilie. Mes amis, pas un cheveu ne tombera de sa tête, car je veux lui sauver la vie, afin de lui donner la mort.

Reprise du chœur :

Ah ! il a des bottes, etc.

FIN DU PREMIER TABLEAU

DEUXIÈME TABLEAU

Les Fossés de Caylus.

LAGARDÈRE

C'était une noble tête de vieillard !... Allons, bon, je me mets le doigt dans l'œil, c'est dans la *Tour de Nesle*... Gare là ! C'est moi, j'entre et je tue !... C'est toujours la même chose. Vive Dieu ! Il n'y a personne !... Si, une femme... Ah ! le mot d'ordre...

Je suis dedans!

Tiens ! un moutard ! Déjà !... Bonjour petit: faisons une risette à papa. Mais voyons donc !

Air : *Petit Papa.*

Petit papa
Garde-moi mieux qu'ma mère
Petit papa
Ne me lâch' pas comm' ça
Ne me serr' pas, mets-moi plutôt par terre
Car je suis faible et je pourrais bien faire
Petit caca (*bis*).

Un son de trompe.

LAGARDÈRE

Un son de trompe ! C'est le mardi gras ! serait-ce déjà le bœuf, ou le bœuf est-ce moi?

Neuf heures sonnent, c'est lui !

L'ENFANT

Qui donc, papa Lagardère?

LAGARDÈRE

Eh bien ! le duc de Nevers.
(*Entrée de Nevers, il se bat avec lui, dans la coulisse. Musique.*)

LAGARDÈRE

Prenez garde donc, vous allez...

NEVERS

Quoi ?

LAGARDÈRE

Tuer...

NEVERS

Quoi ?

LAGARDÈRE

Cette enfant !

NEVERS

Ma, sa, ta, ma fille !... je disais bien.

LAGARDÈRE

Sa fille ! Il disait bien ! J'aurais dû m'en douter !...

Air : *Bouton de rose.*

Comme elle est rose !
Elle est charmante assurément
Vive Dieu ! mais sa bouche est close
Ce qui n' l'est pas certainement...

(*Il sent sa manche.*)

C'est autre chose !
Comme elle est rose !...

LE RÉGISSEUR, *entrant.*

Messieurs les assassins !

(*Les assassins entrent sur une brochette.*)

LAGARDÈRE, *déposant l'enfant sur une botte de foin.*

Assassins envoyés par la reine... frappez au cœur !... Non, c'est dans Thomas Maurevert... A mon rôle !... à mon rôle !... Voici une botte de foin, mais nous allons vous montrer la botte de Nevers... ça fait que vous en verrez une paire !... Ah !... ah !... ah !... A moi Lagardère !...

(*Bruit de fourchettes dans la coulisse.*)

Pour parvenir jusqu'à nous, il faudra passer sur le corps de cette enfant...
(*Il tue Nevers et prend l'enfant, on entend sonner neuf heures pendant ce temps et il dit :*)
Nevers est mort !... Vive !...

(*Il s'arrête en entendant la cloche.*)

Le remords !... Déjà !... Sauvons le gosse !... Comme dit Mlle Defodon !...

FIN DU DEUXIÈME TABLEAU

TROISIÈME TABLEAU

L'Armurier de Ségovie.

LAGARDÈRE, BLANCHE, *qui manque son entrée*

LAGARDÈRE, *frappant du bâton.*

Gare-là !... Lagardère ! Lagardère !...

LE RÉGISSEUR, *dans la coulisse.*

Mademoiselle Defodon !...

Mlle DEFODON, *dans la coulisse.*

Eh ! zut !!!...

BLANCHE, *entrant.*

C'est lui !... mon cœur bat !... bonjour papa !...

LAGARDÈRE

Pourquoi ton père ?... Pourquoi pas autre chose ?... Ah ! non ! vois-tu, je ne suis plus maintenant qu'une noble tête de vieillard...

BLANCHE, *l'interrompant.*

Je le sais bien ! Oh ! oui, vous n'êtes plus le même, depuis le jour où vous me teniez à bras tendu d'une main, en me battant de l'autre... Mais c'est égal... Henri, je t'aime !... Veux-tu que je te joue de la cithare, c'est un Polonais qui me l'a offerte... doux souvenir !

(*Elle crache.*)

LAGARDÈRE

Non, non, Blanche, tu vas trop loin !... Oh ! dis-moi plutôt : lequel aimes tu mieux de ton papa ou de ta maman ?

Air : *A la façon de Barbari.*

BLANCHE

Vous demandez en ce moment,
Monsieur de Lagardère,
Si je préfère mon amant
A l'amour de ma mère.
Moi !... l'on m'appelle Defodon
Lafaridondaine... Lafaridondon.

LAGARDÈRE, *l'interrompant, parlé.*

Alors, qui aimes-tu mieux?...

BLANCHE.

J'aime mieux la poudre de riz
Biribi
Et la façon de Barbari
Mon ami !

LAGARDÈRE

Bien, je t'aime ! O folie !... O mon Dieu ! Elle est à moi... t'a moi !... Lagardère !... Lagardère !.. On vient... c'est sans doute quelqu'un, va-t'en.

(*Blanche sort.*)

LAGARDÈRE, CHAVERNY

LAGARDÈRE

Quelqu'un. (*Il s'approche. Accent de Lassagne.*) A...-vous des papiers ?

CHAVERNY

Oui.

LAGARDÈRE

Donnez.

CHAVERNY

Voilà... le prochain numéro gagnant de la loterie de cinq points... O les chenets de ma mère !... (*A part.*) Caspienne.

LAGARDÈRE

C'est bien ! — et maintenant votre nom !

CHAVERNY

Chaverny... au tampon.

LAGARDÈRE

Votre âge ?

CHAVERNY

Vingt-huit ans... qu'il y aura... Oh ! qu'allais-je dire !

LAGARDÈRE

Votre profession ?

CHAVERNY

La profession de Marquis.

LAGARDÈRE

Vous dites... Demarsy ?

CHAVERNY

De Marquis.

LAGARDÈRE

J'avais bien entendu. Dites ce que vous savez.

CHAVERNY

Eh bien ! je m'en vais enlever une petite bohémienne charmante, vous, vous allez enlever votre maîtresse, et ce bon M. de Peyrolles va en enlever une autre... Allons toujours, nous nous débrouillerons bien à la fin !

LAGARDÈRE

Alors, marquis, c'est désormais entre nous deux, à la vie à la mort... Embrasse-moi, frère !... Embrasse-moi, Lagardère !...

(Bruit de bâtons dans la coulisse.)

FIN DU TROISIÈME TABLEAU

QUATRIÈME TABLEAU

La Niche à Médor.

LE RÉGISSEUR

Air : *De Saltarello.*

Quelle foule ! Quelle cohue !
C'est à qui verra *le Bossu.*
Pas une stalle n'est perdue,
Tout est placé, tout est vendu !...
Nous sommes à la deux-centième,
Et nous venons avec bonheur ;
Car ici celui que l'on aime,
C'est Mélingue le grand acteur.
Après lui, Raucourt dramatique
Fait pleurer les bourgeois naïfs.
Et Defodon mélancolique
Pousse de petits cris plaintifs.
On se tord à chaque parole
De Vannoy comme de Laurent,
Et ce bon monsieur de Peyrolles
Est un gredin plein de talent.
Brindeau, tout rempli d'élégance,
Joue ici tout comme aux Français.
Bref, Antonin, Régent de France,
Puis *tous, tous, tous* ont du succès !
J'oubliais les danses coquettes
De la belle Mariquitta,
Et les groupes charmants de têtes
Que Passepoil souvent rêva !...

Quelle foule ! Quelle cohue !
C'est à qui verra le bossu.
Pas une stalle n'est perdue,
Tout est placé, tout est vendu !...

La queue au théâtre public.

LE VOYOU

A 500 francs une stalle!... *la deux-centième du Bossu!*... 1,000 francs!... C'est le caissier qui doit s'en faire des bosses. Qu'est-ce qui veut ma place, je la vends un louis.

M. PRUD'HOMME

Jeune espoir de la France future, elle peut m'agréer ta place. Tiens! Voici un napoléon. C'est l'effigie de notre souverain.

LE VOYOU, *ayant reçu l'argent.*

C'est une place à la queue, bourgeois. Voilà!...

M. PRUD'HOMME

Je l'eusse préférée dans l'intérieur du théâtre!...

LE VOYOU, *riant.*

A 500 francs!... à 1,000 francs, *la deux-centième du Bossu!* Il ne reste plus que la PLACE DU SOUFFLEUR!...

LAGARDÈRE, *entrant.*

A la fonte!... A la fonte!... Non, c'est dans *Benvenuto*... Satan et sa queue!... comme dit M. Paul Féval... Non, je me trompe encore, c'est Paddy O'Chrane, dans les *Mystères de Londres*. Satan et sa queue!... Je la prends!... Lagardère!... Lagardère!...

(*Bruit de fourchettes.*)

FIN DU QUATRIÈME TABLEAU

CINQUIÈME TABLEAU

Le Maure parle.

(*Une tête noire dans un coin. Musique.*)

LAGARDÈRE, *entre, apporte un livre et se retire.*
LA PRINCESSE *entre après la sortie de Lagardère.*

Qui m'a apporté ce livre?... Que veut dire ceci : *Salammbô*... Est-ce une épigramme?... O mon Zimph, je ne te laisserai pas prendre... je ne suis pas une Bovary, moi... Mais, où est mon enfant?... Mon enfant!... Lisons : *Quand il voudra, le Maure parlera*, — ce sont des vers. Où est ma fille?...

GONZAGUE, *entre avec le bébé, puis il retourne fermer la porte.*

Il faut qu'une fille... non, qu'une porte soit ouverte ou fermée... Votre porte... non, votre fille... la voilà!...

LA PRINCESSE

Ciel !... Oui, je la reconnais !... Elle est bien conservée... elle a le même âge qu'au premier acte... la même voix !... C'est elle !... Merci mon Dieu !... Mais, ce n'est peut-être pas ma fille ?... C'est peut-être ma fille sans l'être !... Maure, parle ?...

LE MAURE

Vous l'avez dit, c'est elle sans l'être, car ce ne l'est pas !

LA PRINCESSE

J'en étais sûre, quoique sans en être certaine, parce que j'en avais douté... monsieur de Gonzague, puisque ma fille n'est pas ma fille... tout en l'étant sans l'être... vous ne serez pas étonné, tout en restant surpris... et il y a de quoi... qu'une mère dont l'enfant n'est pas l'enfant, aille ce soir au bal du Régent... C'est toujours des vers !...

(ENTR'ACTE)

LE RÉGISSEUR

Messieurs ! M. Metrôme, ayant un coryza persistant... un rhume chronique enfin, M. Mélingue demande toute votre indulgence.

FIN DU CINQUIÈME TABLEAU

SIXIÈME TABLEAU

Une fête au Palais-Royal.

(*Brochette d'invités.*)

LE RÉGISSEUR

Messieurs ! l'artiste chargé du rôle du Régent, se trouvant légèrement ému, s'étant cinglé le piff... comme on dit à l'Académie, l'administration n'a reculé devant aucun sacrifice pour combler cette regrettable lacune. Elle s'est procuré le Régent lui-même !

(*Il se tourne vers la coulisse, puis revenant il annonce :*)

Monseigneur le prince de Gonzague.

(*Le prince salue.*)

LE RÉGISSEUR, *continuant.*

Son Altesse Royale, Monseigneur le Régent !

LE RÉGENT, *entrant.*

Qu'y a-t-il de nouveau à la Cour, messieurs ?

GONZAGUE

Vous ne connaissez pas le procès ?...

LE RÉGENT

Lequel ?...

GONZAGUE

Celui des deux pieds qui remuent. C'est très intéressant, l'un a coulé l'autre.

Y'a un pied qui r'mue
Et l'autre qui ne va guère.

LE RÉGENT

Chut ! assez ! assez !... Au fait, Messieurs, amusez-vous bien. On va passer tout à l'heure des Mélingues à la crème.

GONZAGUE

Je supplie humblement Votre Altesse Royale de faire attention à un nommé Lagardère, qui doit venir ici.

LAGARDÈRE

Place à moi... Gare là-dessous !... comme dit Mlle de Nevers... Je suis Lagardère !... Allons ! bon ! J'ai oublié ma bosse !... Qu'importe, O Blanche !... je te sauverai quand même... Monseigneur vous m'avez donné une entrée de faveur dans votre bal, merci ! Je ne serai pas moins grand que vous et je vous dirai qu'il s'est glissé des mouchards parmi vos invités. Que personne ne sorte... Archers du palais, veillez !...

GONZAGUE

Ça n'est pas vrai !

LAGARDÈRE

Cette défense vous accuse !

GONZAGUE

Nous nous retrouverons, monsieur.

LAGARDÈRE

Peut-être !...

LE RÉGISSEUR

Orgeat ! limonade ! des oranges !...

FIN DU SIXIÈME TABLEAU

SEPTIÈME TABLEAU

Les fiançailles du Bossu.

GONZAGUE, LE RÉGISSEUR

GONZAGUE

Vous dites que M. de Lagardère est mort ?

LE RÉGISSEUR

Parfaitement ! c'est dans la pièce.

GONZAGUE

Très bien ! Dites à Mlle Blanche de venir.

LE RÉGISSEUR, *en sortant.*

Le cinquième tableau va commencer ! Allons ! voyons ! mademoiselle Defodon, en scène !

(*On sonne.*)

GONZAGUE

J'ai soif ! Depuis le temps que je parle, pas le plus petit *brin d'eau* pour me désaltérer... Ah ! voici Blanche !... Oh ! qu'elle est fraîche cette enfant !... Rien que ta vue me désaltère... O Blanche !!!

BLANCHE, *entrant.*

Que voulez-vous, monsieur ?

GONZAGUE

Je veux vous marier.

BLANCHE

Avec ?...

GONZAGUE

Un Bossu !... Qu'avez-vous ?... Vous pâlissez, Colonel !

BLANCHE

Non, c'est impossible ! je ne pâlis plus !... C'est fait depuis longtemps !...

GONZAGUE

Si dans une heure vous n'êtes pas mariée... Je ne vous dis que ça !...

(*Il sort sur une musique.*)

BLANCHE

Ciel, qu'entends-je !... épouser un simple bossu !... Devenir Mme Polichinelle !... Jamais !... Trop d'avant-scène et trop de rotondes.

Non, je n'veux pas,
Ça ne fait pas mon affaire !
J'suis bell', j'veux plaire !
Tu n' m'auras pas Nicolas !

LAGARDÈRE, *entrant.*

Tais ton grelot !
Comm' tu dis d'ordinaire ;
Laisse-moi faire !
Marions-nous plutôt !...

BLANCHE

Non, je n'veux pas... etc.

LAGARDÈRE

Je ne l'ai jamais vu, mais je le reconnaîtrai... Je me trompe, c'est dans *Catilina*... Gare-là !... C'est moi le Bossu !... et c'est moi Lagardère !... Fais semblant d'être magnétisée !... Les murs ont des oreilles... On peut nous voir !...

(*Scène de magnétisme.*)

Viens ! Viens finir la scène dans la coulisse !...

(*Ils sortent, on entend, dans la coulisse, une voix.*)

Messieurs ! Au nom du roi ! Je vous arrête !...

VOIX DE LAGARDÈRE

Monsieur de Chaverny ! Conduisez mademoiselle Defodon au buffet.

FIN DU SEPTIÈME TABLEAU

HUITIÈME TABLEAU

Les fossés de Caylus.

LE RÉGENT, LA PRINCESSE, CHAVERNY, BLANCHE, PASSEPOIL,
sur une brochette.

LE RÉGISSEUR

Messieurs, le Régent va parler.

LE RÉGENT

Ah çà ! où sommes-nous ici ?

LAGARDÈRE, *entrant.*

Monseigneur !... C'est ici que fut traîtreusement *dévissé le trognon* de Nevers ! (*A part.*) comme dirait quelqu'un de notre connaissance !!!

GONZAGUE

Des blagues !... Des blagues !... Des fadeurs !...

LE RÉGENT

Eh bien, monsieur de Lagardère... qu'avez-vous à répondre ?...

LAGARDÈRE

Rien, monseigneur ! cette lettre parlera pour moi !...
(*Il montre la lettre que tient Gonzague.*)

GONZAGUE

Cette lettre ne parlera pas !... (*Il la brûle.*) C'est lettre morte, maintenant !...

LAGARDÈRE

Cette lettre a parlé, car vous venez de l'écrire en la brûlant !...

LE RÉGENT

Cette façon d'écrire mérite un brevet d'invention ; en payant les droits du fisc, nous vous l'octroyons, monsieur de Lagardère.

GONZAGUE

Cette lettre, écrite avec un flambeau, eh bien ! je veux la signer avec ton sang !!!...
(*Ils se battent. A la fin, Lagardère tue Gonzague avec une botte.*)

GONZAGUE

Je suis touché au cœur !...

LE RÉGISSEUR, *entrant*

Mais malheureux ! Vous avez oublié le ballet !

LAGARDÈRE

Ça ne fait rien ! Nous finirons par là !
(*Après une pause.*)
Que la fête commence !

(BALLET)

COUPLET FINAL

Air : *Adrien, c'n'est pas bien !*

FÉVAL

    Anicet,
    C'est parfait,
    Ta machine,
    A bonne mine !
    Anicet,
    C'est parfait,
J'te dois mon succès !

ANICET, *avec modestie.*

C'est dans l'œuvre première,
   Trop aimable garçon,
   Je te l'dis sans façon,
Qu'j'ai trouvé la pièce entière.

Ensemble

ANICET	FÉVAL
Paul Féval,	Anicet,
C'est pas mal,	C'est parfait,
Ta machine	Ta machine,
Etait un' mine !	A bonne mine,
Paul Féval,	Anicet,
C'est pas mal,	C'est parfait
C'est original !	J'te dois mon succès !

FOURNIER, *entrant.*

C'est le coup d'épatance
J'en ris comme un bossu

Qu'a le dos rempli d'écus !...
Anicet qui mal y pense !...

TRIO

Amis c'est,
Anicet
Sa machine
A bonne mine.
Paul Féval,
C'est pas mal !
C'est original !

IV

LES PUPAZZI DE M. LEMERCIER DE NEUVILLE

M. Lemercier de Neuville crée les *Pupazzi* en 1863. — Les charges publiées par *Le Boulevard* collées sur planchettes. — Carjat et Gustave Doré peignent les *Pupazzi*. — Leur début dans le monde. — Les planchettes sont abandonnées. — Les *Pupazzi* en ronde-bosse. — Portrait écrit de M. Lemercier de Neuville. — Un prospectus publié par l'auteur. — Le Musée des *Pupazzi*, à Asnières. — Quelques types remarquables. — Rossini et Offenbach: Hautbois et Violoncelle. — Pierrot guitariste. — Le pas des tutus. — Les œuvres de M. Lemercier de Neuville. — *Le Bain du Consul*. — *Le Procès Belenfant-des-Dames*. — *Une réception ouverte*. — *Les mystères de l'Exposition*. — *L'Épopée moderne*.

En 1863, M. Lemercier de Neuville créait les *Pupazzi*. Il rapporte, non sans émotion, dans son *Histoire anecdotique des marionnettes*, comment la pensée lui vint, pour récréer son enfant malade, de prendre dans *le Boulevard*, un journal dont je parlais tout à l'heure et qui a laissé bien des souvenirs, les charges qu'y dessinait Carjat, et de coller ces images qui ne devaient être vues qu'à mi-corps, sur des couvercles de boîtes à cigares, dont le bois tendre permettait le découpage au canif. Tout naturellement, les bras de ces bonshommes, devant se mouvoir, étaient taillés à part; les jambes n'existaient pas.

M. LEMERCIER DE NEUVILLE.

Il n'y avait pas loin de cette idée primitive, si touchante et si paternelle, à l'idée complémentaire de faire agir et parler les *pupazzi* en présence d'un auditoire ami. Carjat et Gustave Doré s'intéressèrent à l'exécution de ce projet et y apportèrent le secours de leur pinceau; un peu plus tard, M. Lemercier de Neuville dessina et peignit

Le Théâtre de M. Lemercier de Neuville.

lui-même ses personnages. Les *pupazzi* ayant acquis le mouvement et la couleur, touchaient à la perfection; il ne leur manquait plus que la parole, généreusement M. Lemercier de Neuville la leur donna et les lança dans le monde le 28 novembre 1863. Leur début fut un triomphe. La presse, tout entière sympathique, loua sans réserves l'intéressante tentative; l'auteur y avait mis tout son talent et tout son cœur.

L'année suivante, sur le conseil de Gustave Doré, les planchettes furent peu à peu abandonnées et M. Lemercier de Neuville modela les têtes de ses *pupazzi* et les habilla; ils purent ainsi se montrer sous toutes leurs faces et avec tous leurs avantages.

Pour obtenir ce résultat, il lui fallut déployer un art infini. Nul n'y était mieux préparé. Travailleur infatigable, esprit d'une ingéniosité rare, érudit aimable et distingué, il créa tout. Je ne sais point d'organisateur plus complet et aussi sympathique. On trouve de lui, dans un imprimé sans date et sans nom d'auteur, le portrait suivant, qui me semble d'une ressemblance frappante:

« Tête fine, élégante, yeux railleurs, moustaches effilées, bouche moqueuse, avec une expression très résolue et l'allure très caractéristique des gens qui n'ont pas l'intention de se laisser ennuyer par les taquineries de l'existence. »

A l'époque où ce portrait était publié, en 1864, je crois, remonte l'impression d'un prospectus illustré d'une amusante composition de Benassit,

Sivori.
Pupazzo de Lemercier de Neuville.

où l'auteur montre le but auquel il veut atteindre:

« Je dirige un théâtre nouveau; ce que j'offre, c'est un spectacle qui n'emprunte aux MARIONNETTES ITALIENNES que le nom, au GUIGNOL, que les dimensions. Ma troupe bouffonne se meut, gesticule, chante, improvise et meurt sur un théâtre de moins de *deux mètres*.

« C'est le Journal parlé et joué.

« C'est l'Actualité qui vit au lieu d'être racontée.

« C'est le défilé de la Chronique parisienne avec ses héros du jour, ses célébrités du lendemain, ses réputations de la veille.

« Mes héros s'expriment en vers comme tous les héros, et pour contenter tout le monde, il y en a qui se résignent à parler en prose et même à fredonner le couplet.

« Ceux qui ne disent rien ne sont pas moins éloquents.

« Ma troupe se recrute parmi toutes les illustrations contemporaines ; ce que je lui fais dire est toujours strictement respectueux pour mes acteurs, sévèrement moral pour mon public.

« C'est avant tout un spectacle de bonne compagnie. »

Exemple unique, ce prospectus n'était pas menteur !

L'ensemble de cette œuvre si pleine

L'huissier.
Pupazzo de Lemercier de Neuville.

d'originalité, poursuivi avec une inlassable persévérance, est considérable ; l'auteur possède encore ses *pupazzi*, tous personnages connus, appartenant à la littérature, à la politique ou au théâtre. C'est dans sa demeure de la rue de la Promenade, à Asnières, si hospitalière et si charmante, que M. Lemercier de Neuville a réservé à tout ce petit monde, en même temps qu'une retraite honorable, un séjour digne de lui.

Dans un petit salon du rez-de-chaussée, on retrouve tous les types de la première manière, c'est-à-dire les charges découpées et collées sur des planchettes; dans l'escalier se voient nombre de physionomies célèbres, des affiches dont les personnages sont en relief, des décors se rapportant aux œuvres du maître. Dans le hall supérieur, véritable musée servant à la fois d'atelier et de bibliothèque, sont classées les têtes des poupées ou les poupées costumées, chevelues et barbues, séduisantes, terribles ou lamentables selon le rôle qui leur appartient. Peintes avec la connaissance parfaite de l'effet qu'elles ont à produire, certains détails étant accentués, d'autres étant atténués, les têtes de M. Lemercier de Neuville pensent et parlent, rient ou pleurent; elles sont facilement reconnaissables.

LE BANDIT BELLACOSCIA.
Pupazzo de Lemercier de Neuville.

J'ai vu là, côte à côte, le fameux Belenfant-des-dames; un gendarme d'une beauté idéale; un brigand corse, Bellacoscia, dont la vue seule fait frissonner; un Rossini qui joue du hautbois d'une façon merveilleuse.

Pour ce dernier, M. Lemercier de Neuville a eu une idée de génie : ayant évidé les joues du masque, il les a recouvertes d'une mince feuille de baudruche qu'une couche de peinture dissimule adroitement. On voit d'ici l'effet : manœuvrée avec soin, une poire de caoutchouc fait gonfler les joues du musicien qui semble ainsi tirer de son galoubet les sons mélodieux ou discordants qu'on veut lui faire rendre. Familiarisé avec le succès, Rossini n'en a jamais obtenu de plus retentissant et de plus sincère que sur le théâtre des *Pupazzi*.

J'ai vu, là encore, tout le personnel d'un *ballet* qui a dû longuement occuper l'esprit inventif de l'auteur. Le *Pas des tutus* y est étonnant de justesse et d'imprévu : plusieurs danseuses costumées et disposées en brochette, paraissent au fond du théâtre et s'avancent vers le public; un seul fil les fait mouvoir. Ces danseuses n'ont point de tête, leur torse étant trop renversé pour qu'elles puissent être visibles; mises en mouvement, elles agitent les bras, lèvent les jambes en cadence, vont, viennent, se transportent d'un point à l'autre, paraissent par une coulisse, disparaissent par l'autre, semblent glisser sur un sol imaginaire, toujours dansant au gré de l'opérateur.

Pierrot guitariste.
Pupazzo de Lemercier de Neuville.

Une mignonne Espagnole, un premier sujet, montée sur une simple tige de bois derrière laquelle se cache un fil unique, est purement ravissante. Cette poupée tourne sur elle-même, lève bras et jambes, se renverse, se redresse et donne l'illusion la plus entière d'une danse admirablement réglée, dont aucun mouvement n'est omis, aucune attitude laissée au hasard.

Le Pierrot guitariste me semble être l'œuvre maîtresse de M. Lemercier de Neuville. La tête de cette poupée est délicieusement fine et expressive. Costumé de blanc, les mains libres, Pierrot, d'un mouvement juste, pince avec aisance les cordes de sa guitare. Il est exquis de grâce naïve et malicieuse.

Mais le personnage qui a eu le plus de succès pendant toute la durée des *Pupazzi* est, sans contredit, le joueur de violoncelle qui, sous la figure d'Offenbach, exécutait un air varié d'une bouffonnerie incroyable. Le personnage arrivait avec son violoncelle dans ses bras et le fixait sur le devant de la scène. Il avait l'archet en main. Tout d'abord, il examinait les cordes de l'instrument, l'accordait, le nettoyait, puis enfin, il faisait signe au pianiste, de commencer le prélude. Cet air varié composé expressément pour les *Pupazzi*, par M. Domergue de la Chaussée, s'appelait : MUSIC CHARMS THE EAR (la musique charme l'oreille). C'était un andante prétentieux de quelques mesures, suivi de deux ou trois variations épileptiques ; à un certain moment, il y avait un point d'orgue sur une note filée d'une longueur telle, que l'archet avait quitté les cordes et qu'il durait toujours. L'exécutant, étonné, par-

LEMERCIER DE NEUVILLE.
Pupazzo sur planchette, peint par Etienne Carjat.

courait alors la scène pour rechercher cette note perdue et parvenait enfin à la piquer sur l'instrument; puis la variation, de plus en plus accélérée, se terminait par des arpèges bizarres au milieu des rires fous et des bravos de l'auditoire. Inutile de dire que l'air était toujours bissé.

Il faudrait tout rappeler et consacrer surtout quelques lignes à chacun des hommes en vue du second Empire; ce sont des portraits dessinés d'une main sûre d'elle-même, on y retrouve des traces évidentes du mâle génie de Daumier ou de l'élégance féminine de Gavarni.

« Et quand les bras en l'air, dit M. Lemercier de Neuville, debout dans mon petit théâtre, profond de soixante centimètres et large de un mètre et demi, je parle, je chante, j'imite les instruments, je danse même au besoin, le spectateur que j'essaie d'amuser ne se doute pas que pour lui, j'ai dû me faire acteur, chanteur, danseur, imitateur, décorateur, cartonnier, perruquier, chapelier, tailleur, machiniste, sculpteur, mécanicien, etc. »

Sarah Bernhardt.
Pupazzo de Lemercier de Neuville.

Comme les pantins de Brioché, comme les ombres de Séraphin, les *Pupazzi* ont eu l'honneur d'être applaudis par des mains impériales, royales ou princières.

Ce n'est pas sans raison. Les piécettes écrites par M. Lemercier de

Neuville, pour ainsi dire au courant de la plume dans *I Pupazzi, Paris-Pantin, le Théâtre des Pupazzi, les Pupazzi de l'enfance, le Nouveau Théâtre des Pupazzi, les Pupazzi noirs*, sont de tous points charmantes. On les lira avec plaisir plus tard et on y retrouvera à la fois le souvenir des hommes et la trace des événements qui ont marqué dans l'histoire, de la fin de l'empire aux dernières années de notre siècle.

L'auteur, en effet, n'a pas toujours reculé devant les allusions les plus transparentes, il a fait souvent intervenir dans ses œuvres les personnalités les plus hautes ; il l'a fait parfois de manière vive, laissant percer ses sentiments personnels, mais jamais il ne s'est montré sévère dans ses satires ou exagéré dans ses éloges.

Sa comédie néo-latine, *le Bain du Consul*, me semble montrer la nature du talent de l'auteur ; elle donne l'exacte mesure de ce qui est permis à des *Pupazzi*, lorsqu'ils s'adressent aux grands de ce monde.

Deux personnages seulement tiennent la scène. L'un possède l'accent du Midi, c'est Cicéron ; l'autre se contente de l'accent du Nord, c'est Roscius. Derrière ces deux noms, se cachent un tribun illustre qui, non sans profit, a tenu dans ses mains les destinées du pays et un comédien dont les démêlés avec la Comédie-Française ont eu quelque retentissement.

C'est tout d'abord Roscius qui parle ; il est seul :

> Oui, je viens dans son temple adorer Cicéron,
> Je viens, moi Roscius, moi, mime fanfaron,
> Apprendre à ce Consul expert en éloquence
> L'Art de donner aux mots toute leur redondance.
> Désormais il pourra vibrer impunément
> Et l'R, dans ses discours, aura le roulement
> Du tonnerre ! En parlant, ses onomatopées
> Cingleront comme font les lames bien trempées,
> Il ne hâtera plus son débit, il saura
> Ménager ses effets ; — Quand on l'applaudira
> Il recevra le choc de cet accueil sonore
> Sans sourciller, afin qu'on applaudisse encore !
> Car nous, comédiens, dans nos emplois divers,
> Si nous ignorons l'art de façonner des vers,
> De faire des discours ou bien des Atellanes,
> Nous possédons celui, qu'ignorent les profanes,
> De les faire valoir dans toute leur beauté ;
> Nous sommes les hérauts de la célébrité,

Les cadres des tableaux, les socles des statues,
Les rayons lumineux, glissant entre les nues,
Qui font vivre les marbres incolores des Dieux !
. . . .

Ici, Cicéron entre :

Excuse-moi si j'ai tardé tant à paraître,
Mais j'étais — avec toi je n'ai rien à nier —
En train de discuter avec mon cuisinier !
M'est avis qu'un Consul qui veut payer de mine
Doit être très expert en l'art de la cuisine ;
Il doit faire passer avec art, à la fois,
Les plats les plus exquis et les meilleures lois.
Je veux te convier à ces repas splendides :
Tu verras le troupeau des convives avides
Se ruer sur les mets !. . . . .
. . . . Je veux
Que tu prennes ta part de ces mets savoureux
Qui vous font oublier, avec leurs sauces riches,
Le temps où, pour dîner, on mangeait des pois chiches,
Et que, pour ramener la voix dans ton gosier
D'une fiasque qu'entoure un blanc treillis d'osier,
Tu fasses retomber dans ta coupe dorée
Un vin noir, généreux, contemporain de Rhée !
C'est un don que me fit mon collègue Laurus :
« Prends-le, me disait-il, il a plus de vertus
« Que cet affreux nectar à trompeuse enveloppe,
« Que nous buvions à la taverne de Procope ! »

Plus loin, Cicéron écoute les leçons de Roscius :

Eh bien, maître, avant tout je dois ici vous dire
Que l'art de bien parler surpasse l'art d'écrire ;
Que le penseur n'est rien auprès de l'orateur,
Et que l'orateur même est nul devant l'acteur !
Donc, quand vous parlerez, qu'importe que la phrase
Se tienne plus ou moins solide sur sa base ;
Qu'importe si le sens est clair ou ne l'est pas,
Si la pensée est noble ou si le style est bas !
Ce qu'il faut au public, c'est l'idée exprimée
Par le geste ! — Tenez, vous parlez de l'armée :
Enflez la voix, criez, faites tous vos efforts !
Le succès appartient aux poumons les plus forts !
Maintenant, s'il vous plaît de parler de finance,
Prenez un ton plus doux, susurrez ; que la danse
Des écus, dans la voix se fasse bien sentir !

> Imaginez un sac dont vous faites sortir
> De l'argent. Tout d'abord, comme un bruit de clochettes
> Se fait entendre, on voit les pièces rondelettes
> Se montrer de profil, de face, de trois quarts;
> On dirait un troupeau d'écoliers babillards!
> Mais bientôt, sous l'ardente main qui les agite,
> Les écus avec bruit s'échappent de leur gîte;
> Bruit sonore, cassant, métallique, fatal!
> Imiter ce bruit-là, c'est le point capital.

. . . .

N'est-il pas vrai que cela est bien amusant? Voyez-vous les poupées de M. Lemercier de Neuville parlant, s'agitant, répétant les gestes coutumiers de leurs vivants et illustres modèles? Leur ressemblance est parfaite et ne peut laisser place au doute; leurs ajustements sont étudiés jusque dans les moindres détails; l'accent qu'elles prennent est d'une vérité absolue, car celui qui parle pour elles, c'est l'auteur, et l'auteur est un artiste incomparable. Il a connu et a vu de près tous les personnages qu'il fait

UN ACADÉMICIEN
Pupazzo de Lemercier de Neuville.

agir; il a vécu dans leur intimité et, songeant toujours à la mission qu'il s'est donnée, il a tout copié et tout reproduit. C'est là ce qui imprime à son œuvre le caractère de profonde originalité qui la distingue.

Sans doute, et cela est nécessaire d'ailleurs, cette œuvre est bien un peu outrée, un peu poussée à la charge, mais il règne, dans tout son cours, une si franche bonhomie, un esprit si parfaitement français, qu'aucune des « victimes » du savant metteur en scène, n'a songé à en prendre ombrage.

Dans le *Procès Belenfant-des-dames*, représenté en 1864, Mme Pifardent a été couverte de vitriol et Belenfant-des-dames est accusé de ce crime; M. Lemercier de Neuville appelle en témoignage Courbet, Rossini, Alfred de Caston, Émile de Girardin, Alexandre Dumas fils, Jules Simon, Thiers, Victor Hugo, le Dr Tardieu.

BELENFANT-DES-DAMES.
Pupazzo de Lemercier de Neuville.

Le Président demande à Émile de Girardin l'opinion de son journal sur la culpabilité de l'accusé; sa déposition « est accablante » :

« L'opinion de mon journal est la mienne, dit Émile de Girardin, et je la résume dans mes articles à trois sous la ligne.

« Voici mon dernier article :

« LA PAIX ET LA LIBERTÉ. — Sans paix, point de liberté.

« Sans liberté, point de paix.

« Qu'est-ce que la paix? La formule de la liberté.

« Qu'est-ce que la liberté ? L'expression de la paix.

« La paix termine tout, dénoue tout, tranche tout, résout tout, fonde tout.

« La liberté fonde tout, résout tout, tranche tout, dénoue tout, termine tout.

« Si donc, dans un État, l'on veut fonder tout, résoudre tout, trancher tout, dénouer tout, terminer tout :

« Il faut employer la paix.

« Il faut employer la liberté.

« La liberté sans paix équivaut à la paix sans liberté.

« Paix, liberté ! Liberté, paix ! Tout est là.

« A demain la seconde idée. »

Poursuivant l'audition des témoins, on fait entrer Alexandre Dumas fils. Sa déposition « est accablante ».

DIÉMER.
Pupazzo sur planchette, peint par Gustave Doré.

« Voici un homme, dit-il, cherchez la femme. Où il y a la femme, il y a un cœur, des nerfs, des passions. Il y a des femmes qui valent quinze sous, ce sont des pêches ; il y en a qui ne valent rien, ce sont des péchés. Celles qui se donnent sont des pêcheuses, celles qui se vendent sont des pécheresses. »

Un silence se produit. « Qu'avez-vous, dit le président, vous ne dites rien ? » — « Je cherche, répond Dumas, le mot sur lequel je vais sortir. »

« Je vais vous le dire, moi : Vous pouvez vous retirer. »

A son tour, Victor Hugo est appelé. Sa déposition « est accablante ».

« Trois choses en présence : la victime, l'accusation, la justice. La victime, je ne dis pas l'accusé, c'est l'ombre, c'est le néant, c'est la chose perdue, c'est l'inévitabilité. L'accusation, c'est l'implacabilité; c'est le bandeau sur les yeux et le glaive à la main. Le juge apparaît alors : il ne sait rien. Rien de l'accusation, rien de l'accusé. Mais il écoute, il juge. Il condamne ou il absout. L'accusation a ceci de bon pour elle, c'est qu'elle accuse. L'accusé a ceci de mauvais pour lui, c'est qu'il se défend. Se défendre n'est rien quand on n'est pas accusé. Accuser n'est rien quand on ne voit pas la victime. O victime! O accusé! O innocent! O coupable peut-être, qu'importe? J'ai mes idées là-dessus. Si jamais tu es condamné, viens chez moi ».

Le Juge.
Pupazzo de Lemercier de Neuville.

La déposition de Jules Simon « est accablante ».

« Je suis bien enrhumé, monsieur le président... Je souffre beaucoup de la gorge; mais, comme il y a encore 1,040 communes qui n'ont pas d'école, il faut que je fasse encore 1,040 discours, pour obtenir des écoles. Cela est certain. C'est mon devoir... J'ai bien mal à la gorge ! Il faut des écoles pour apprendre à lire aux enfants, et non seulement aux enfants, mais aux ignorants de tout âge. »

Le D' Tardieu, médecin légiste, rendant compte de son mandat, a un mot malheureux :

Coquelin Cadet
Pupazzo de Lemercier de Neuville.

« ... Passant à un autre ordre d'analyse, dit-il, nous avons gratté le parquet... »

Le Président l'arrête vivement et le prie de faire attention à ses paroles.

Dans ce procès idéal, l'avocat de la partie civile est Jules Favre et celui de l'accusé est M° Lachaud.

Belenfant-des-dames est acquitté. Le chef du jury ayant déclaré que

« le criminel n'est pas coupable », le Président lui offre sa fille, « une enfant de seize ans, blonde et pure ».

M. Lemercier de Neuville a fait un grand nombre de pièces pour ses *pupazzi*, cent vingt à peu près, sur lesquelles la moitié seulement a été publiée. Il m'a été permis de glaner dans les manuscrits de l'auteur, oubliés aujourd'hui, et voici quelques échantillons de ma récolte.

Une Réception ouverte date de 1888, alors que naissait la question du Panama. M. Courtepince donne une soirée ; c'est un commerçant enrichi, naïf et vaniteux ; il parle ainsi à sa femme :

COURTEPINCE

Au fait, tu m'y fais penser ! Il est très important que tu sois au courant. Voici : Tu sais d'où vient notre fortune ? Toute de mon travail ! J'ai acheté pour rien, pour un morceau de pain, car l'inventeur était très bas, le brevet des cure-dents à musique. Le besoin ne s'en faisait pas absolument sentir, mais j'ai su naviguer. J'ai lancé l'affaire, j'en ai tiré tout ce que j'ai

JULES SIMON.
Pupazzo sur planchette,
de Lemercier de Neuville.

pu ; les résultats en ont été assez satisfaisants pour que je pense la revendre très cher après fortune faite. Et maintenant que je suis riche, je veux me reposer et faire danser mes écus...

MADAME

Sans les gaspiller !

COURTEPINCE

Sans les gaspiller ! Je crois bien ! Un ancien commerçant est toujours commerçant. Ses prodigalités apparentes sont de l'épargne !... Et alors, comme commerçant, mon désir est de faire aller le commerce. De là cette fête !

MADAME

Oui, je comprends ; mais ce n'est pas tout que de donner une fête ! Il faut avoir des relations et les cure-dents à musique ne nous ont guère mis en rapport qu'avec les limonadiers et les restaurateurs.

COURTEPINCE

C'est déjà quelque chose ! Mais j'ai fait mieux ! J'ai invité le gouvernement !

MADAME

Tu fais de la politique maintenant ?

COURTEPINCE

Non ! mais je prends dans la politique ce qu'il y a de bon. Aujourd'hui le chef de l'État, les ministres, quand par hasard, ils donnent des fêtes, tiennent à ce qu'on y assiste. Tu ne connais pas le monde, toi, ce monde-là surtout ; il y a beaucoup de gens qu'on invite et qui ne viennent pas. En politique, l'abstention est une façon de protester et une protestation n'est pas une impolitesse.

MADAME

Oui, mais c'est vexant pour les maîtres de la maison.

COURTEPINCE

Aussi ont-ils trouvé un moyen ingénieux de remplir leurs salons quand même, en annonçant que leur réception sera ouverte ; c'est-à-dire que tous ceux qui auront un habit noir et une toilette de soirée peuvent se faire annoncer : ils entrent, saluent, passent au buffet, s'en vont et, le lendemain, les journaux annoncent que M. le ministre a reçu dix mille personnes... qu'il ne connaît pas !

MADAME

C'est une coutume singulière !

COURTEPINCE

Elle est moderne ! Aussi ai-je voulu la suivre. J'ai fait mettre dans les journaux, que je donnais une réception ouverte et tout à l'heure la foule va affluer dans nos salons.

Malheureusement personne ne vient qu'un reporter qui demande des renseignements de toutes sortes à Courtepince, lequel lui signale les illustrations sur lesquelles il compte et les artistes qu'il a engagés. L'entretien se termine ainsi :

LE REPORTER

Maintenant, monsieur, une question délicate : Vous me direz ce que vous voudrez que je publie. Le reportage est l'indiscrétion, mais l'indiscrétion mesurée, délicate, in...tel...li...gente, vous me comprenez : Intelligente !

COURTEPINCE

J'entends bien !

LE REPORTER

Combien avez-vous touché ?

COURTEPINCE

Combien j'ai touché ?

LE REPORTER

Oui, dans ce que vous savez ? Le montant du chèque ?

COURTEPINCE

Du chèque ? Quel chèque ?

LE REPORTER

Vous n'êtes donc pas député ?

COURTEPINCE

Non, monsieur !... pas encore !

LE REPORTER

Ni financier ?

COURTEPINCE

Mais non, monsieur !

LE REPORTER

Ni journaliste ?

COURTEPINCE

Encore moins !

LE REPORTER

Alors je m'explique !...

Cependant, l'heure se passe, personne ne vient, Courtepince fait jouer les artistes. C'est Coquelin Cadet, Kam Hill, Yvette Guilbert, etc. Comme les salons sont toujours déserts, il fait jouer l'orchestre et danse avec sa femme : « En voyant nos ombres tourbillonner derrière les rideaux, ça donnera peut-être envie de monter. » Toujours même solitude !

COURTEPINCE

Écoute, dit-il à sa femme, je m'y suis mal pris ! Tu ne sais pas le truc que je vais employer pour ma prochaine soirée ?

MADAME

Non ! Tu vas te présenter aux élections ?

COURTEPINCE

Oui, d'abord. Mais les élections sont passées, il faut attendre. J'ai trouvé mieux, et un moyen infaillible ! Nous donnerons notre réception un samedi.

MADAME

Pourquoi un samedi ?

COURTEPINCE

Parce que c'est le jour où, en général, on se marie ! Alors, je ferai mettre dans le journal et afficher à toutes les mairies de Paris que tous les ménages qui voudront danser après le repas de noces pourront, sans rétribution, venir chez M. Courtepince, où ils seront bien accueillis ! Nos salons seront trop petits... Nous aurons au moins vingt mariées ! Ce sera charmant !

MADAME

Quelle excellente idée !

COURTEPINCE

N'est-ce pas ? Une autre fois, j'inviterai les divorcés, nous aurons peut-être encore plus de monde !

Enfin, on éteint les lumières et M. Courtepince et sa femme vont se coucher. Tout à coup surgit le violoncelliste dont je parlais tout à l'heure ; il s'adresse au public et le prend à témoin de l'injure qui lui est faite :

« Je viens de rencontrer un domestique qui m'a remis mon cachet en me disant : « Vous pouvez vous retirer ! » Me retirer, moi ? Après avoir été payé et sans avoir joué ? Jamais ! On m'a payé mon solo, je tiens à le jouer. Pas d'humiliations ! Allons-y ! »

Et la pièce se termine par l'exécution de ce fameux air de violoncelle que Lemercier de Neuville imitait avec un mirliton.

Dans la revue intitulée : *les Mystères de l'Exposition*, représentée en 1878, Lemercier de Neuville, faisant allusion aux charades fantaisistes qu'on attribuait à Victor Hugo, intercale le dialogue rimé suivant :

PRUDHOMME

Quel est donc ce vieillard à la figure austère ?
Est-ce un marchand de bois qui vend son bois au stère,

Ou quelque autre exposant ? Je l'ignore ! mais, quoi ?
Ce vieillard m'intimide et me voici tout coi !

V. HUGO

Mon *premier* possède ON, pronom des plus utiles.
Devines-tu ?

PRUDHOMME

Seigneur ! grâce !

V. HUGO

Au milieu des villes,
A côté des égouts, tu le vois, qui prend ON ?
C'est EX ! Ex ! tu m'entends ; EX, car EX a les ON !

PRUDHOMME

Je meurs !

V. HUGO

Mais mon *second*, avec l'accent tudesque,
Écarte tous ses as ! Trouves donc ce mot ?

PRUDHOMME

Est-ce que
Je vais mourir bientôt ? Car je me sens bien bas.

V. HUGO

C'est PO, prononcé BO ! L'on sait que BO laiss' l'AS.

PRUDHOMME

Ah ! le coup est trop fort ! Un docteur !

V. HUGO

Mon *troisième*...

PRUDHOMME

Non ! laissez-moi ! Je vous hais !

V. HUGO

Eh bien, moi, je t'aime !
Écoute ! mon *troisième* est méchant et mutin
Il bat le directeur de la Porte Saint-Martin !

PRUDHOMME

Assez ! N'augmentez pas le trouble qui m'agite !

V. HUGO

C'est SI ! Ne sais-tu pas qu'on dit que SI bat RITTe !

PRUDHOMME

Un prêtre ! Je voudrais me confesser à lui !

V. HUGO

Non ! Tu ne mourras pas encore ce jourd'hui !
Mon *quatrième* fut tué par mon *troisième*
Et ce fut un forfait qu'il accomplit lui-même.
Mon *troisième* était SI, mon *quatrième* est SION.
Tu comprends, bon vieillard, dis ? SI tua SION !
Mon tout : EXPOSITION !

PRUDHOMME

Grands dieux !

HUGO

EXPOSITION !

L'*Épopée moderne*, qui date de 1888, était une pièce en cinq tableaux, avec couplets. Voici quelques-uns de ces couplets :

SUR LA TOUR EIFFEL

Air : *Qu'il est flatteur d'épouser celle...*

Aujourd'hui l'on a la manie
De faire grand tout ce qu'on fait :
Grands magasins, grande industrie,
Grands hôtels avec grand buffet !
Cependant au siècle où nous sommes
Personne ne sort plus des rangs :
Puisqu'on ne trouve plus de grands hommes
A quoi bon de grands monuments ?

SUR LES GRÈVES

Air de *Mazaniello*.

Quand l' travail marche dans l'usine
Personn' ne trouve à m'employer ;
Dam' que voulez-vous ? — Ça m' taquine,
C'est pas ça qui pay' mon loyer.
Pour moi, la grève est nécessaire,
J'suis orateur, je m' fais payer !
Quand tout l'monde est à ne rien faire,
Là seul'ment j' trouve à travailler !

SUR LES SERGENTS DE VILLE

Air de *l'Écu de France.*

Si j'arrêtais les malfaiteurs
J'aurais par trop à faire,
Ça ne les rendrait pas meilleurs
Car ils ne s'corrig'nt guère.
Et puis supposez
Qu'ils soient tous pincés
J'sers plus à rien, on m'chasse !
Tandis qu'en étant
Plus accommodant,
Je conserve ma place !

SUR LA RIVALITÉ DE COQUELIN ET SARAH BERNHARDT

Air de la *Reine de Chypre.*

COQUELIN

Maintenant je voyage
Plus que Sarah !
Je travaille avec rage
Plus que Sarah !
Je fais tourner les têtes
Plus que Sarah !
Et je fais des recettes
Plus que Sarah !

SARAH BERNHARDT

J' fais plus longue tournée
Que Coquelin !
Je suis plus couronnée
Que Coquelin !
J'ai plus dans l'escarcelle
Que Coquelin !
Et je suis bien plus belle
Que Coquelin !

DIALOGUE DE A. DAUDET ET ZOLA SUR L'ACADÉMIE

Air : *Marche des Rois de l'Arlésienne.*

DAUDET

Je suis content
De vous trouver avant
Que l'on vous ait mis de l'Académie.

Je suis content
De vous trouver avant
Que l'on vous ait enterré tout vivant !

ZOLA

Cher Tartarin,
Merci, merci bien !
Je ne suis pas encore une momie !
Je vivrai bien,
Soyez-en certain,
Même en étant académicien.

DAUDET

Eh quoi ! c'est vous
Qui courbez les genoux
Devant ces vieux brevetés d'impuissance !
Eh quoi ! c'est vous
Qui courbez les genoux
Devant ces vieux qui valent moins que nous !

ZOLA

Mon cher, d'abord,
Moi, je me fais fort
D'aller au but sans leur faire d'avances ;
Mon cher, d'abord,
Moi, je me fais fort
D'être des leurs, sans faire un seul effort !

DAUDET

En vérité,
Jamais la vanité
Ne s'est montrée avec pareille audace ;
Avec des ducs
Ignorants et caducs
Venir siéger est le comble des trucs !

ZOLA

Toi, mon petit,
Rentre ton dépit ;
Tu voudrais bien qu'on t'nommât à ma place ;
Mais, tu le vois,
De moi l'on fait choix ;
Quand j'y serai, je te promets ma voix !

DAUDET

Je ne serai,
Pendant que je vivrai,

Des immortels jamais le camarade ;
C'est chez Goncourt,
A qui je fais la cour,
Que je serai le premier troubadour !

ZOLA

Il vit encor,
Car il n'est pas mort !
Son Institut m'a l'air d'un' gasconnade !
Petit jaloux,
Voyons, calmez-vous
Et consentez à venir avec nous !

DAUDET

Çà, résumons :
Qu'est-ce que nous voulions ?
C'était nous faire une forte réclame.
J'ai réussi
Pas mal et vous aussi.
Nos éditeurs nous disent grand merci !

ZOLA

C'est évident,
La Terre se vend,
Votre *Immortel* jette partout la flamme !
Pour nous, vraiment,
C'est bien suffisant,
Et l'habit vert n'est qu'un déguisement.

J'arrête ici mes citations. Elles montrent la souplesse du talent de M. Lemercier de Neuville. Parmi les écrivains qui se sont occupés des marionnettes, je n'en vois aucun qui les ait aussi bien comprises et leur ait fait parler une langue plus claire.

V

LE THÉATRE DU CHAT NOIR

Sa création en 1887. — Jules Jouy et ses *Sergots*. — Les premières ombres de Henri Rivière. — *L'Épopée* de Caran d'Ache. — Le théâtre du *Chat Noir* devient une œuvre d'art. — L'encadrement de la scène. — La machinerie inventée par Henri Rivière. — — Les effets de lumière et leur préparation scientifique. — Les verres colorés de Henri Rivière. — Le découpage des personnages. — Les collaborateurs du *Chat Noir*. — Henri Rivière. — Liste des œuvres représentées sur le théâtre du *Chat Noir*, de 1887 à 1897. — L'opinion de Jules Lemaître sur l'œuvre de Henri Rivière. — Le haut personnel de la maison, en 1897.

Le théâtre du *Chat noir*, qui a porté dans le monde entier les noms de Rodolphe Salis et de ses infatigables et dévoués collaborateurs, date seulement de 1887.

La création de cette scène minuscule, sur laquelle ont paru de grandes œuvres, est due un peu au hasard. Avant sa fondation, Charles de Sivry avait eu l'idée d'installer dans le Cabaret de la rue Victor-Massé, un petit Guignol où on représenta *la Berline de l'Émigré*, de Henry Somm. Quelques représentations de cette piécette avaient été données, lorsqu'un soir Jules Jouy, chantant ses *Sergots*, Henri Rivière découpa, sans en prévenir personne, des bonshommes en carton et ayant éteint les lumières, fit défiler ces silhouettes sur une serviette blanche tendue dans le cadre du Guignol éclairé par un modeste bec de gaz ; une serviette suffisait, le cadre n'ayant pas plus d'un mètre carré. Le public croyant à une représentation longuement et sérieusement préparée, applaudit vivement à cette heureuse initiative. L'auteur, surpris lui-même de son succès, le renouvela avec Caran d'Ache et Lunel.

Le théâtre du *Chat noir* n'allait pas tarder à devenir célèbre. Henri Rivière, l'esprit en éveil, avait compris qu'il en fallait modifier l'ordonnance ; il le reconstruisit de toutes pièces et le rendit assez parfait pour que Caran d'Ache pût y faire représenter *l'Épopée* ; mais à cette époque cependant, les coulisses n'avaient pas encore l'importance qu'elles ont eue depuis ; encouragé par Salis, qui ne recula jamais

Un tableau de « La Marche a l'Étoile »
par Henri Rivière. (Enoch, éditeur.)

devant les frais les plus élevés, trois fois, Rivière les fit reprendre, retoucher ou compléter et finit par faire de cette petite scène, un joyau, une véritable machine de précision où tout était devenu possible.

Le théâtre du *Chat noir*, en effet, n'était pas, comme on pourrait le croire, un divertissement de salon ou un simple amusement, c'était un vrai théâtre, une œuvre d'art dans toute l'acception du terme ; l'encadrement de la scène avait été composé par Eugène Grasset, il supportait les masques de Rodolphe Salis, Henri Rivière, Willette, Caran d'Ache, Jules Jouy, Tinchant et Henri Somm ; le rideau avait été peint par Poisson. La machinerie, absolument nouvelle, inventée et sans cesse perfectionnée par Henri Rivière, était extrêmement compliquée. Dix ou douze machinistes supérieurement dressés étaient indispensables à la manœuvre des décors qui, enlevés ou descendus mécaniquement, glissaient sur des rails et allaient prendre leur place, soit dans les dessus, soit sur la scène. Le théâtre, à l'intérieur, avait dix mètres cinquante centimètres de la base au sommet.

INVITATION
A UNE REPRÉSENTATION DONNÉE PAR LE « CHAT NOIR »
Dessin de Henri Somm.

Dans cette installation si complète, la lumière jouait un grand rôle ; elle fournissait à elle seule les effets les plus remarquables et les plus inattendus. Rivière connaissait, pour les avoir toutes étudiées et expérimentées scientifiquement, les combinaisons les plus savantes des verres colorés dont il se réservait la préparation. Ces verres lui permettaient de modifier à son gré, et suivant l'effet qu'il voulait obtenir, l'atmosphère dans laquelle agissaient ses personnages. Ceux-ci, découpés, à la scie, avec le plus grand soin, dans des feuilles de zinc, étaient, ainsi que les décors, dessinés ou peints par les artistes de l'hospitalière maison : Henri Rivière, Caran d'Ache, Louis Morin, Henri Somm, Willette, Fernand Fau, Radiguet, Dépaquit.

L'écran contre lequel s'appliquaient les silhouettes ou les ombres projetées, était éclairé par un appareil oxhydrique dont la manœuvre était confiée à un ouvrier de choix qui, avec la plus grande habileté, ne maniait pas moins de soixante-dix fils parallèles faisant glisser les verres.

Qu'on ne soit pas surpris des résultats obtenus au *Chat noir*, ni des problèmes difficiles qui y ont trouvé leur solution. Tout cela est l'œuvre

« L'AGE D'OR ». PIERROT.
Ombre en zinc découpé, par Adolphe Willette. (Collection de Henri Rivière.)

de Henri Rivière. Ce parisien de Montmartre n'est pas seulement un artiste hors de pair, un beau peintre, un prestigieux illustrateur, un graveur sur bois d'une habileté profonde, un lithographe merveilleux ; il est encore un esprit studieux et réfléchi, simplificateur par excellence, extraordinairement inventif, pour qui la mécanique la plus délicate a peu de secrets. Il n'en fallait pas davantage, mais il fallait cela pour réa-

Un tableau de « L'Enfant prodigue »
Par Henri Rivière. (Enoch, éditeur.)

liser les conceptions toujours originales et neuves des amis du *Chat noir*.

Ces amis ont été nombreux et leurs œuvres connues aujourd'hui, montrent leur étonnante fécondité. Au *Chat noir*, on a donné successivement les pièces suivantes dont la liste n'a jamais été publiée et qui doit prendre sa place ici :

Carte prospectus du « Chat noir »
Dessin de Robida.

1887

La Potiche, ballet japonais en 1 acte, de Henry Somm ;
L'Épopée, pantomime à grand spectacle, 20 tableaux, de Caran d'Ache.

1888

Le Fils de l'eunuque, de Henry Somm ;
La Partie de Whist, de Sahib ;
L'Age d'or, de A. Willette ;
La Tentation de saint Antoine, 40 tableaux, de Henri Rivière.

1889

L'Éléphant, drame oriental en 1 acte, de Henry Somm ;
Le Casque d'or, comédie en 1 acte, de Henri Pille ;
La Conquête de l'Algérie, pièce militaire en 2 actes et 40 tableaux, de Louis Bombled ;
De Cythère à Montmartre, pièce en 2 actes et 20 tableaux, de Henry Somm ;
La Nuit des Temps, 40 tableaux, de A. Robida.

1890

Le Portrait du Colonel, comédie en 1 acte, de L. Sabattier, musique de Tinchant ;
L'Arche de Noé, pièce en 1 acte et 6 tableaux, de G. Moynet, musique de Ch. de Sivry ;
Truc for life, de Fernand Fau ;
La Marche à l'Étoile, mystère en 1 acte et 10 tableaux, poème et musique de Georges Fragerolle, dessins de Henri Rivière.

1891

Les Oies de Javotte, paysannerie en 1 acte, de Henri Pille ;
Roland, oratorio en 3 tableaux, poème de Georges d'Esparbès, musique de Charles de Sivry, décors de Henri Rivière ;
Phryné, scène grecque, 7 tableaux, poème de Maurice Donnay, musique de Ch. de Sivry, dessins de Henri Rivière.

1892

Cruelle énigme, pantomime burlesque, de Fernand Fau;

Le Carnaval de Venise, poème en 2 tableaux, de Maurice Vaucaire, dessins de Louis Morin;

Une Affaire d'honneur, drame en 1 acte, de Jules Jouy, dessins de Fernand Fau;

« Pierrot pornographe ». Le Juge
Ombre en zinc découpé, par Louis Morin.

Ailleurs, revue symbolique en 2 parties et 20 tableaux, poème de Maurice Donnay, dessins de Henri Rivière.

1893

Le Voyage présidentiel, ballade en 4 tableaux, de Fernand Fau, musique d'Albert Bert;

Sainte-Geneviève de Paris, mystère en 4 parties et en 12 tableaux, poème et musique de Léopold Dauphin et Claudius Blanc, dessins de Henri Rivière;

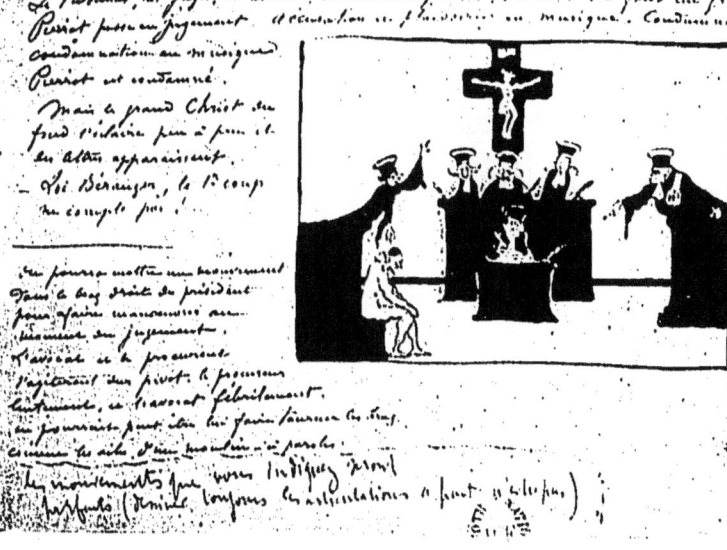

« PIERROT PORNOGRAPHE »
Croquis de Louis Morin portant ses annotations et celles de Henri Rivière.

Le Secret du manifestant, drame express en 5 actes et 7 tableaux, de Jacques Ferny, dessins de Fernand Fau.

Croquis pour un hussard de « Wattignies » par Caran d'Ache. (Collection de Louis Morin.)

1894

Pierrot pornographe, pantomime en 6 tableaux, de Louis Morin, musique de Ch. de Sivry ;

Héro et Léandre, poème dramatique en 3 actes et 20 tableaux, de Edmond Haraucourt, dessins de Henri Rivière ;

Le malin Kangaroo, drame australien en 1 acte, de Verbeck, musique de Ch. de Sivry ;

Le Dieu volant, revue plutôt politique en 9 tableaux, de Jules Oudot et Georges Montgerolle, musique de Ch. de Sivry, dessins de Radiguet ;

Le Rêve de Zola, fantaisie en 10 tableaux, de Jules Jouy, dessins de Jules Dépaquit ; le dernier tableau par Henri Rivière.

1895

Casimir voyage, ballade en 3 tableaux, de Fernand Fau ;

Le roi débarque, pantomime en 4 tableaux, de Louis Morin ;

L'Enfant prodigue, 6 tableaux, poème et musique de G. Fragerolle, dessins de Henri Rivière.

1896

Plaisir d'amour, de Georges Delair ;

Au Parnasse, revue de Jean Goudezki, dessins de Fernand Fau ;

Le Sphinx, poème et musique de Georges Fragerolle, dessins de A. Vignola.

1897

Le treizième travail d'Hercule, fantaisie de Eugène Courboin ; commentaires de Rodolphe Salis (n'a pas été représentée, par suite d'un accident survenu au matériel artistique) ;

L'Honnête Gendarme, sotie en vers de Jean Richepin, dessins de Louis Morin ;

Clairs de lune, féerie en 6 tableaux, poème et musique de Georges Fragerolle, dessins de Henri Rivière.

Si M. Anatole France s'est montré sincèrement ému aux représentations des marionnettes de M. Signoret, M. Jules Lemaître s'était pris de passion pour les ombres de Henri Rivière. Parlant de l'œuvre du jeune maître : « Il a, dit-il, comme dessinateur, la justesse simplificatrice, le sentiment de la vie, l'abondance de l'invention plastique et il joint à cela l'imagination rêveuse et grande d'un vrai poète... Ses découpures de paysages, d'architectures, de multitudes, de groupes ou de figures, isolés sur des ciels féeriques et changeants, sont des chefs-d'œuvres, brefs comme des flammes de bengale et fugitifs comme des ombres, mais des chefs-d'œuvre de couleur, de grâce et d'émotion. »

Au moment de sa disparition, en 1897, le théâtre du *Chat noir*, avait constitué son haut personnel de la manière suivante :

UN TABLEAU DE « L'ENFANT PRODIGUE »
par Henri Rivière. (Enoch, éditeur.)

Chœur antique : Rodolphe Salis.
Directeur : Henri Rivière.
Régisseur : Ernest-Maurice Laumann.
Secrétaire général : Léon Delarue.
Comité de lecture : Henri Pille, J.-L. Forain, Caran d'Ache, Louis Morin,

« PIERROT PORNOGRAPHE ». COLOMBINE.
Ombre en zinc découpé, par Louis Morin.

Maurice Donnay, Edmond Haraucourt, Fernand Fau, Louis Sabattier, Steinlen.
Archiviste : Léon Gandillot.
Chef d'orchestre : A. Colomb.
Chef des chœurs : Georges Fragerolle.
Timbalier : Dr David-Louis Pelet.
Chef machiniste : Jolly.

La vivante demeure de la rue Victor-Massé est aujourd'hui réduite au

Une affiche de Caran d'Ache, en 1888.

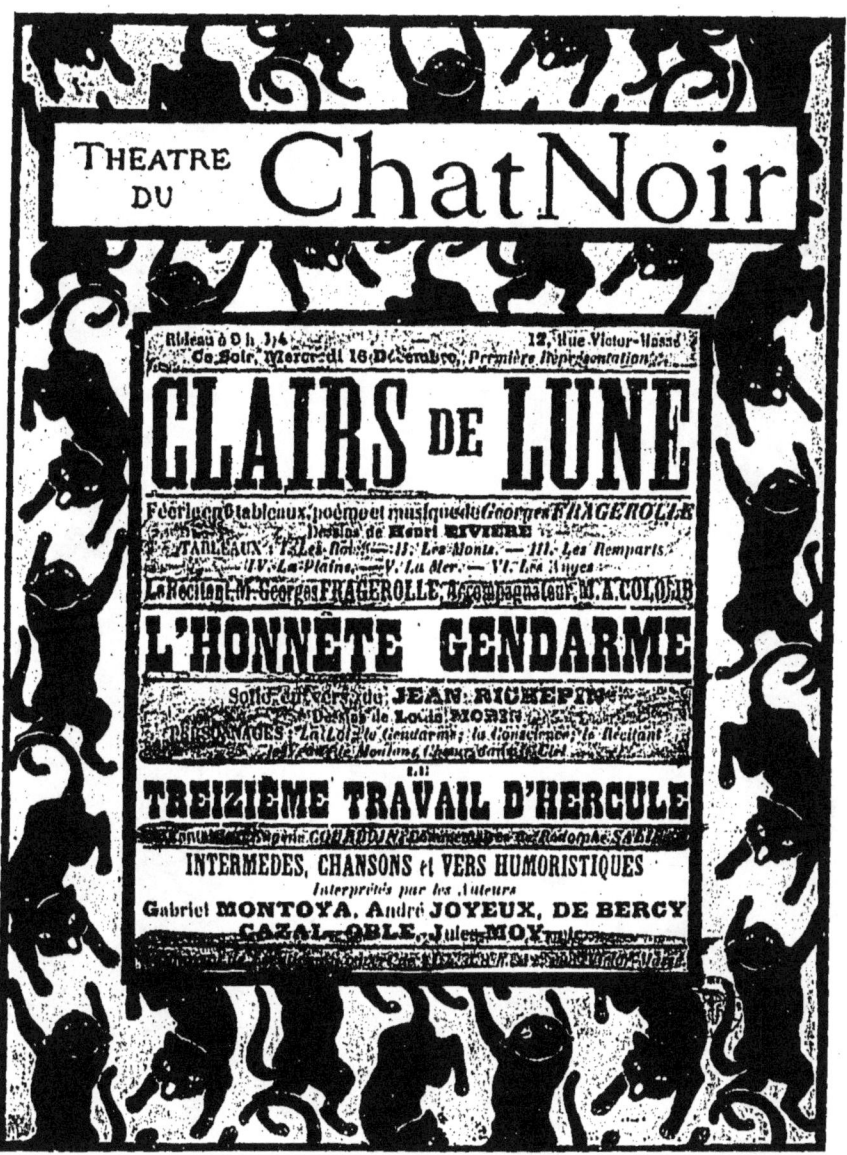

Une Affiche du Théâtre du *Chat Noir*, en 1897.

silence; le théâtre du *Chat noir* n'existe plus, il ne reste de lui que le souvenir du mouvement littéraire et artistique qu'il a provoqué, qui restera sa gloire et lui assurera certainement une place à part dans l'Histoire de notre temps.

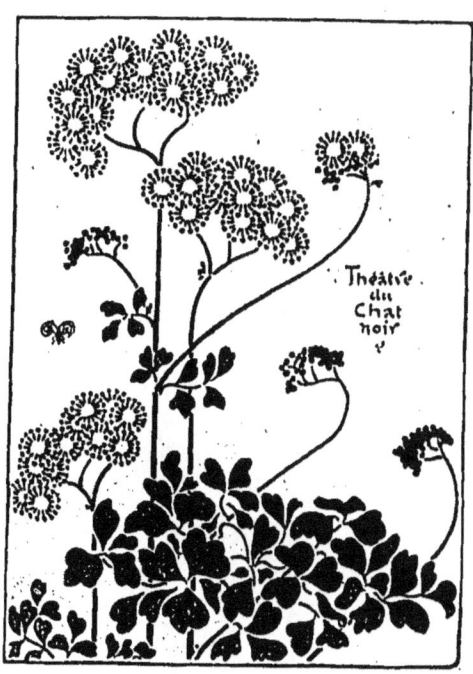

Première page du Programme pour « Clairs de Lune »
par Georges Auriol.

VII

LE PETIT THÉATRE DE M. HENRI SIGNORET

Les projets de M. H. Signoret. — Difficultés de leur réalisation. — Les marionnettes son choisies. — Ce que dit à ce sujet M. Paul Margueritte. — Le mécanisme des poupées. — Leur fabrication. — Inauguration du *Petit théâtre*, en 1888. — Le *Gardien vigilant*, de Cervantès, et les *Oiseaux*, d'Aristophane. — L'opinion de M. Anatole France. — Les collaborateurs artistiques de M. H. Signoret. — Les peintres, les habilleuses, les machinistes, les compositeurs et les récitants. — Les pièces représentées sur le *Petit théâtre*, de 1888 à 1892. — Ce que pense M. A. France de *la Tempête*, de Shakespeare, traduite par M. Maurice Bouchor.

Les poètes ne doutent de rien et cela est bien heureux, en vérité. Sans leur esprit d'initiative, sans la foi robuste qu'ils ont en l'art et en toutes les manifestations de la pensée, que de choses délicieuses nous échapperaient! Que de chefs-d'œuvre de la littérature étrangère notamment, resteraient ignorés de notre génération si avide de tout savoir, si sincèrement éprise du beau, quelle que soit la nation, quel que soit l'écrivain qui le lui révèle.

En 1888, un lettré délicat, M. Henri Signoret, pénétré de ces sentiments, conçut la pensée d'un théâtre sur lequel il voulait tenter la représentation d'œuvres anciennes ou modernes encore inconnues chez nous, au moins à la scène.

« Bien des personnes qui ne sont pas étrangères aux lettres, disait-il dans le projet imprimé qu'il fit distribuer, savent à peine qu'il existe un théâtre indien. Les merveilles de la scène grecque n'ont presque jamais été transportées sur nos théâtres. Les pièces latines n'ont pas tenté quelque habile metteur en scène; on n'a pas essayé non plus de nous faire connaître les Mystères du moyen âge. Presque rien n'a été fait pour la farce française ou italienne, et le théâtre espagnol, si débordant de vie, reste enseveli dans les livres. Les admirables dramaturges du xvi° siècle anglais n'ont pas vu chez nous le feu de la rampe, — exception faite pour Shakespeare, — et l'œuvre de Shakespeare, malgré de louables essais, n'a été que bien rarement interprétée de façon à satisfaire ceux qui l'aiment et la comprennent. »

Il s'agissait donc pour M. Signoret de combler ces lacunes regrettables, mais ici intervenait une première et redoutable difficulté : comment trouver suffisamment préparés, libres de tout engagement, les comédiens indispensables à l'interprétation fidèle, bien comprise, de ces œuvres dont l'esprit est seulement connu et apprécié de quelques érudits ?

Myrtil.
Marionnette pour le *Noël*, de M. Maurice Bouchor.

Ce point examiné, M. Signoret résolut de n'avoir pas recours à de véritables acteurs et de monter un théâtre servi par des marionnettes que des lecteurs amis et des machinistes de choix feraient parler et agir.

Dans une charmante plaquette intitulée : *le Petit Théâtre*, M. Paul Margueritte a fait connaître les raisons pour lesquelles les marionnettes furent préférées à des gens du métier :

« Elles sont dociles, dit M. Margueritte, infatigables, toujours prêtes. Et, tandis que le nom et le visage trop connus d'un comédien de chair et d'os imposent au public une obsession qui rend impossible ou très difficile l'illusion, les fantoches impersonnels, êtres de bois et de carton, possèdent une vie falote et mystérieuse. Leur allure de vérité surprend, inquiète. Dans leurs gestes essentiels tient l'expression complète des sentiments humains. »

Les marionnettes définitivement choisies, on entra résolument dans les détails d'exécution du projet. Quarante personnes, toutes amies de M. Signoret, apportèrent à l'œuvre devenue commune le concours le plus intelligent et le plus désintéressé.

UNE SCÈNE DE « NOËL » DE M. MAURICE BOUCHOR
dessin de M. Félix Bouchor, pour le théâtre de M. H. Signoret.

M. Léon Baille donna les plans du théâtre et le fit exécuter sous ses yeux ; la construction achevée, MM. Ludovic Dubois et Gibelin Cadet furent chargés de son ornementation picturale extérieure ; M. Daniel Monfreid peignit le rideau rouge.

Pendant ce temps, M. Edme Armand réalisait, après bien des recherches, le mécanisme des poupées, perfectionné plus tard par M. Belloc. Mises en mouvement par des exécutants placés sous la scène, ces poupées glissaient dans des rainures invisibles, les spectateurs étant placés un peu en contrebas. C'étaient, sauf quelques petites différences de détails, les procédés employés pour les *Crèches provençales* dont j'ai déjà parlé.

Chez M. Signoret, en son premier état, une poupée était simplement une étroite planchette appuyée sur une tige de fer traversant un socle creux formant sa base ; sur cette planchette étaient fixés les bras et les jambes, mus par des fils aboutissant, dans l'intérieur du socle, à plusieurs pédales représentant chacune un geste ou un mouvement particulier.

Au début de leur construction, ces squelettes informes étaient les mêmes ; pour leur donner le corps qui devait supporter les vêtements ajustés, on procédait comme le font les fabricants de masques.

Dans deux moules de plâtre, huilés au moment de l'opération afin d'éviter l'adhérence, on collait à la colle de pâte, le nombre de feuilles de papier buvard nécessaires pour obtenir une certaine épaisseur, puis on laissait sécher. L'un des moules donnait la poitrine, l'autre le dos. Ceci terminé, on recouvrait le squelette des deux parties moulées formant ainsi une cuirasse protectrice pour le jeu des fils, on les soudait ensemble en collant leurs bords et on avait un torse complet auquel paraissaient appartenir les membres fixés à la planchette intérieure ; ces membres étaient articulés. La tête moulée en *staf*, c'est-à-dire en plâtre renforcé d'étoupe, étant assujettie, il ne restait qu'à habiller le personnage.

Toutes les difficultés vaincues, aucun dévouement n'ayant faibli, M. Signoret inaugurait ses représentations dans la salle de la Galerie Vivienne, le 28 mai 1888, par le *Gardien vigilant*, de Cervantès, et les *Oiseaux*, d'Aristophane.

La salle, qui ne renferme que deux cent cinquante places, fut assiégée ; le public était presque exclusivement composé de poètes et de littérateurs distingués, éminents même. La critique qui, chose rare, applaudit unanimement, était représentée par Anatole France, Jules Lemaître, Hugues Leroux, Émile Faguet, Paul Arène, Jules Case, Ganderax et bien d'autres encore, dont les articles partout élogieux ont été réunis plus tard en un fascicule spécial.

C'était, on le voit, une grande première, dont on sortit littéralement ému et surpris.

Quelque temps après, on donna *Abraham*, de Hrotswitha ; Anatole France était encore là :

« J'ai vu deux fois, écrit-il dans la *Vie littéraire*, les marionnettes de la rue Vivienne, et j'y ai pris un grand plaisir. Je leur sais un gré infini de remplacer les acteurs vivants. S'il faut dire toute ma pensée, les acteurs me gâtent la comédie. J'entends les bons acteurs. Je m'accommoderais encore des autres ! Mais ce sont les artistes excellents, comme il s'en trouve à la Comédie-Française, que décidément je ne puis souffrir. Leur talent est trop grand : il couvre tout. Il n'y a qu'eux. »

Revenant plus tard sur ce sujet, M. France dit encore : « J'en ai déjà fait l'aveu, j'aime les marionnettes, et celles de M. Signoret me plaisent singulièrement. Ce sont des artistes qui les taillent ; ce sont des poètes qui les montrent. Elles ont une grâce naïve, une gaucherie divine de statues qui consentent à faire les poupées, et l'on est ravi de voir ces petites idoles jouer la comédie... Ces marionnettes ressemblent à des hiéroglyphes égyptiens, c'est-à-dire à quelque chose de mystérieux et de pur, et, quand elles représentent un drame de Shakespeare ou d'Aristophane, je crois voir la pensée du poète se dérouler en caractères sacrés sur les murailles d'un temple. »

Myrtil, Marionnette du Théâtre de M. Signoret, montrant le jeu de pédales qui la font agir. Dessin de Chanteau, d'après une photographie.

LE PAUVRE CHAT
par Boilly, 1825. Collection de M. O. Grousset.

Une parole aussi autorisée, une approbation aussi chaleureuse devaient suffire à appeler le Tout-Paris des premières au *Petit Théâtre*. Rien n'avait été négligé, d'ailleurs, pour le rendre aimable et séduisant.

Rochegrosse, Lucien Doucet, Lerolle, Anguille, Daniel Monfreid, Ludovic Dubois, Gibelin, Tanoux, Maillol, Riéder avaient peint les décors. Les têtes des poupées avaient été exécutées par Edme Armand et J.-B. Belloc et peintes par Maillol ; leurs costumes étaient de Mmes Billat et Rebour ; ces dames en avaient fait des prodiges d'élégance et de goût.

Les machinistes, et il fallait que chacune des marionnettes eût le sien, étaient MM. Armand, Léon Baille, Belloc, Ludovic Dubois, Gibelin frères, Mazeroux, Raybaud et Tricot.

Le *Petit Théâtre* avait aussi ses compositeurs : MM. Casimir Baille et Ernest Chausson ; et ses instrumentistes : MM. A. Lacroix, flûtiste ; Masson, Furet, Halvorsen et Mme Hettich.

Si vous connaissez tout ce monde, profondément dévoué à l'art et impatient de le servir ; si, par la pensée, vous placez dans la bouche des exquises poupées de M. Signoret ce que leur faisaient dire leurs lecteurs habituels : MM. Maurice Bouchor, Richepin, Raoul Ponchon, Coquelin Cadet, Félix Rabbe, Duteil d'Ozanne, G. Chauche, Amédée Pigeon, Passot et Mmes Paule Verne, Cécile Dorelle, Berthet, vous arrivez sans peine à vous représenter la parfaite ordonnance de ces fêtes des yeux et de l'esprit.

De 1888 à 1892, le *Petit Théâtre*, dont les représentations, toujours suivies par un public d'élite, ont été trop rares, a donné, soit à la galerie Vivienne, soit, plus tard, au théâtre d'application de M. Bodinier :

Le Gardien vigilant, de Cervantès, traduction de Amédée Pagès ;

Les Oiseaux, d'Aristophane, traduction de Félix Rabbe ;

La Tempête, de Shakespeare, traduction de Maurice Bouchor ;

Tobie, légende biblique, de Maurice Bouchor ;

Noël, mystère, de Maurice Bouchor ;

La Légende de sainte Cécile, de Maurice Bouchor ;

Le Songe de Khéyam, de Maurice Bouchor ;

La Dévotion à saint André, de Maurice Bouchor ;
Abraham, de Hrotswitha ;
L'Amour dans les Enfers, de Amédée Pigeon.

A propos de la *Tempête*, M. Anatole France a écrit, dans le *Temps*, un long article dont j'extrais, pour terminer cette note, les quelques mots qui suivent :

« Il y a une heure à peine que la toile du *Petit théâtre* est tombée

MAZURIER
dans *Polichinelle Vampire*, 1825.

sur le groupe harmonieux de Ferdinand et de Miranda. Je suis sous le charme et, comme dit Prospero, « je me ressens encore des illusions de cette île ». L'aimable spectacle ! Et qu'il est vrai que les choses exquises, quand elles sont naïves, sont deux fois exquises. »

Ainsi font, font, font
Les petites marionnettes,
Elles font, font, font
Trois p'tits tours et puis s'en vont.

TABLE DES MATIÈRES

Dédicace. . . . .
Au lecteur. . . . .

I

LES MARIONNETTES DANS L'ANTIQUITÉ

L'*Histoire des marionnettes* de Charles Magnin. — L'opinion de Charles Nodier. — Les marionnettes hiératiques mentionnées par Hérodote. — Diodore de Sicile. — La sculpture à ressorts en Asie mineure et dans la Grèce. — La Vénus de Dédale, mue par le mercure. — Jouets retrouvés dans les tombeaux. — Les marionnettes du Musée de Catane. — La marionnette de M. Aschick, publiée par M. Raoul-Rochette. — Les poupées grecques. — Représentations publiques à Athènes, données par Pothein. — Aristote et Apulée. — Les marionnettes romaines publiées par le comte de Caylus. — Les figurines du Musée Campana. — Comment Charles Magnin pense que se plaçait l'opérateur. — Le Mémoire de Victor Prou, sur les théâtres d'automates en Grèce. — Dispositions d'un théâtre de marionnettes, d'après Victor Prou, par M. Paul Bonnefon. — Une représentation donnée par Héron d'Alexandrie. 1

II

LES MARIONNETTES AU MOYEN AGE

La Sculpture mécanique dans les églises. — Les prélats la combattent. — Les guerriers du *Hortus deliciarum*, de Herrade de Landsberg, abbesse de Hohenbourg. 11

III

LES MARIONNETTES A L'ÉTRANGER

I

LES MARIONNETTES ITALIENNES

Jérôme Cardan et son traité de *Subtilitate*, en 1550. — Bornardino Baldi et les *Automata* de Héron d'Alexandrie, en 1580. — Sur l'article publié par M. Vittorio Malamani dans la *Nuova antologia*, de 1897, à propos des *Fantoccini*, des *Burattini*, des *Puppi* et des *Pupazzi*. — Burattino, célèbre masque vivant en 1662. — Les *Burattini* en Italie. — Les baraques de *Burattini* sur la place Saint-Marc et sur la Piazetta, à Venise. — Spectacles gratis, en 1760. — Les *fantoccini*, à Milan, en 1744. — Le sifflet-pratique. — Jal, et son livre *De Paris à Naples*. — Le *Teatro del vigne*, de Gênes. — Le *Siège d'Anvers;* le maréchal Gérard et le général Chassé. — Les marionnettes à Milan. — *Le prince Eugène de Savoie au siège de Tamisvar*. — Girolamo. — Les danseuses du Théâtre Fiando, de Milan. — *Extraits d'un voyage en Italie*, inséré dans le *Globe*, de 1827, sur les fantoccini du Théâtre Fiando. — *Nabuchodonosor*. — Frédéric Mercey et le Théâtre Fiano, de Rome. — Le *Temps* de 1835 et l'article de Poisse sur l'illusion produite par les petits acteurs du Palais Fiano. — *Pulcinella* et *Scaramuccia*, à Naples, *Cassandrino*, à Rome, *Girolamo*, à Milan, *Gianduja*, à Turin. — Les marionnettes du Signor Prandi, à Londres, en 1893. — Les *Pupi*, des Siciliens. — *Les Paladins de France*. 15

II

LES MARIONNETTES ANGLAISES. — PUNCH.

Jusqu'à Henri VIII, les marionnettes ont pris place dans les cérémonies du culte. — Le Saint-Esprit dans la cathédrale Saint-Paul. — L'abbaye de Boxley et le crucifix à ressorts. — La statuaire mécanique exclue des temples. — Destruction du crucifix de Boxley, en 1538. — Les *Puppet*, *Maumet* ou *Mammet*. — Le *Puppet-Show*. — Les *drollery* du temps de Shakespeare. — Les *Miracle-plays*. — Types créés par les marionnettistes anglais : *Perverse-doctrine, Gluttony, Vanity, Le Chery, Mundus, Old-Vice; maître Devil*. — La mort de *Old-Vice*. — La naissance de *Punch*, vers 1697. — Son caractère. — Mise en scène des marionnettes anglaises. — Une affiche pour la foire Saint-Barthélemy, en 1703. — *La Création du monde* et le *Déluge de Noé*. — Une représentation en 1709. — Martin Powell, célèbre *puppet-Schowman* de Covent-Garden, en 1711. — Punch-théatre en 1713. — *Punch*, Don Juan de la populace. — Il devient cynique et cruel et tue tout ce qui l'entoure. — *Les Fredaines de M. Punch* 29

III

LES MARIONNETTES ALLEMANDES

Charles Magnin trouve l'origine des marionnettes allemandes dans le *Kobolde*. — Le poème cyclique *Der Renner*, de Hugo de Trimberg, au XIIIe siècle. — Les *Niebelungen*. — Le poème du Malagis, du XVe siècle. — Les légendes populaires en Allemagne : *Les quatre fils Aymon, Blanche comme neige, Geneviève de Brabant, la belle Magdelonne, la dame de Roussillon, Jeanne d'Arc*. — Le bouffon allemand. — *Eulenspiegel* ou *maître Hemmerlein*. — *Hanswurst* ou *Jean Boudin*. — *La prodigieuse et lamentable histoire du docteur Faust* et ce qu'en pensait Goëthe. — Maître Wolthon et les *Haupt-und-Staatsactionen*. — *Casperl* succède à *Hanswurst*. — Hans Pickelhaering ou Jean-

Hareng-Salé; Jean Klaassen ou *Jean Nicolas*, en Hollande. — Les marionnettes à Berlin, à Vienne et à Hambourg. — Frédéric Schinck et son *marionnetten theater*, publié en 1777. — Goëthe admirateur des marionnettes. — Les Fêtes de la foire à Plundersweilern, par Goëthe, représentées à la Cour de Weimar. — Le théâtre du prince Nicolas Joseph Esterhazy, à Eisenstadt, dirigé par Haydn. — *Philémon et Baucis, Didon, Geniève, la Vengeance accomplie* et *la Maison brûlée*, petits opéras de Haydn représentés à Eisenstadt. — Le *Faust* de Goëthe. — Les marionnettistes allemands : Schütz, Dreher, Thiémé, Eberlé, Geisselbrecht. — Les principaux personnages de leurs œuvres. — Extrait d'un manuscrit de Geisselbrecht, publié par le colonel de Below. — Les personnages de Geisselbrecht ont les yeux mobiles, toussent et crachent. — *Casperl* a définitivement succédé à *Hanswurst*. — Une pièce de marionnettes traduite de l'allemand : I. Gaspard et le tailleur; II. Gaspard et la vieille femme; III. Gaspard et le paysan; IV. Gaspard et sa femme; V. Gaspard et Jean; VI. Gaspard et le chasseur; VII. Gaspard et le sergent de ville; VIII. Gaspard et le gendarme; IX. Gaspard et la mort; X. Gaspard et le diable 43

IV

LES MARIONNETTES ESPAGNOLES ET PORTUGAISES

Giovanni Torriani, mathématicien célèbre, partage la retraite de Charles-Quint à Saint-Yuste, en 1556. — Il y construit des figures animées. — Les marionnettes, dès cette époque, se répandent dans toute l'Espagne. — Michel Cervantès publie son Don Quichotte en 1605 et en 1615. — Sa « gracieuse histoire du joueur de marionnettes ». — Le *titerero* et le *trucheman*. — Les légendes espagnoles et *Don Cristoval Pulichinela*. — Le *pito* et le *Castillo*. 57

V

LES MARIONNETTES BRUXELLOISES ET ANVERSOISES

M. Sander-Pierron (Paul de Glincs) et les marionnettes bruxelloises. — Machieltje et Toone. — Le *Poechenellespel* de Pieter Buelens et ses quatre cents fantoches. — Le théâtre de Laurent Broeders. — Une garde-robe contenant onze cents costumes. — Georges Hembauf et son théâtre. — Le répertoire des marionnettes bruxelloises : les Romans de la table ronde, les Légendes flamandes, Alexandre Dumas, d'Ennory, Paul Féval. — Portrait de Woltje, *Poechenelle* de Bruxelles. — Un théâtre de marionnettes à Anvers, par Camille Lemonnier. . . . 60

VI

KARAGUEUZ

Ses historiens. — Les auteurs des pièces du théâtre turc. — Ce qu'en dit Gérard de Nerval, dans son *Voyage en Orient*. — Analyse de *Karagueuz victime de sa chasteté*. — Théophile Gauthier à Constantinople. — Le théâtre situé près du Champ des morts de Péra et celui de Top'hané. — Description de *Karagueuz*. — *La Turquie contemporaine*, par Charles Rolland. — Une représentation du *Karagueuz*. — Analyse d'une pièce. — Ce que pense Pierre Loti de *Karagueuz*. — Les marionnettes turques et leurs caractères analysés par M. Thalasso. — Une collection de marionnettes turques. — Personnages découpés au canif et coloriés lourdement. — Analyse d'une pièce représentée à Tunis. — Deux pièces vues par Paul Arène, en Tunisie : *Karagouz à la maison des fous* et *Karagouz père de famille*. — Comment procède l'opérateur. — *Ranguin*, le Karaguouz de l'Ile Ceylan. — Une représentation à laquelle a assisté M. Jacolliot, ancien président du tribunal de Chandernagor. — Un théâtre d'ombres à Alger, en 1842. — *Pendj*, le Karaguouz persan. — *Le Voyage en Perse et autres lieux de l'Orient* du chevalier Chardin. — Karaguouz est, d'après Théophile Gautier, la caricature d'un vizir de Saladin. — *Katrabeuse*, l'homme aux yeux bandés; *Karagueuz*, l'homme aux yeux noirs. — Une opinion émise par M. Édouard David, de l'académie d'Amiens 68

VII
LES MARIONNETTES CHINOISES

L'art du théâtre en Chine. — L'opérateur dans sa gaine. — Un théâtre mécanique. — Représentation à la Cour, en 1805. 87

VIII
LES MARIONNETTES JAVANAISES

Les théâtres javanais. — Récit de Raffles et de Crawfurd. — Le *Topeng* et le *Wayang*. — Les *dalang*, directeurs des théâtres. — La musique du *Gamelan*. — Récits mythologiques ou histoires des hommes illustres. — Interdiction de la représentation de la figure humaine. — Le *Wayang Pourwa*, le *Wayang Gedog* et le *Wayang Klitik*. — Guignol à Java, par Alfred Delvau. — Les marionnettes javanaises du prince Roland Bonaparte et de M. Gaston Calmann Lévy. 90

IX
LES MARIONNETTES BIRMANES

Les marionnettes Birmanes aux *Folies Bergère*. — M. A. Mahé de La Bourdonnais. — Le *Pwai* et le *Root-thai*. — Une représentation en Birmanie. 95

IV
LES MARIONNETTES EN FRANCE

I
LES MITOURIES DE DIEPPE ET LES SPECTACLES PIEUX

Les *Mitouries de la mi-août*, à Dieppe. — Renseignements fournis par Desmarquets et par L. Vitet. — Grimpe-sur-l'Ais, Grimpesulais ou Gringalet. — Suppression des *mitouries* en 1647. — La *Passion* représentée sur le Petit-pont de l'Hôtel-Dieu, à Paris, en 1746. — Les *Mystères de la Passion*, la *Nativité*, la *Tentation de saint Antoine*, représentés dans la France entière, au xviii° siècle. — Le *Jugement universel*, du sieur Ardax, donné à Reims, en 1775.   99

II
ACTE DE NAISSANCE DE LA MARIONNETTE

Les recherches de Magnin à ce sujet. — Le *Cycle de Robin et Marion*. — Les *Sérées* de Guillaume Bouchot, parues en 1584 et en 1608. . . .   101

III
POLICHINELLE. — BRIOCHÉ ET SES CONCURRENTS

Maccus. — Ce qu'en dit l'abbé de Saint-Non. — Découverte d'un *Maccus* de bronze en 1727. — Louis Riccoboni et l'*Histoire du théâtre italien*. — Benevent, capitale des Samnites des latins, la Haute-ville et la Basse-ville. — Naissance de *Pulcinello* ou *Pulcinella* à Naples ou près de Naples. — Silvio Fiorillo, créateur du type. — Ses transformations. — Ce qu'en dit George Sand. — Le *Polichinelle* français. — Son caractère. — Il n'a point d'opinions politiques. — Magnin le considère comme un type national. — Le *Polichinelle* de Du Mersan, type de la marionnette actuelle. — Polichinelle fait son apparition à Paris vers 1630. — La *Lettre de Polichinelle à Jules Mazarin*. — Brioché. — Mazarin et les Théatins, en 1662. — Le *Passeport et l'adieu de Mazarin, en vers burlesques*, et la *Lettre à Monsieur le Cardinal Burlesque*, publiés en 1649. — Les marionnettes des Théatins. — Le *Château-Gaillard*, d'après la *Chronique scandaleuse ou Paris ridicule*, de Claude Le Petit. — Combat de Cyrano de Bergerac contre le singe de Brioché. — La dynastie des Brioché. — Les *Mémoires pour servir à l'Histoire des spectacles de la foire*, par les frères Parfaict. — Théâtres de marionnettes en 1646, 1657 et 1688. — La *Trouppe royale des Pygmées*, en 1676, privilège accordé au sire de La Grille. — Transformation de ce théâtre. — Pierre de Laer créateur du *Théâtre des Bamboches* . .   106

IV
LES FOIRES PARISIENNES

Les actrices et les acteurs des foires, à partir de 1678. — Origine des procès intentés aux théâtres forains par les Comédiens français. — Ce qu'en disent Le Sage et d'Orneval. — Ce qu'étaient les *Pièces à écriteaux*. — La foire de Saint-Clair. — La foire de Saint-Ovide. — Leurs emplacements et leur durée. — La foire de Saint-Germain. — Sa disposition. — La célèbre pièce burlesque de Scarron. — Un tableau de la foire Saint-Germain, par Noimeitz. — La foire Saint-Laurent. — Sa disposition intérieure, par M. A. Houllard. — Le *Tracas de Paris*, de François Colletet. — Les jeux de marionnettes installés aux foires, de 1668 à 1775. — Le *Théâtre de la foire*, de Le Sage et d'Orneval. — *L'ombre du cocher poète*.   123

V

LES MARIONNETTES ET LEURS PROTECTEURS AUX XVII°, XVIII° ET XIX° SIÈCLES

Une *Historiette* de Tallemant des Réaux, en 1650. — Henri de Lorraine et Mlle de Pons. — Une lettre de Bossuet à M. de Vernon, en 1686. — Le comte Antoine Hamilton et les marionnettes. — Charles Perrault et le conte de *Peau d'Ane*. — Les fêtes données à Sceaux par la duchesse du Maine. — Malézieu, leur ordonnateur. — Lettre de Mme de Maintenon à la princesse des Ursins, en 1713. — Une harangue de *Polichinelle*, en 1726. — Voltaire et les marionnettes, à Cirey. — Correspondance de Mme de Graffigny avec Devaux. — Couplets de Voltaire chantés par *Polichinelle* au comte d'Eu, à Sceaux. — Représentations données par Mlle Pélicier, de l'Opéra, à ses amis. — Avis publié par les affiches de Boudet, en 1749. — Pierre III et les marionnettes. — Une exécution militaire. — Un admirateur de la musique de Verdi, en 1808. — Les marionnettes lyriques de G.-L. Duprez à Valmondois et aux Tuileries, en 1864. — Marionnettes chantantes à la foire de Neuilly. 144

VI

SÉRAPHIN

Les fastes ou les usages de l'année, par Lemierre. — Le boulevard du Temple succède aux foires. — Les marionnettes s'y transportent. — La belle société se rend au Palais-Royal. — Les marionnettes l'y suivent. — Dulaure et le *Théâtre des petits comédiens du comte de Beaujolais*. — Séraphin s'établit à Versailles. — Il donne des représentations à la Cour. — Son affiche. — Séraphin transporte ses *Ombres chinoises* au Palais-Royal, à Paris. — Ouverture de son spectacle en 1784. — Ce qu'en dit Thiéry dans le *Guide* des amateurs et des étrangers voyageurs à Paris. — Le *Tableau du Palais-Royal*. — Adrien Moreau succède à Séraphin en 1790. — Séraphin reprend son théâtre l'année suivante. — Les succès de Dorvigny et de Guillemain. —. Les marionnettes sur le théâtre de Séraphin. — *Polichinelle* les présente au public. — Pot-pourri de Guillemain. — *Gobemouche*. — Affiches et prospectus de Séraphin. — Sa mort, en 1800. — Les successeurs de Séraphin. — Ses auteurs ordinaires. — *Le Pont cassé*, par Dorvigny. — *La Perruque de Cassandre*, par Mlle Pauline Séraphin. 153

VII

LES MARIONNETTES A LA PLANCHETTE ET LES CONTINUATEURS DE SÉRAPHIN

Les montreurs de marionnettes à la planchette, à Paris, vers 1820. — *South Wark fair*, de Hogarth, en 1733. — Gavarni et Jules Dupré. — *Les Jolis pantins*, chanson de 1860. — Les théâtres transportables, vers 1840. — Théâtres de marionnettes, dans les sous-sols ou les rez-de-chaussée parisiens. — L'aboyeur. — Guignol dans les jardins publics. — Anatole Cressigny, dit Anatole. — Il devient propriétaire du *Vrai*

Guignol. — Ses représentations aux Tuileries et à l'Élysée. — Les *Castellets* actuels 183

VIII
LES MARIONNETTES DE THOMAS HOLDEN

Thomas Holden explique ses procédés. — Ce qu'en pense Ed. de Goncourt. — A. Hovaroff et son petit théâtre des *Pantagonia*. — Le jugement porté par Lemercier de Neuville sur les fantoches de Holden. 191

IX
LES MARIONNETTES DE DICKSONN

Le prestidigitateur Dicksonn. — Mode de suspension de ses marionnettes. — Construction d'une marionnette nue. 198

X
LE THÉÂTRE MÉCANIQUE DE JOHN HEWELT

Comment John Hewelt construit ses marionnettes. — Fantoches chantant ou parlant. — Orchestre mécanique, instrumentistes animés. — Le rideau peint par M. Jules Chéret pour le Théâtre du Musée Grévin. . 205

XI
L'ARMÉE ET GUIGNOL

Les marionnettes du commandant V..., à Cherbourg et à Arras. — Un Guignol à bord pendant la traversée de Marseille à Sébastopol, en 1856. — Funérailles d'un chat. — Les *ombres* à l'École polytechnique. — Le *Cod'X*. — *Ne l'arrête pas devant Guignol*. — Bonaparte demande des marchands de marionnettes pour le Caire 209

XII
SCULPTEURS ET HABILLEURS DE MARIONNETTES

Le type de *Guillaume*, à Paris. — Les têtes sculptées par Ch. Ferry. — Les ateliers de fabrication et d'habillage de Ed. Fruit. — Ses têtes en carton moulé. — Les sculpteurs et les habilleurs lyonnais. 216

XIII
GUIGNOL

L'opinion de M. Onofrio sur le Guignol lyonnais. — Laurent Mourguet et son ami le Canut. — Création du type de *Guignol*. — Son caractère. — Son costume. — Le premier théâtre de Mourguet. — Les pièces qui y étaient représentées. — Les descendants de Mourguet. — Laurent Josserand et Vuillerme Dunand. — Un fragment des *Valets à la porte*. — Un fragment du *Déménagement*. — Pierre Rousset. — Son théâtre quitte la rue du Port-du-Temple pour le quai Saint-Antoine. — Ce que dit M. Paul Bertnay de ce transfert. — Pierre Rousset et ses œuvres. — Ses parodies. — Fragments de la *Lucie*, de la *Favorite*, de *Robert le Diable*. — G. Randon et l'Exposition de Lyon. — Invocation de *Guignol* à sa muse. — *Guignol*, modèle des domestiques 224

XIV

LAFLEUR

Le patois picard. — *Lafleur* et ses historiens. — Les *Cabotins*, théâtres amiénois sur lesquels *Lafleur* donne ses représentations. — Leur répertoire. — M. H. Daussy et son étude sur *le Patois picard et Lafleur*. — M. Édouard David et son *Etude picarde sur Lafleur*. — Les créateurs du type. — Présentation de *Lafleur* par M. H. Daussy. — *L'naissanche ed l'einfant Jésus*. — *El langue ed chés fanmes* 245

XV

LE JACQUES LILLOIS

Les théâtres de marionnettes à Lille. — Corruption du patois lillois. — Opposition du langage des personnages avec leur condition sociale. — Souvenir d'une représentation foraine de la *Dame de Monsoreau*. — M. A. Desrousseaux et son ouvrage sur *les Mœurs populaires de la Flandre française*. — Le caractère de *Jacques*. — Son répertoire. . . 254

XVI

LES MARIONNETTES BORDELAISES

M. Detcheverry et son *Histoire des théâtres de Bordeaux*. — Cortay, dit Bojolay, directeur du *Théâtre des Pantagoniens*. 260

XVII

LES CRÈCHES PROVENÇALES ET LES SANTONS DE MARSEILLE

Les fêtes de Noël dans les églises de Provence. — *L'adoration des bergers*. — *La crèche provençale*. — Les Pastorales sur les théâtres de société. — Les crèches parlantes. — Marionnettes mécanisées. — Procédés employés pour leur mise en mouvement. — Les *Santons* de Marseille. — Leur mode de fabrication. — Les *Santons* des xvii° et xviii° siècles au musée du château Borély. — Le papa Pastourel et Léon Simon. 263

V

LES MARIONNETTES LITTÉRAIRES

I

LE THÉATRE DE NOHANT

Les admirateurs des marionnettes. — Le premier théâtre de marionnettes littéraires, à Nohant. — Son histoire publiée par George Sand, dans *Dernières pages*. — Une première tentative. — Un second théâtre.

— Le monstre vert. — Un incendie. — Le *Théâtre des Amis*. — Nouveaux acteurs. — Le Répertoire en 1849. — Les collaborateurs de Maurice Sand. — La mise en scène. — Comment étaient présentées les marionnettes. — Les traverses à coulisseaux de Maurice Sand. — Ce que pense George Sand de la fabrication des marionnettes. — Le Piton. — Modification apportée dans l'exécution des personnages. — Les costumes sont recommencés. — Ce que dit George Sand du *Burattino*, dans l'*Homme de neige*, publié en 1859. — Installation du Théâtre de Nohant à Passy, en 1880. — Ce que renferme le *Théâtre des marionnettes* de Maurice Sand, paru en 1890 269

II
LE THÉATRE DE DURANTY

Un théâtre de marionnettes littéraires au Jardin des Tuileries, en 1861. — Fernand Desnoyers écrit pour lui un prologue d'ouverture. — Le *Théâtre des marionnettes* de Duranty, illustré par Coindre 281

III
LE THÉATRE DE LA RUE DE LA SANTÉ

Une publication de Poulet-Malassis, illustrée par F. Rops. — Création du théâtre, rue de la Santé, aujourd'hui rue Saussure, en 1862. — Les fondateurs et leurs amis. — Comment était composée la Direction du théâtre. — La première représentation de *Signe d'argent*. — Un prologue par Jean du Boys. — Compte rendu de la représentation par Et. Carjat. — *Le dernier jour d'un condamné*, par Tissérand. — Comment se tenaient les opérateurs. — *Le suif de Venise ou la chandelle des dix*. — Les affiches de l'*Erotikon Theatron*. — *Sans ordre on n'arrive à rien*. — Première représentation de *la 200ᵉ du Bossu*. — La pièce. 286

IV
LES PUPAZZI DE M. LEMERCIER DE NEUVILLE

M. Lemercier de Neuville crée les *Pupazzi* en 1863. — Les charges publiées par *le Boulevard* collées sur planchettes. — Carjat et Gustave Doré peignent les *Pupazzi*. — Leur début dans le monde. — Les planchettes sont abandonnées. — Les *Pupazzi* en ronde-bosse. — Portrait écrit de M. Lemercier de Neuville. — Un prospectus publié par l'auteur. — Le Musée des *Pupazzi*, à Asnières. — Quelques types remarquables. — Rossini et Offenbach; Hautbois et Violoncelle. — Pierrot guitariste. — Le pas des tutus. — Les œuvres de M. Lemercier de Neuville. — *Le Bain du Consul*. — *Le Procès Belenfant-des-Dames*. — *Une réception ouverte*. — *Les mystères de l'Exposition*. — *L'Épopée moderne* . . . 312

V

LE THÉATRE DU CHAT NOIR

Sa création en 1887. — Jules Jouy et ses *Sergots*. — Les premières ombres de Henri Rivière. — *L'Epopée* de Caran d'Ache. — Le théâtre du *Chat Noir* devient une œuvre d'art. — L'encadrement de la scène. — La machinerie inventée par Henri Rivière. — Les effets de lumière et leur préparation scientifique. — Les verres colorés de Henri Rivière. — Le découpage des personnages. — Les collaborateurs du *Chat Noir*. — Henri Rivière. — Liste des œuvres représentées sur le théâtre du *Chat Noir*, de 1887 à 1897. — L'opinion de Jules Lemaître sur l'œuvre de Henri Rivière. — Le haut personnel de la maison, en 1897. 336

VI

LE PETIT THÉATRE DE M. HENRI SIGNORET

Les projets de M. H. Signoret. — Difficultés de leur réalisation. — Les marionnettes sont choisies. — Ce que dit à ce sujet M. Paul Margueritte. — Le mécanisme des poupées. — Leur fabrication. — Inauguration du *Petit théâtre*, en 1888. — Le *Gardien vigilant*, de Cervantès et les *Oiseaux*, d'Aristophane. — L'opinion de M. Anatole France. — Les collaborateurs artistiques de M. H. Signoret. — Les peintres, les habilleuses, les machinistes, les compositeurs et les récitants. — Les pièces représentées sur le *Petit théâtre*, de 1888 à 1892. — Ce que pense M. A. France de *la Tempête*, de Shakespeare, traduite par M. Maurice Bouchor. 357

TABLE DES ILLUSTRATIONS

Polichinelle mandoliniste, panneau peint inédit, par Jules Chéret . . . Titre
Marionnette romaine. Suivante de Flore (Collection Campana). . . . .
— — Villageoise de la Campanie (Collection Campana).
— *grecque*, publiée par Raoul Rochette — — .
— *romaine*. Villageoise de la Campanie -- —
... — publiée par le comte de Caylus. . . . .
— *grecque* (Collection Campana). 7
— *romaine*. Acteur comique (Collection Campana). 8
Marionnettes du moyen âge. Miniature du *Hortus deliciarum*, de Herrade de Landsberg. 11
La Foire de Venise, par Parocelle. Estampe gravée par Ph. Lebas, vers 1750 (Collection Destailleurs ; Cabinet des Estampes). 13
I Burattini, par F. Maggiotto. Estampe gravée par G. Volpato, vers 1780 (Collection de M. O. Grousset). 17
Marionnettes de Prandi. Un coin dans la chambre verte (Extrait du *Black and White*, 1893). 23
Marionnettes de Prandi. Les Coulisses (Extrait du *Black and White*, 1893). 24
Marionnettes de Prandi. Comment on fait agir les figures (Extrait du *Black and White*, 1893). 25
Punch. Marionnette anglaise. 28
M. Punch, par G. Cruikshank (Extrait de *Punch and Judy*). 29
Une représentation sur la voie publique, par G. Cruikshank (Extrait de *Punch and Judy*). 31
Punch and Judy. Petit théâtre d'enfant. Imagerie anglaise 33
Titre du journal *Punch*, de Londres 35
Punch and Judy. Petit théâtre d'enfant, avec personnages mobiles. Imagerie anglaise. 37
Punch à Paris, par Cham (Extrait du *Charivari*, 1850) 38
Punch and Judy. Image anglaise, publiée par Frédérick Warne 39
Casperl. Marionnette allemande. 40
Casperl ou *Hanswurst*, d'après une image populaire de Munich. Dessin de Chanteau 41
Jean Klaassen ou *Jean Nicolas*, d'après une estampe allemande. . . . 44

TABLE DES ILLUSTRATIONS

Théâtre de Casperl. Image allemande pour enfants, avec personnages mobiles.	49
Casper recevant Quirlewatsch, ambassadeur du roi more Bummelbux Ier (Extrait de *Kasperslustige Streiche*, édité à Francfort).	56
Woltje, marionnette bruxelloise.	60
Le Théâtre de Laurent Broeders, à Bruxelles).	61
Laurent Broeders et ses aides.	64
Une scène des Quatre Fils Aymon au théâtre de Laurent Broeders.	65
Karagueuz, marionnette turque.	68
Le Théâtre de Karagueuz: Franc.	69
— *Albanais*	70
— *Hanoum* (femme turque), tenue de ville.	71
— *Bey*.	74
— *Persan à cheval*.	75
— *Hadjivat*.	76
— *Barbier public*.	77
— *Joueur de tambourin*.	80
— *Baigneur*.	81
Théâtre d'ombres, à Alger, en 1842.	85
Théâtre mécanique chinois.	88
Un montreur de marionnettes. D'après une image populaire imprimée à Shanghaï.	89
Marionnettes javanaises. Wayang ou ombres théâtrales.	91
Marionnette javanaise (Collection de M. Gaston Calmann-Lévy).	92
Marionnette javanaise —	93
L'Orviétan. Estampe française publiée vers 1650 (Collection Destailleurs; Cabinet des Estampes).	107
Maccus (Extrait de l'*Histoire du Théâtre italien*, de Riccoboni).	110
Maccus —	111
Habit de polichinelle napolitain (Extrait de l'*Histoire du théâtre italien*).	112
Polichinelle, par Edouard Manet.	112
Pulcinella (Extrait du *Dictionnaire du théâtre*, de Pougin).	113
Polichinelle de la comédie italienne, à Paris.	114
Pulcinella, acteur napolitain.	115
Jarretières de soie noire, avec polichinelles brodés (Collection de M. O. Groussot).	116
Frontispice des *Mémoires pour servir à l'histoire des spectacles de la foire*, par les frères Parfaict.	117
Polichinelle du théâtre de la foire, ayant appartenu à Du Mersan.	118
J'en valons bien d'autres. Frontispice de la pièce: *L'Ombre du cocher poète*. Costume de Polichinelle en 1722 (Extrait du *Théâtre de la foire*, de Le Sage et d'Orneval).	125
Deschars en habit de polichinelle, au divertissement de Villeneuve-Saint-Georges, d'après une estampe du xviiie siècle (Collection de M. O. Groussot).	127
La Foire de Coblentz ou Les Grands Fantoccini français. (Estampe politique publiée en 1790).	129
Polichinelle près le pont des Arts, par Marlet, 1835 (Collection de M. O. Groussot).	133
Séraphin.	155

TABLE DES ILLUSTRATIONS

Théâtre de Séraphin. Le Pont cassé. Le Petit gas (Imagerie de Metz)... 157
— — Le Voyageur — .. 159
— — Les Canards — .. 162
— — Le Petit gas — .. 163
Théâtre royal des Marionnettes (Extrait de la *Caricature*, 1834)..... 169
Polichinelle vainqueur, par Cham (Extrait du *Charivari*, 1850)..... 179
La Comédie ambulante ou Le Plaisir inattendu, 1824............ 181
La Foire de South-Wark, par W. Hogarth, 1733............. 184
Danse des marionnettes, par Baptiste, 1829................ 186
Valentin industriel, pittoresque et dramatique, par Charlet, 1842.... 187
La Comédie du chat, par Jules David. Derrière la toile, 1850 (Collection de M. O. Groussel)............................. 188
La Comédie du chat, par Jules David. Devant la toile, 1850 (Collection de M. O. Groussel)............................. 189
Thomas Holden manœuvrant ses fantoches, par Draner (Extrait de *Thomas Holden, original, progrès, mystères*)............. 192
Affiche américaine de Thomas Holden.................. 193
Affiche belge — 196
Affiche de Dicksonn............................... 199
Appareil de Dicksonn pour la manœuvre de ses marionnettes...... 201
Marionnette nue de Dicksonn....................... 202
Affiche de John Hewell............................. 203
Marionnettes de John Hewell........................ 206
Marionnettes — 207
Danse, petit Polichinelle, au son de mon gai tambourin, par Charlet, 1845.. 210
Un théâtre de Marionnettes à bord, en 1855 (Extrait de l'*Illustration*).. 211
Théâtre de Guignol aux Champs-Elysées, par E. Guérard, 1856..... 213
Marionnette de Ferry et Fruit. Polichinelle................ 217
— — — Le Guignol parisien............ 218
— — — Le Gendarme................. 219
— — — La Mère Gigogne............. 220
— — — Le Médecin................. 221
— — — Le Juge.................... 222
Guignol.. 224
Vuillerme Dunand................................ 225
Le Bailly, du théâtre de Pierre Rousset................. 226
Laurent Josserand................................ 227
Pierre Rousset présentant Guignol et Gnafron............. 233
Le Propriétaire ou le Long-Nez, du théâtre de Pierre Rousset..... 235
Gnafron, avec son chapeau des dimanches, du théâtre de Pierre Rousset. Dessin de Chanteau................................ 236
Une Représentation sur le théâtre de Pierre Rousset, à Lyon. Dessin de Chanteau....................................... 239
Le théâtre Josserand, rue Ecorchebœuf, à Lyon, par G. Randon (Extrait du *Journal Amusant*, 1871)........................ 242
Madelon, du théâtre de Pierre Rousset................. 243
Lafleur, le paysan picard........................... 245
La Grande Parade ou les Fantoccini en voyage, 1825 (Collection de M. O. Groussel)..................................... 255

TABLE DES ILLUSTRATIONS·

Espectacle des Maris honnêtes. L'occasion fait le larron, 1826 (Collection de M. O. Grousset)	261
Le Théâtre de Nohant, appartenant à M. Cadol	267
George Sand, 1861. (Extrait du *Monde illustré*)	270
Marionnette du théâtre de Nohant	271
— — —	273
Maurice Sand, 1889. (Extrait du *Monde illustré*)	275
Marionnette du théâtre de Nohant	277
— — —	278
— — —	279
Une représentation dans l'atelier de Maurice Sand, à Passy. Dessin de Maurice Sand. (Extrait de *l'Illustration*)	281
Costume de Polichinelle. Travestissement, par Gavarni	285
Amédée Rolland et Jean du Boys, par Etienne Carjat	287
Mutius Brancart, dit *Naz d'argent,* croquis par Lemercier de Neuville	288
Mademoiselle Pimprenelle, croquis par Lemercier de Neuville	292
Le Procureur du roi, croquis par Lemercier de Neuville	293
Jean Couteaudier, croquis par Lemercier de Neuville	293
Une affiche pour le théâtre de la rue de la Santé	294
— — —	295
Le Président des Assises, croquis par Lemercier de Neuville	296
Le Théâtre de la rue de la Santé, croquis pour *Le Dernier Jour d'un condamné,* par Lemercier de Neuville	297
M. Lemercier de Neuville, d'après une photographie de Nadar père	312
Le Théâtre de Lemercier de Neuville	313
Sivori, pupazzo de Lemercier de Neuville	314
L'Huissier, pupazzo de Lemercier de Neuville	315
Le Bandit Bellacoscia, pupazzo de Lemercier de Neuville	316
Pierrot guitariste, — —	317
Lemercier de Neuville, — sur planchette, point par Etienne Carjat	318
Sarah Bernhardt, — de Lermercier de Neuville	319
Un académicien, — — —	322
Belenfant-des-Dames, — — —	323
Diémer, pupazzo sur planchette, point par Gustave Doré	324
Le Juge, — de Lemercier de Neuville	325
Coquelin cadet, pupazzo de Lemercier de Neuville	326
Jules Simon, pupazzo sur planchette de Lemercier de Neuville	327
Un tableau de la « Marche à l'Étoile », par Henri Rivière	337
Invitation à une représentation donnée par le « Chat Noir ». Dessin de Henri Somm	339
L'Age d'or. Pierrot. Ombre en zinc découpé, de A. Willette (Collection de Henri Rivière)	340
Un tableau de « l'Enfant prodigue », par Henri Rivière	341
Carte-prospectus du « Chat Noir ». Dessin de Robida	343
« Pierrot pornographe ». Le Juge. Ombre en zinc découpé, de Louis Morin	344
— Deux croquis de Louis Morin portant les annotations de l'auteur et celles de Henri Rivière	345
Croquis pour un hussard de Wattignies, par Caran d'Ache (Collection de Louis Morin)	347
Un tableau de « l'Enfant prodigue », par Henri Rivière	349

« *Pierrot pornographe* ». *Colombine*. Ombre en zinc découpé, de Louis Morin. 351
Une affiche de Caran d'Ache, en 1888 352
Une affiche du théâtre du « Chat Noir », en 1897. 353
Première page du programme pour « Clair de Lune », par Georges Auriol 355
Myrtil, marionnette pour le « Noël », de M. Maurice Bouchor. 358
Une scène du « Noël », de M. Maurice Bouchor. Dessin de M. Félix Bouchor. 259
Myrtil. Marionnette du théâtre de M. Signoret, montrant le jeu des pédales qui la font agir 362
Le Pauvre Chat, par Boilly, 1825 (Collection de M. O. Grousset). . . . 363
Mazurier, dans « Polichinelle Vampire » 366

www.ingramcontent.com/pod-product-compliance
Lightning Source LLC
Chambersburg PA
CBHW050541170426
43201CB00011B/1510